Por trás da Palavra

BEN WITHERINGTON III

Por trás da Palavra

O CARÁTER SOCIORRETÓRICO DO NOVO TESTAMENTO EM NOVA PERSPECTIVA

EDITORA
SANTUÁRIO

DIREÇÃO EDITORIAL:
Pe. Fábio Evaristo Resende Silva, C.Ss.R.

REVISÃO:
Manuela Ruybal Alves da Silva

COORDENAÇÃO EDITORIAL:
Ana Lúcia de Castro Leite

DIAGRAMAÇÃO E CAPA:
Bruno Olivoto

TRADUÇÃO:
Célia Bortolin

Título original: *What's in the Word. Rethinking the Socio-Rhetorical Character of the New Testament*
© 2009 Baylor University Press
Brazilian edition published by arrangement with Eulama International Literary Agency, Roma.

Dados Internacionais de Catalogação na Publicação (CIP)
(Câmara Brasileira do Livro, SP, Brasil)

Witherington, Ben, III, 1951-.
    Por trás da Palavra: o caráter sociorretórico do Novo Testamento em nova perspectiva / Ben Witherington III; [tradução Célia Bortolin]. – Aparecida, SP: Editora Santuário, 2015.

    Título original: What's in the Word: rethinking the socio-rhetorical character of the New Testament
    Bibliografia.
    ISBN 978-85-369-0379-8

    1. Bíblia. N.T. – Crítica sociorretórica I. Título.

15-05571   CDD-225.6

Índices para catálogo sistemático:

1. Novo Testamento: Interpretação e crítica 225.6

1ª impressão

Todos os direitos em língua portuguesa
reservados à **EDITORA SANTUÁRIO** – 2015

Composição, CTcP, impressão e acabamento:
EDITORA SANTUÁRIO - Rua Padre Claro Monteiro, 342
12570-000 - Aparecida-SP - Fone: (12) 3104-2000

A todos os meus amigos da
Universidade MacQuarie: Edwin, Alanna,
Chris, Don, Samuel, Stephen e Larry.
Agradeço-lhes todo incentivo, compa-
nheirismo e compartilhamento acadêmico
ao longo de todos esses anos.

Sumário

Um convite para dançar 9

1. Análise Oral
   O funcionamento de textos "orais" em uma cultura retórica 17

2. Pseudepígrafe canônica
   Oximoro? 33

3. Um novo olhar para a cultura escriba 55

4. A questão dos sermões e homilias no Novo Testamento 77

5. Romanos 7,7-25
   Recontando a história de Adão 95

6. Por trás de um nome
   *Repensando a figura histórica do Discípulo Amado
   no quarto Evangelho* 121

7. Por trás de uma palavra
   Parte um: Eidolothuton 137

8. Por trás de uma palavra
   Parte dois: Porneia 157

9. Por trás de uma frase
   "Não existe mais homem nem mulher" (Gálatas 3,28) 169

10. "Cristianismo em formação"
    Mistério oral ou história testemunhal? 181

11. O despertar da consciência canônica e a formação
    do Novo Testamento..213

12. Sinais pelo caminho
    Ao trilhar o caminho menos percorrido 245

Índice das Escrituras 251
Índice de Assuntos e Autores 259

Um convite para dançar

Os paradigmas são absolutamente fortes. Assim como um velho astro do esporte que não tolera a ideia de aposentadoria ou o fato de que já não vive mais o apogeu, os paradigmas, às vezes, mantêm-se por muito mais tempo do que pressupõe sua utilidade. Isso se torna particularmente notável nas disciplinas acadêmicas, nas quais os paradigmas encontram grande aderência e tendem a resistir às mudanças. Quando falamos em "quebra de paradigmas", alguns acadêmicos reagem como se fôssemos hereges ou sacrílegos, temendo mudanças da mesma forma que um morador de São Francisco teme abalos sísmicos de placas tectônicas. Esses estudiosos não admitem a ideia da terra mover-se sob seus pés, principalmente após terem gastado uma vida acadêmica inteira construindo gigantescos arranha-céus intelectuais calcados em bases ou fundamentos supostamente imutáveis.

Se existe algo a se aprender, após passarmos um tempo considerável na área acadêmica é que, apesar de todos propagarem um compromisso com a abertura e o aprendizado de novos conceitos e ideias, grande parte dos acadêmicos bíblicos não costuma receber as notícias de uma quebra de paradigma com muito contentamento. Em verdade, a quebra proposta tende muito mais a ser atacada, enfraquecida, contextualizada ou trivializada – por vezes, até ignorada, na prática de uma omissão nociva.

Sei de tudo isso por experiência própria: afinal, continuo escrevendo e falando sobre novas – e, paradoxalmente, velhas – formas de abordagem do estudo do Novo Testamento.

O presente livro propõe discorrer sobre um conjunto de quebras de paradigmas inter-relacionados no estudo acadêmico do NT, com suas implicações correlatas. Defendo, assim, um exame do NT baseado nas descobertas que podemos fazer ao estudarmos a história social antiga, incluindo a natureza oral das culturas antigas, e ao estudarmos a retórica histórica greco-romana e judaica. A essa combinação de enfoques chamo "*crítica sociorretórica*", ainda que o termo não seja de minha autoria, tampouco queira eu dizer, com isso, a mesma coisa que os praticantes da Nova Retórica. Uma outra forma de falarmos sobre este assunto é nos referirmos à crítica retórica histórica, à maneira de Margaret M. Mitchell, e à abordagem histórica da história social, em oposição à aplicação de várias formas modernas de crítica sociocientíficas e antropológico-culturais na análise do NT, conforme encontramos no círculo acadêmico conhecido como "Grupo Contexto".

Em primeiro lugar, a crítica sociorretórica, do modo como estou definindo-a, é uma disciplina histórica, não hermenêutica em primeira instância. Assim, proponho que o NT deva ser primeiramente analisado com base na realidade social e literária que, de fato, existiu no primeiro século d.C. e nos tipos de retórica realmente praticados à época.

Não tenho problemas em analisar o NT com base em modernas ideias sociológicas, tais como a análise de grupo-grade ou a teoria das seitas milenaristas, assim como não me oponho ao exame do NT utilizando as premissas da "Nova Retórica", seguindo teorias modernas de linguagem e significado. O que tenho insistido, contudo, é no ponto de que, se alguém deseja desenvolver uma compreensão *histórica* do que os "autores" do NT faziam ao utilizar a arte da persuasão e de como eram os mundos ao qual *eles* pertenciam, devemos, antes de tudo, *evitar o anacronismo tal qual evitamos a peste*.

Assim, defendo que a melhor forma de começarmos a estudar os textos do NT, *sob uma perspectiva histórica*, é fazendo uma pergunta muito tradicional e histórica: o que este ou aquele autor quis dizer ao escrever essas palavras? Devemos começar respeitando os textos assim como eles nos chegaram e os autores históricos que encapsularam significados nesses textos. Devemos assumir que, quanto mais conhecemos os vários contextos antigos nos quais esses textos foram escritos, incluindo os contextos sociais e retóricos, mais os compreenderemos apropriadamente. Não há espaço, pois, aqui, para debates sobre a "autonomia dos textos" ou alardes sobre o mantra mítico "tudo que existe são textos" ou "o significado está em quem lê", se o que realmente desejamos é fazer uma abordagem do NT sob uma perspectiva verdadeiramente histórica[1].

Estou plenamente de acordo com J. D. G. Dunn quando ele diz, em sua recente obra magistral, *Jesus Remembered*:

> Mas a "autonomia" do texto é outra ilusão. Pois o texto sempre será lido em um contexto, seja o contexto histórico do texto, ou de suas últimas edições, ou o contexto contemporâneo do leitor. O texto não é como um balão livre no céu, a ser puxado em direção à terra aqui e ali, lida sua mensagem, e devolvido à atmosfera, como se lá fosse seu verdadeiro lugar. Como texto, sua natureza é terrena desde o princípio. O fato é que, quanto menos atenção damos ao contexto do próprio texto, mais esse texto estará vulnerável aos abusos do processo hermenêutico[2].

Também não estou convencido, de forma alguma, por aqueles que advogam que o uso do método histórico no estudo do NT seja desnecessário ou de que isso seria uma maneira de se proteger, evitando lidar diretamente com o texto. Esta costuma ser a queixa dos que insistem em uma *exegese teológica* do texto, como se a teologia pudesse ser claramente separada da substância histórica do texto. Para alguns defensores da exegese teológica, "voltar" significa ter de mudar as Escrituras, ao passo que a exegese teológica pretenderia envolver o texto (com todas as ferramentas metodológicas disponíveis) com a intenção de representá-lo. Em outras palavras, a exegese teológica é vista como produtora de

---
[1] Para uma crítica poderosa e útil daqueles que alardeiam a "falácia intencional", quando os acadêmicos fazem uma abordagem do significado baseado no texto e no autor, ver P. Esler em: *New Testament Theology:* Communion and Community. Minneapolis: Augsburg Fortress, 2005.
[2] James D. G. Dunn. *Christianity in the Making, v. 1:* Jesus Remembered. Grand Rapids: Eerdmans, 2003, p. 114, tradução nossa.

aplicação contemporânea. Consequentemente, o que a análise histórica faz é proteger o texto de nós e nós do texto, criando, dessa forma, uma distância que só poderia ser diminuída com a ginástica hermenêutica.

O argumento que se defende é que o tradicional método histórico-crítico e seus paradigmas seriam incapazes de produzir uma exegese que pudesse ser assumida pela Igreja. Do meu ponto de vista, reforço a ideia de que seja impossível manter uma relação de intimidade com o texto ou com aquele que o inspirou sem antes nos dar conta de nossa distância em relação ao texto e seu contexto original. Não é correto afirmar que a Igreja de hoje seja a mesma Igreja do primeiro século nem que o contínuo contexto eclesial permita-nos evitar o trabalho duro da interpretação histórica, de modo a capturar o sentido da Bíblia e aplicá-lo em nossa realidade.

Além disso, para mim, a interpretação histórica não "muda" as Escrituras. O trabalho histórico pretende reconstruir, o máximo possível, o contexto histórico no qual esses textos foram originados. Tal contexto histórico permite o estabelecimento de um significado que promoverá uma subsequente apropriação teológica. Essa apropriação é favorecida pela capacidade do método histórico-crítico de iluminar o desenvolvimento desses textos dentro da comunidade de Deus. Tendo isso em vista, "mudar" parece uma palavra destinada a ser alvo fácil. Gostaria de questionar quem seria o alvo em questão quando se defende que a exegese histórica tradicional seja incapaz de produzir incorporação teológica[3]. Francamente, são tantos os exemplos em contrário, que se torna difícil sustentar uma generalização como esta.

Assim, pode parecer, a princípio, que estamos abordando o NT de um modo muito tradicional neste livro, estando até preparados para discutir sobre o que certos autores pretenderam ao dizer isso ou aquilo. Também soará tradicional quando menciono os contextos históricos e sociais, nos quais os documentos foram escritos e o que eles representam. Mas esta é apenas uma parte da história. A maior parte da história

---

[3] Aqui, estou ecoando e parafraseando algumas das preocupações de um de meus alunos de doutorado, David Schreiner, compartilhadas comigo em e-mail, datado de 15 de dezembro de 2007, após um de nossos seminários.

refere-se a grandes mudanças ao se refletir sobre o NT, mudanças que precisam ser acolhidas e, cujas implicações, compreendidas e aceitas por mais acadêmicos no século 21.

Neste estudo, versarei sobre o fato dos textos antigos não serem, de fato, *textos* na moderna acepção do termo, mas, sim, em grande parte, substitutos da comunicação oral. Ao investigar a chamada "literatura epistolar" do NT, discorrerei sobre como as convenções retóricas são costumeiramente seguidas e a importância que deveríamos, de fato, dar a elas. Quando chegarmos à questão da pseudepígrafe no NT, sugerirei a necessidade de avaliarmos, de forma precisa, se esta teria sido uma prática aceitável de literatura no primeiro século d.C., e se teria existido algo parecido com o conceito de propriedade intelectual na antiguidade. Além disso, defenderei que, sem o conhecimento de como a retórica foi utilizada no NT, ficamos vulneráveis a todo tipo de erro interpretativo (seja de natureza teológica, ética ou prática), e que tais erros tenham acontecido de fato, principalmente no tocante à chamada "literatura epistolar" no NT. Também defenderei que algumas dessas "cartas" simplesmente não são cartas, mas sermões (como, por exemplo, se falarmos de 1João). Também defenderei que, com uma melhor compreensão do mundo social e retórico da antiguidade, certas palavras e frases, que geralmente vêm à tona quando se discute a questão do cristianismo dos primeiros tempos e de sua ética correlata, assumem novos significados. Como se constata, Tiago não estaria impondo regras judaicas de alimentação aos gentios, e Paulo não estava apenas sugerindo que Deus fosse imparcial e que todos fossem iguais a seus olhos, como ele registrou em Gálatas 3,28.

Vale, aqui, a ressalva de que não defendo apenas uma quebra de paradigmas literários ou léxicos – clamo, também, por várias quebras necessárias de paradigmas históricos, em consequência à devida importância que dermos ao caráter social e histórico desses documentos do NT. Como exemplo, defenderei que as pessoas que escreveram esses documentos representavam uma parcela mais elitista do movimento cristão primitivo, refletindo o fato de que os líderes do movimento não eram, em linhas gerais, camponeses ou analfabetos. Pelo contrário: o cristianismo foi, desde o início, conduzido por um grupo com maior mobilidade social e formalmente instruído, em oposição ao que se caracterizou como a maior parte da população do império romano[4]. Neste particular, defenderei que um desses cristãos primitivos mais bem instruídos e provenientes da elite seja o Discípulo Amado, cujas memórias estão consagradas na poderosa retórica do quarto Evangelho.

Sustentarei, também, a tese de que a retórica de Jesus e Paulo sobre casamento e celibato fosse radical e, talvez, pela primeira vez, ser solteiro tenha sido visto de uma forma muito positiva – de fato, visto mesmo como um dom ou chamado de Deus. Isto mudaria o cenário social em relação aos papéis considerados apropriados para as mulheres, ao menos dentro do contexto do cristianismo, por um bom tempo. Em minha exposição, demonstrarei que é possível observar esse cenário social em mudança até mesmo na forma como os códigos domésticos foram modificados por Paulo e outros. Demonstrarei como 2Pedro pode ser uma das chaves para compreendermos como a Igreja começou a reunir e lidar com a literatura apostólica sagrada já no final do primeiro século d.C.

Defenderei, também, que ao realizarmos uma avaliação retórica adequada do significado do Decreto Apostólico em Atos 15 e de 1Coríntios 8-10 perceberemos que Paulo e Tiago não discordavam sobre o que deveria ser eticamente esperado da conversão dos gentios a Cristo. De fato, o grau de diversidade teológica e ética entre os primeiros apóstolos não era tão grande como costumeiramente se pensa, e a própria ausência de uma diversidade polarizada é característica da própria literatura do NT.

Devo, sim, adiante, clamar por uma quebra significativa de paradigma em nosso modo de ver e avaliar a tradição oral por detrás dos Evangelhos, devendo esta avaliação ser feita com base muito mais no conceito de história oral do que nas teorias críticas mais antigas sobre tradição oral. Um capítulo inteiro deste estudo será devotado à interação e crítica da poderosa obra de Dunn, *Jesus Remembered*, baseando-me em estudos recentes de história oral de autores como S. Byrskog e R. Bauckham.

---

[4] Sigo, aqui, o que foi plenamente sugerido por E. A. Judge. Ver ensaios de extrema importância, coletados e editados por meu velho mentor, David M. Scholer, em: *Social Distinctives of the Christians in the First Century:* Pivotal Essays by E. A. Judge. Peabody, Mass.: Hendrickson, 2007.

Também enfatizarei que já àquela época iniciou-se um processo de canonização dos textos cristãos-sacros (bem como uma compreensão razoavelmente fixa de quais seriam os limites do Antigo Testamento) no primeiro século d.C. Conforme poderemos constatar, a lista canônica de Muratori dataria do segundo século, sendo capaz de fornecer uma série de marcos e referências no caminho para compreendermos que apenas recursos apostólicos e testemunhais do primeiro século estivessem aptos à inclusão do cânone do NT.

Para reunir todas as proposições feitas acima, aplico uma leitura histórica, sociorretórica dos textos do NT. Em resumo, clamo para que a crítica sociorretórica sob uma perspectiva histórica seja, neste século, um dos paradigmas dominantes no estudo da literatura neotestamentária. Se isto vier a ocorrer, mudará a maneira como lemos a história e praticamos a ética e a teologia, mudando até mesmo nosso modo de pregar, uma vez que todas essas atividades estarão configuradas de uma forma mais bíblica e histórica. A própria tese deste livro poderia ser assim resumida: *A crítica sociorretórica, se executada corretamente, é capaz de alterar significativamente várias leituras e paradigmas dos estudos no NT e, se dermos a devida importância a essas leituras, nossa visão sobre o cristianismo primitivo também sofrerá alterações, incluindo o modo como compreendemos a teologia e a ética da época.*

Sendo, esta, uma prévia do tipo de melodia que deverei entoar neste estudo, considerem-na um convite para dançar.

1 Análise oral
O funcionamento de textos "orais" em uma cultura retórica

> Os cristãos, no império romano, valorizavam sobremaneira as palavras. Cícero, Quintiliano, Fronto e Ausônio: todos enfatizavam a necessidade dos oradores em cuidar da própria voz tal qual um músico de seu instrumento, uma vez que ser um orador era qualificação primordial. Ainda assim, na visão de Gregório de Nissa, "a voz humana havia sido criada com uma única finalidade: a de ser o meio pelo qual os sentimentos do coração, inspirados pelo Espírito Santo, pudessem ser claramente traduzidos na própria Palavra".
>
> (Averil Cameron)[1]

Um exame oral

Vivemos em uma cultura textual, uma cultura de documentos escritos, e não precisamos ir além de nossa própria tela de computador para comprovarmos essa afirmação. A era da internet não existiria sem altos índices de alfabetização – o que, por sua vez, está intimamente relacionado à produção e leitura de textos em larga escala. Em um contexto como esse, de uma cultura nitidamente textual, torna-se difícil conceber

---

[1] CAMERON, Averil. *Christianity and the Rethoric of Empire:* The Development of Christian Discourse. Berkeley: University of California Press, 1991, p. 15.

o caráter de uma cultura oral, bem como o funcionamento de textos sacros nela inseridos. A compreensão desta dificuldade passa, assim, a ser extremamente importante, uma vez que todas as culturas da Bíblia foram culturas essencialmente orais, não textuais, e que os textos bíblicos foram textos orais – o que parece ser paradoxal, embora não seja.

As taxas de alfabetização nas culturas do Novo Testamento, ao que consta, oscilavam entre dez e vinte por cento, dependendo da cultura e do subgrupo em questão. Não é de se surpreender, pois, que todos os povos antigos, alfabetizados ou não, preferiam a palavra viva (ou seja, a palavra falada). O processo de produção de textos era extremamente oneroso: o papiro era caro, a tinta, era cara, e os escribas, exorbitantemente caros. Ser um secretário, à época de Jesus ou Paulo, poderia ser um trabalho muito lucrativo, e não nos admira que Jesus tenha dito, aos que o seguiam: "quem tem ouvidos, ouça". Observe que ele nunca disse: "quem tem olhos, leia". A grande maioria dos olhos, à época do NT, simplesmente não sabia ler.

Ao que nos consta, nenhum documento, na antiguidade, era produzido com vistas a uma leitura "silenciosa", e apenas uma pequena parte era concebida para a leitura de indivíduos em particular. Os textos eram criados para serem lidos em voz alta, geralmente para um grupo de pessoas e, em sua maioria, tratava-se apenas de meros substitutos da comunicação oral. Neste quesito, destacamos as cartas antigas.

A maioria dos documentos antigos, incluindo as cartas, não poderiam ser considerados *textos* na acepção moderna do termo. Eles eram produzidos com foco em seu potencial auditivo e oral, sendo transmitidos oralmente ao público de destino. Por exemplo, ao lermos os versos de abertura em Efésios, plenos de recursos sonoros (assonâncias, aliterações, ritmo, rimas, dentre outros), é indiscutível que eles tenham sido criados para serem reproduzidos somente em grego, não se cogitando uma leitura silenciosa. Os versos haviam sido produzidos para serem *ouvidos* em grego.

Por fim, ainda uma terceira razão pela qual os documentos precisavam ser transmitidos oralmente: devido ao alto custo de produção desses documentos, uma carta padrão em grego não possuía separação de palavras, frases, parágrafos ou afins; pouca ou nenhuma pontuação e toda redigida em letras maiúsculas. Tendo isso em mente, tente imaginar, por exemplo, a recepção de um documento que começasse assim: PAULOUMSERVODECRISTOFOICHAMADOPARA-SERAPÓSTOLOEDEFINIUUMAPARTEDOEVANGELHO-DEDEUS. A única forma de decifrar um conjunto de letras assim era pronunciando-as – em voz alta! Daí decorre o famoso caso envolvendo Santo Agostinho e Santo Ambrósio: Agostinho teria dito que, em sua opinião, Ambrósio era o homem mais admirável que ele havia conhecido, pois conseguia a proeza de ler sem mexer os lábios ou emitir um som. É inegável que uma cultura oral difere completamente de um mundo alfabetizado e textual, e que os textos têm funcionamentos diferentes em cada mundo. Todos os tipos de textos atuavam simplesmente como substitutos do discurso oral, e isto se aplica à maioria dos textos bíblicos[2].

Ainda que a compreensão desses fatos nos seja difícil, há que se convir que os textos eram escassos e geralmente tratados com extremo respeito no mundo bíblico. Dado o fato de somente os formalmente instruídos serem alfabetizados e também perfazerem a quase totalidade da elite social da época, é de se concluir que os textos criados nesse ambiente servissem aos propósitos da elite: seja transmitindo autoridade, difundindo juízos, estabelecendo reivindicações de posse, indicando hereditariedade, dentre outros fins. Mesmo assim, considerando-se a profunda religiosidade dos povos antigos, os documentos mais importantes, ainda que oriundos da elite, eram textos religiosos ou sacros.

O que os textos de uma cultura oral poderiam, então, nos dizer sobre seus autores? Raramente se leva em consideração que os vinte e sete livros do NT refletem um nível extraordinário de alfabetização e habilidade retórica inerente ao círculo interno de líderes do incipiente movimento cristão. O cristianismo primitivo não era, de um modo geral, um movimento liderado por camponeses analfabetos ou por integrantes de camadas economicamente desfavorecidas. Os líderes do movimento produziam,

---

[2] Sobre níveis de alfabetização e criação de textos antigos, ver GAMBLE, Harry Y. *Books and Readers in the Early Church:* A History of Early Christian Texts. New Haven: Yale University Press, 1995, p. 1-41.

em termos gerais, os próprios textos, e os documentos do NT refletem um conhecimento significativo de grego, retórica e cultura geral greco-romana. Tais habilidades e erudições jamais poderiam ser atribuídas a escribas, com exceção dos casos em que escribas como Tércio ou Sóstenes (Romanos 16 e 1Coríntios 1) haviam sido convertidos e doado suas habilidades ao movimento. Mesmo em tais casos, tem-se a nítida impressão de estarem eles apenas transcrevendo ditados recebidos de Paulo.

As cartas que encontramos no NT são bem mais extensas que as cartas seculares da época. Em verdade, tratam-se não de cartas *puras*, ainda que apresentem, às vezes, início e fim epistolares. São, de fato, discursos, homilias e documentos retóricos de vários tipos, cujos autores não podiam transmiti-los pessoalmente ao público-alvo, enviando um representante para proclamá-los em seu lugar. Esses documentos, todavia, não eram criados para serem entregues a qualquer pessoa. Ao que se sabe, Paulo pretendia que um de seus colaboradores, tais como Timóteo, Tito ou Febe, transmitisse oralmente o conteúdo do documento de uma forma retoricamente efetiva. Isso também se tornava quase uma necessidade, dada a construção do texto sem divisão de palavras ou pontuação, algo que somente alguém habilitado para a leitura de uma prosa ininterrupta em *scriptum continuum* – e mais, alguém que *já soubesse* de antemão o conteúdo do documento – seria capaz de enfatizar as partes corretas, retransmitindo a mensagem de maneira efetiva.

Isto nos conduz a outro ponto crucial. Alguns acadêmicos, baseados em referências ocasionais feitas ao termo "leitor", no NT, chegaram a concluir que os cristãos teriam sido os primeiros a tentar, de forma consciente, produzir livros e literatura com vistas à leitura. É baseado nesta premissa, por exemplo, que por vezes o Evangelho de Marcos seja considerado o primeiro livro cristão, fundamentado, basicamente, na observação parentética de Marcos 13,14: "que o leitor procure entender!", com o pressuposto de que o "leitor" em questão fosse o público. Analisemos, pois, esta hipótese. Tanto em Marcos 13,14 quanto em Apocalipse 1,3, o original grego é *ho anaginōskōn*, uma referência clara a um único leitor que, mais adiante no texto, distingui-se do próprio público, em referência aos ouvintes (plural!) da retórica de João. Conforme sugerido recentemente por Mark Wilson, em uma leitura pública em Éfeso, isto provavelmente significa que o leitor único seria um orador eleito para proclamar em voz alta o apocalipse de João a um grupo de ouvintes[3].

Às vezes, alguns estudiosos do NT tentaram sugerir que os cristãos utilizassem somente algum tipo de gênero literário específico ao narrar a história do Evangelho ou que, de forma distinta, sua pregação fosse uma proclamação sobre outros assuntos do império. Esta premissa é falsa. Segundo Averil Cameron,

> alguns críticos do Novo Testamento, levando o termo "novo" em seu sentido mais literal, chegaram a fazer declarações extravagantes, como "um novo discurso com novas dimensões"; "a milagrosa novidade da palavra". Ainda assim, este "novo" cristianismo foi capaz de desenvolver meios de garantir seu lugar como um rival e, posteriormente, como herdeiro da velha cultura de elite... O discurso cristão também trilhou seu caminho pelo mundo afora não tanto por possuir uma novidade revolucionária, mas por seu modo de retrabalhar o que era familiar, por sua força de atração movendo na direção do conhecido para o desconhecido[4].

E ela acrescenta:

> A retórica cristã dos primeiros tempos nem sempre foi, devo dizer, o discurso especializado que os próprios praticantes dizem ter sido. Consequentemente, a recepção desse discurso pôde ocorrer de forma muito mais fácil e abrangente do que muitos historiadores modernos defendem, e, seus efeitos, mui-

---

[3] Sabemos que João está dirigindo-se a várias igrejas na Ásia Menor (ver Apocalipse 2-3), o que nos leva a concluir que seja praticamente impossível argumentar que a referência feita a "leitor" (singular) em Apocalipse 1,3 esteja relacionada com o público ouvinte. O termo deve relacionar-se com o rétor ou leitor encarregado da transmissão do texto ao público. Sugiro, assim, que cheguemos à mesma conclusão da observação parentética em Marcos 13,14 – o que, por sua vez, significa que nem mesmo o Evangelho de Marcos deva ser visto como um texto com fins à leitura particular, e muito menos o primeiro "texto" ou "livro" moderno. Realmente, Marcos está relembrando o orador – que, por sua vez, estará lendo o Evangelho em alguns ou vários lugares próximos à época em que surgiria ou já estivesse surgindo essa "abominação" –, de que ele precisava ajudar o público a entender a natureza do que estava acontecendo com a destruição do templo de Jerusalém. Os textos orais geralmente incluem tais lembretes para aqueles que têm por missão a transmissão dos discursos.
[4] Cameron, *op. cit.*, p. 24-25.

1. Análise oral

to mais significativos. As retóricas aparentemente alternativas, a clássica ou pagã e a cristã sempre foram muito mais proximamente unas do que seus praticantes – interessados em competir uns com os outros – jamais nos permitiriam acreditar[5].

Retórica sagrada

De que forma, então, funcionava um texto sagrado em uma cultura retórica e oral? Por um lado, acreditava-se que as palavras, principalmente as de cunho religioso, não fossem simplesmente sinais ou símbolos, mas detentoras de poder e efeito agindo sobre as pessoas, desde que adequadamente transmitidas e pronunciadas. Assim, não só os nomes sagrados de Deus, os chamados *nomina sacra*, mas todas as palavras sacras teriam um poder inerente. Vamos considerar, por exemplo, o que diz Isaías 55,11: "Assim será a palavra de minha boca: não voltará a mim sem efeito, sem ter operado o que eu desejo e sem ter realizado o fim de sua missão". A palavra de um Deus vivo e poderoso era vista como tendo, ela mesma, vida e poder[6]. A partir disso, podemos ter uma ideia do quão precioso e caro poderia ser um documento que contivesse as próprias palavras de Deus – e, como tal, da necessidade de mantê-lo em um lugar igualmente sagrado, como um templo ou sinagoga, cujo acesso estaria restrito somente a um pequeno número de pessoas que, com mãos e corações limpos, pudessem ter a permissão de desenrolar o papiro sagrado e lê-lo, e a outro grupo bem menor que pudesse interpretá-lo.

Ao que nos consta, os textos dos livros do NT foram guardados como tesouros durante o primeiro século, sendo cuidadosamente copiados pelos séculos seguintes. Há, inclusive, algumas evidências, datando do segundo século, do uso de mulheres escribas cristãs que possuíam uma mão "mais apropriada" para copiar e, até mesmo, para decorar os textos sagrados[7].

---

[5] Cameron, *op. cit.*, p. 20.
[6] Ver WITHERINGTON III, Ben. *The Living Word of God:* Rethinking the Theology of the Bible. Waco, Tex.: Baylor University Press, 2008.
[7] Ver HAINES-ETZEN, Kim. *Guardians of Letters:* Literacy, Power and the Transmitters of Early Christian Literature. Oxford: Oxford University Press, 2000.

Mas não se iluda: mesmo esses textos tinham, como propósito, servir uma cultura oral muito mais abrangente. Antes do advento do que consideramos como "educação moderna" e da alfabetização ao alcance de todos, sempre foi uma verdade que "No princípio, era o Verbo (falado)"[8]. E tudo isso tem implicações na forma como devemos abordar o NT, especialmente os documentos mais *ad hoc* no corpus paulino, e outros documentos chamados tradicionalmente de "cartas" no NT – que, vale dizer, por vezes nem cartas são. A Primeira Epístola de João, por exemplo, é um sermão sem abertura ou encerramento epistolar. Já em Hebreus, temos um sermão muito maior com apenas o fim epistolar, embora nenhum ouvinte pudesse considerá-lo como uma "carta" à primeira audição, uma vez que não havia quaisquer sinais no início do documento que pudessem sugerir tal coisa. E, vale dizer, em uma cultura oral, os sinais de abertura são cruciais se o assunto é identificar que tipo de discurso ou documento o público está ouvindo. Isso explica por que Lucas 1,1-4 é tão importante para definirmos o gênero daquele Evangelho.

Tomando-se como pressuposto que a diferença entre um discurso e um texto transmitido oralmente estava mais para um fino véu do que para uma grande muralha entre categorias literárias, não será surpresa quando eu afirmar que as convenções orais definiram a chamada "literatura epistolar" do NT mais do que as próprias convenções epistolares, e isso tudo por uma boa razão. Assim afirmo não somente porque o caráter oral da cultura fosse dominante, mas também, e de forma mais importante, porque o mundo greco-romano do período do NT fosse um ambiente retoricamente saturado, ao passo que a influência da alfabetização e das cartas tivesse, pelo que podemos dizer, uma abrangência muito mais limitada. Assim, precisamos entender um fato importante: *a nova relevância da carta pessoal utilizada como um veículo para instruções ou algum tipo de tratado foi um fenômeno que somente deitou raízes no mundo greco-romano com as cartas de Cícero um pouco antes da era do NT.*

---

[8] É interessante notar que uma figura letrada importante como Papias de Hierápolis, que viveu no final da era do NT, ressaltava incessantemente sua preferência pela voz viva do apóstolo, ou de quem tivesse ouvido uma testemunha, a um documento escrito. Nisto, Papias simplesmente representava a atitude comum dos povos antigos, letrados ou não.

Agora, contraste este fato com a longa história de utilização da retórica, datando de Aristóteles e de sua utilização nas mais diferentes situações. A retórica foi uma ferramenta acessível a todas as pessoas, formalmente instruídas ou não, da elite às camadas mais baixas, e a maioria dos oradores públicos da antiguidade, fossem eles de qualquer tipo ou habilidade, sabiam da necessidade de utilizar a arte da persuasão para atingir seus objetivos. Não apenas havia escolas de retórica por todo o crescente mediterrâneo, como a própria retórica fazia parte de todos os níveis básicos de educação. Até onde sabemos, *não havia escolas comparáveis para ensinar a redação de cartas* durante o período do NT, sem contar o fato de que fosse uma arte recente que só assumiria relevância no primeiro século d.C. Aqui chegamos a mais um ponto importante.

Analisar a maior parte do NT com base nas convenções epistolares – muitas das quais só se tornaram regra ou foram compiladas em um manual somente após decorridos os anos do NT – pode até ser um exercício útil de certa forma, mas não deve ser o paradigma literário dominante pelo qual examinemos os discursos de Paulo, Pedro e João, dentre outros. O paradigma dominante do NT, ao que se refere a palavras, transmissão de ideias, significados e persuasão, era a retórica, não as convenções epistolares.

É com base nisso que afirmo que grande parte do NT deve-se muito mais à retórica e suas convenções difundidas e de longa data do que jamais poderia dever à incipiente prática da redação de ensaios ou tratados sob a forma de cartas. A maioria das cartas do NT, com exceção das menores (2Jo, 3Jo e, talvez, Filêmon), parecem-se muito pouco com a literatura epistolar mundana e pragmática da época. Em termos tanto de estrutura quanto de conteúdo, a maioria dos documentos do NT assemelham-se muito mais a discursos retóricos. Alguns são "cartas de exortação", como o autor de Hebreus chama sua homilia, e alguns são discursos mais retóricos, adequados para assembleias nas quais houvesse o ensejo para discussões (por exemplo, discussões pós-refeição em uma reunião), mas todos podem ser analisados de forma muito rica e detalhada pelas lentes da análise retórica.

Crítica retórica

A esta altura, seria prudente definir de maneira mais específica como entendo o significado do termo *crítica retórica* e sua aplicação ao NT. Crítica retórica é, por definição, o estudo da retórica, seja ela antiga ou moderna; sendo "retórica", em linhas gerais, a arte da persuasão. Na aplicação ao campo dos estudos do NT, os acadêmicos têm feito duas abordagens bem diferentes da crítica retórica. A primeira, encabeçada por George Kennedy e Hans Dieter Betz e respectivos alunos, subentende um projeto mais histórico, com o objetivo de analisar os documentos do NT com base na retórica greco-romana antiga, propondo e respondendo questões de como os autores do NT teriam ou não utilizado essa arte. Com relação a isso, podemos mencionar como os autores do NT adotaram e adaptaram a retórica antiga para cumprir seus objetivos cristãos de comunicação[9].

A segunda abordagem, por sua vez, derivada das modernas teoria de linguagem e epistemologia no tocante às questões de textos e significados, é liderada por Vernon Robbins e seus alunos. Em vez de buscar primeiramente as estruturas retóricas que tenham sido incorporadas aos textos neotestamentários por seus respectivos autores, esta abordagem pretende aplicar certas modernas categorias retóricas (tais como *textura interna* ou *intratextura*). A terminologia, o método e a teoria do significado desta segunda abordagem tem mais em comum com a "nova" retórica de Heinrich Lausberg e outros do que com as diretrizes retóricas estabelecidas por Aristóteles, Quintiliano, Menandro e demais praticantes da retórica antiga. Em outras palavras, trata-se mais de um exercício de hermenêutica moderna do que da análise do uso da retórica greco-romana pelos autores do NT. A questão metodológica, aqui, é se o NT deve ou não ser analisado somente com base nas categorias que os autores neotestamentários teriam utilizado ou simplesmente conhecido[10].

---

[9] Uma boa obra de referência sobre este assunto e seus vários praticantes seria: PORTER, Stanley (ed.). *Handbook of Classical Rhetoric in the Hellenistic Period, 330 B.C.–A.D. 400*. Leiden: Brill Academic, 1997, especialmente os ensaios de George Kennedy.
[10] Ver a este respeito: ROBBINS, Vernon. *Exploring the Texture of Texts:* A Guide to Socio-Rhetorical Interpretation. Harrisburg, Penn.: Trinity International, 1996.

Em minha opinião, ambas abordagens são capazes de fornecer boas informações acerca do texto bíblico, mas a tentativa de fusão dos métodos das retóricas nova e antiga chega a confundir mais do que esclarecer. Insisto, particularmente, que nossa primeira função seja formular as perguntas históricas adequadas sobre o texto do NT e sobre o que os autores antigos pudessem ter em mente; quando isso se tornar o requisito principal, só então a análise feita com base na retórica greco-romana ou judaica antiga poderá ser adequada, uma vez que os autores antigos desconheciam completamente as modernas teoria retórica e epistemologia. O restante deste capítulo explica, mais particularmente, a crítica retórica à moda de Kennedy e Betz.

Muitos acadêmicos do NT estão convencidos, a esta altura, que podemos encontrar uma microrretórica nos documentos estudados, especialmente nas cartas de Paulo, e em outras fontes. Por *microrretórica*, refiro-me ao uso de recursos retóricos dentro dos documentos neotestamentários – tais como a utilização de perguntas retóricas, hipérboles dramáticas, personificação, amplificação, ironia, entimemas (isto é, silogismos incompletos), e assim por diante. Por exemplo, a microrretórica dá claramente forma a: (1) *chreia*[11] nos Evangelhos; (2) os resumos de discursos em Atos; (3) a forma com que as partes de um livro, tal qual o Apocalipse, são conectadas por palavras-chave e a estrutura A, B, A[12]; e (4) os vários entimemas ou silogismos incompletos que podemos encontrar no NT (como é o caso das epístolas pastorais)[13]. Em outras palavras, a retórica não é apenas algo que traz luz para a leitura de Paulo e de outras partes do chamado "corpus epistolar" do NT. Ela é a própria ferramenta para podermos analisar o todo.

Mais controversa é a questão de definirmos se a macrorretórica também teria sido utilizada no NT. Por "macrorretórica", questiono se a

---

[11] N.T.: *Chreia* (plural "*chreiai*"): recurso retórico composto de uma breve declaração ou ação atribuída a uma pessoa específica.

[12] Ver LONGENECKER, Bruce W. *Rethoric at the Boundaries:* The Art and Theology of New Testament Chain-Link Transitions. Waco, Tex.: Baylor University Press, 2005.

[13] Ver WITHERINGTON III, Ben. *Letters and Homilies for Hellenized Christians, v. 1:* A Socio--Rethorical Commentary on Titus, 1–2 Timothy and 1–3 John. Downers Grove, Ill.: InterVarsity, 2006. Consulte a discussão sobre os entimemas nas epístolas pastorais.

estrutura geral de alguns dos documentos neotestamentários refletiriam ou não o uso de categorias retóricas e divisões utilizadas em discursos antigos. A saber, as divisões: (1) *exordium*, (2) *narratio*, (3) *propositio*, (4) *probatio*, (5) *refutatio* e (6) *peroratio*. Todas essas divisões comuns encontradas em discursos antigos podiam ser identificadas em três gêneros diferentes de retórica antiga: jurídico, deliberativo e epidíctico, cada um servindo a um propósito diferente. A *retórica jurídica* era a retórica dos tribunais, do ataque e da defesa, com foco no passado. A *retórica deliberativa* era a retórica da assembleia, do conselho, cujo foco era a mudança de crenças e ou comportamento no futuro. A *retórica epidíctica* era a retórica do foro e do funeral, do louvor e da culpa, com foco no presente. Em qualquer discurso antigo, a atenção também era dada às questões de ethos, logos e pathos, ou seja, o estabelecimento de uma empatia com o público logo no início (no *exordium*), o uso de argumentos carregados de emoção (logos, no *probatio* e *refutatio*) e, finalmente, o apelo a emoções mais profundas (pathos) no resumo final ou *peroratio*.

É justo dizer que os acadêmicos do NT que perfizeram a análise retórica detalhada de todos os documentos do NT chegaram à conclusão que, enquanto a *microrretórica* podia ser encontrada em quase qualquer lugar do NT, incluindo gêneros variados como os Evangelhos ou o Apocalipse, a macrorretórica aparecia somente nas cartas, homilias e em resumos de discursos (em Atos) no NT. Em particular, as cartas de Paulo e as homilias chamadas Hebreus, 1João e 1Pedro refletem em grande detalhe essas macroestruturas retóricas maiores. As macroestruturas, entretanto, são utilizadas com alguma flexibilidade e, em alguns casos, encapsuladas no interior de uma estrutura epistolar.

É por isso que, por exemplo, o início e o final das cartas de Paulo quase sempre refletem as convenções epistolares, podendo ser categorizadas claramente como uma forma de carta antiga. Mesmo assim, essas categorias epistolares ajudam-nos muito pouco na análise da estrutura do material se não estivermos lidando com elementos epistolares de abertura e fechamento (prescrição, planos de viagem, saudações de abertura e fechamento). Além disso, não havia uma convenção antiga que ditasse a necessidade de uma "oração de ação de graças" no início de uma carta antiga, tampouco nos ajuda agrupar a maior parte de um discurso sob o título "meio do texto". Isso não nos diz nada acerca do documento, não representando uma categoria epistolar antiga.

Em outras palavras, as convenções e recursos epistolares são de pouca valia para a maior parte do material analisado nos documentos tradicionalmente chamados de "cartas do NT". E é justamente aqui que a retórica tem-se mostrado muito mais útil para desvendar as complexidades estruturais e significativas da maioria dos documentos neotestamentários. Nem mesmo as cartas de Paulo foram criadas para serem estudadas em particular: elas foram criadas para serem substitutas dos discursos que Paulo teria feito caso pudesse estar presente diante do público. E, como tais, elas possuem todas as características *ad hoc* dos discursos criados com essa finalidade. Foram elaboradas para servirem de observações oportunas, visando interferir no comportamento e nas crenças de públicos variados, não para serem apenas tratados teológicos ou éticos. E é essa natureza dinâmica e interativa desses documentos que a crítica retórica ajuda-nos a compreender melhor.

A esta altura, devo oferecer alguns exemplos da utilidade da análise retórica do NT utilizando as categorias antigas da retórica greco-romana. Em primeiro lugar, reconhecer os gêneros retóricos de um documento ajudará muito a explicar seu conteúdo e objetivo. Por exemplo, Efésios é uma homilia epidíctica escrita não para uma situação específica, mas para uma série de igrejas paulinas, com foco na retórica do louvor – particularmente no louvor a Cristo, à Igreja e à união entre eles[14]. A retórica epidíctica não requer declarações de tese ou "proposições", sequer argumentos apurados para demonstrar a necessidade de um caso. Pretende-se, aqui, que o público seja envolvido em amor, deslumbramento e louvor em homenagem a alguém ou algum assunto. A falha no reconhecimento dos gêneros retóricos deste documento, com suas funções e objetivos correspondentes, tem-nos levado a todo tipo de interpretações equivocadas.

---

[14] Ver, a este respeito, o debate em: WITHERINGTON III, Ben. *The Letters to Philemon, the Colossians, and the Ephesians:* A Socio-Rhetorical Commentary on the Captivity Epistles. Grand Rapids: Eerdmans, 2007.

Como segundo exemplo, Romanos é uma obra-prima do gênero retórico deliberativo, com a declaração de tese claramente estampada logo no início, como lemos em Romanos 1,16-17. Trata-se de um discurso sobre a justiça de Deus e sobre a retidão da humanidade pela graça por meio da fé em Cristo, pleno Ele da fé. A compreensão dos sinais retóricos auxilia-nos na leitura das passagens mais difíceis, tais como Romanos 7,7-25 – uma verdadeira façanha na utilização do recurso retórico chamado *personificação*, pelo qual Adão e seu par podem discorrer sobre o suplício em primeira pessoa[15].

Dito de outra forma e, ao contrário do que defendia Agostinho e Lutero, os versículos acima não são nem comentários autobiográficos de Paulo, nem os lamentos doridos de cristãos pecadores. Ademais, Paulo, em Romanos, conduz uma abordagem retórica delicada perante seu público com grande presença de gentios não convertidos em Roma. Para isso, ele faz uso da técnica denominada *insinuatio*, ou insinuação. Nesta abordagem, prioriza-se primeiramente o estabelecimento de algum tipo de empatia com o público para, só então, lidar com o pomo da discórdia entre autor e ouvintes – que, nesse caso específico, seriam as visões racistas dos gentios sobre os judeus e mesmo sobre os cristãos-judeus, assunto este discutido e refutado à exaustão no *refutatio* de Romanos 9-11. A mesma estratégia é empregada em Gálatas, em que Paulo espera até Gálatas 4 para atacar os judaizantes e requerer sua expulsão das igrejas da Galácia por meio de uma impressionante alegoria sobre Sara e Agar.

Por fim, em 1João, que não apresenta quaisquer características epistolares e jamais deveria ser categorizada como "carta", temos uma linda homilia epidíctica sobre o amor, a figura de Deus e a vida cristã, na qual as virtudes são louvadas, e os vícios, desencorajados. O não reconhecimento dos sinais retóricos em vários documentos do NT tem conduzido a muitas conclusões equivocadas, especialmente no tocante às cartas e homilias do NT. É com segurança que afirmo que a crítica retórica do NT tem-se estabelecido como um caminho viável e imprescindível para

---

[15] Discutiremos isso em maior detalhe no capítulo 5. Veja, também: HYATT, Darlene; WITHERINGTON III, Ben. *Paul's Letter to the Romans:* A Socio-Rhetorical Commentary. Grand Rapids: Eerdmans, 2004.

a análise do NT nos últimos vinte e cinco anos, prometendo, ainda, render muitos frutos nos anos vindouros. A boa notícia é que não se trata de uma abordagem meramente moderna, mas também antiga, uma vez que foi utilizada por muitos dos grandes comentaristas do NT em grego através dos anos, tais como João Crisóstomo e Melanchthon. Seu histórico, portanto, é longo e nobre.

Da forma como vejo, é chegada a hora de uma quebra de paradigma: os documentos do NT que temos estudado *deveriam ser analisados principalmente pelas antigas convenções sociais e retóricas* e, somente em um segundo momento, pelas convenções epistolares. Desta forma, iremos enfatizar os pontos corretos e analisar os documentos como os leitores ou ouvintes do primeiro século teriam eles próprios avaliado.

Textos sagrados em um mundo retórico

Conforme nos aproximamos do final do capítulo, gostaria de retomar brevemente a questão da função dos textos sagrados em uma cultura oral e retórica. Toda ênfase me parece pouca à predileção da época pela voz viva em comparação ao resíduo literário de um documento escrito. A retórica atendia a quesitos não só de lógica e conteúdo, mas também a aspectos como gestos, tom de voz, velocidade da fala, dentre outros, visto que estamos discorrendo sobre a arte antiga da *homilética*. A função ditaria a forma, bem mais que seu contrário.

E isso não poderia provar-se mais verdadeiro do que em relação à proclamação de uma mensagem profundamente religiosa, especialmente quando baseada em um ou mais textos sagrados. Tais textos possuíam uma aura, uma presença, um caráter palpável, dada a materialização que faziam da voz de um Deus vivo. Os povos antigos costumavam escrever seus infortúnios em uma chapa de chumbo, enrolá-la e colocá-la sob o altar dentro de um templo, na crença de que a respiração da divindade pudesse animar e representar aquelas palavras, pois a palavra de um deus era considerada um ato de fala, uma palavra de ação apta a mudar as coisas e afetar pessoas, podendo servir tanto para a bênção quanto para a maldição, benefício ou ruína.

Tendo isso em mente, estudemos uma breve passagem de uma das cartas de Paulo, tida, por muitos acadêmicos, como nosso primeiro documento do NT: a Primeira Carta aos Tessalonicenses. Em 1Ts 2,13, lemos: "Por isso também não cessamos de agradecer a Deus, porque, tendo recebido de nós a palavra de Deus, vós a acolhestes, não como palavra humana, mas como de fato é, como palavra de Deus, que produz efeito em vós, os fiéis"[16].

Resistirei, aqui, a fazer uma pregação, mas o texto acima clama por uma exposição adequada. Em primeiro lugar, observamos que Paulo refere-se a sua própria proclamação do Evangelho aos Tessalonicenses como sendo "a palavra de Deus"; neste ponto, Paulo não duvida de que esteja, ele mesmo, proclamando a palavra de Deus para aquele povo, e você perceberá que ele não está se referindo a textos preexistentes do Antigo Testamento. Ele está falando a respeito da mensagem transmitida sobre Jesus. Em segundo lugar, observe que ele diz que sua pregação não era apenas ou principalmente formada por suas próprias palavras, ou pelas palavras de outros seres humanos, ou de sabedoria humana. Pelo contrário: tratava-se da palavra viva de Deus. Observe, contudo, que ele utiliza o termo no singular: "palavra". A expressão usada é: "a palavra de Deus", equivalente a coisas anteriores que já haviam sido denominadas como "a palavra de Deus" – desde as declarações dos profetas do Antigo Testamento até os próprios textos sagrados do AT. Mas a primazia, aqui, é dada à palavra *falada* de Deus, não a algo que fosse escrito – uma mensagem da Boa-nova de Deus.

Em terceiro lugar, Paulo afirma que esta palavra de Deus (singular) tinha-se fixado nas vidas dos Tessalonicenses, e "que produz efeito em vós, os fiéis". Essa palavra de Deus havia fixado residência nos convertidos da Tessalônica e estava operando um trabalho na alma de todos eles. Tratava-se de uma espada de dois gumes viva e ativa, penetrando cada ser, assim como o autor de Hebreus sugeriria em Hebreus 4,12-13 – e ele também não estava se referindo a um texto, mas a uma proclamação oral que pudesse penetrar o coração.

---

[16] Explicações mais detalhadas em: WITHERINGTON III, Ben. *1 and 2 Thessalonians:* A Socio--Rhetorical Commentary. Grand Rapids: Eerdmans, 2006.

Questionando se os autores do NT acreditavam que seus documentos fossem textos sagrados, sussurrados por Deus, temo que a resposta mais certeira fosse afirmativa. No caso de Paulo, ele acreditava estar proclamando a própria palavra de Deus aos convertidos, não somente suas palavras e opiniões, além disso, ele via suas cartas como substitutos dos discursos que ele mesmo teria feito se pudesse estar frente a frente com o público. As cartas seriam apenas o resíduo literário dos discursos, incorporadas a uma moldura epistolar dada a necessidade de serem enviadas a distância.

Não se trata de mera retórica, cheia de algazarra, mas vazia de significado, afirmar que a análise oral e retórica do NT transporta-nos de volta, colocando-nos em contato com o ethos e o caráter original dos textos orais. Resta a dúvida se mais estudantes do NT atenderão ao apelo que faço aqui, mudando os paradigmas dominantes, deixando seus computadores ao menos por um instante, recebendo "a palavra viva de Deus", sobre a qual os primeiros documentos do NT tentaram nos persuadir. No próximo capítulo, estaremos às voltas com um enigma mais específico. Se o corpus epistolar do NT não deve ser visto como *textos* no sentido moderno do termo (em alguns casos, nem como cartas), como, então, as considerações sociorretóricas nos ajudariam a responder se alguns deles deveriam ser vistos como textos pseudepigráficos (textos com uma falsa atribuição de autor e público)? Teríamos ficções literárias no NT? Isto é o que mentes curiosas mais desejam saber, agora.

2 Pseudepígrafe canônica
Oximoro?

> Temos evitado as armadilhas da "pesquisa desinteressada", pois tememos o perigo que se apresenta quando alguém resolve apenas brincar com a caixa de areia que é a pesquisa irrelevante.
>
> (J. M. Robinson e H. Koester)[1]

A questão da pseudepígrafe[2] canônica nas Escrituras é um fator crítico de um ponto de vista exegético, teológico e hermenêutico. Teríamos, realmente, documentos neotestamentários falsamente atribuídos a uma ou outra figura apostólica? Em caso afirmativo, o que eles atestariam sobre suas respectivas autoridades? Existiriam alegações de fraudes? Muitos acadêmicos do NT esquivar-se-iam de tais assuntos ou simplesmente assumiriam não haver quaisquer problemas no caso da existência de tais pseudepígrafes. Dado o fato de muitas "cartas" do NT serem geralmente consideradas pseudepígrafes, julgo necessário lidar com essa questão em maior profundidade. Quando o tópico vem à tona, raramente descortina-se qual seria, de fato, a verdadeira situação sociointelectual do império romano, muito menos tomando-se por base o que sabemos a respeito da situação retórica daquele período. Como

---
[1] KOESTER, Helmut; ROBINSON, James M. *Trajectories Through Early Christianity*. Philadelphia: Fortress, 1971, p. 269. Este capítulo é uma revisão e uma amplificação de meu debate anterior sobre este mesmo assunto em: *Letters and Homilies for Hellenized Christians*, v. 1.
[2] Documentos com falsa atribuição de autoria.

oradores do porte de um Quintiliano, por exemplo, teriam se sentido em relação a pessoas roubando suas ideias, fazendo anotações de seus discursos e, posteriormente, publicando-as ou proclamando-as sob outro nome? São questões como essa que deveremos endereçar neste capítulo e, dentro deste contexto, deveremos, acima de tudo, avaliar se o clima retórico e histórico favorecia a inclusão da pseudepígrafe como uma prática literária aceitável sem implicações éticas negativas.

Tem sido comum, durante os estudos do NT no último século, ouvirmos que a produção da pseudepígrafe fosse uma prática aceitável e consagrada pelo tempo sem quaisquer decorrências morais. Mas seria este outro exemplo de acadêmicos ignorando as evidências históricas e retóricas apenas para satisfazerem suas teorias ou, talvez, optando por construírem seus castelos intelectuais em pequeninas caixas de areia que nos conduzisse a conclusões equivocadas e irrelevantes? Tais questões serão reconsideradas no presente capítulo. Devemos dar o devido peso às evidências históricas, suspendendo quaisquer pontificados que tenham sido estabelecidos sobre conclusões desejadas, mas não provadas.

Considerações preliminares

Façamos algumas considerações. Que diferença faz se esses documentos são ou não pseudepígrafe? Ao que consta, faz muita diferença e sob vários ângulos. Conforme a defesa correta de David deSilva, chegar a uma resposta faz toda a diferença na forma como reconstruímos a história do cristianismo primitivo e do desenvolvimento de seu raciocínio ético e teológico.

Por exemplo, se as chamadas epístolas de Tiago e Judas datam dos anos 40 e 50 d.C. e são respostas para questões existentes àquela época, incluindo assuntos originados das comunidades paulinas sobre fé e trabalho, então temos uma luz sobre as diferenças dos primeiros formatos da fé cristã e sobre as visões dos líderes dessa fé. Se, por outro lado, tais documentos forem pseudepígrafes datando dos anos 80 e 90 d.C, então ao menos Tiago deve ser visto como um documento cristão-judeu em reação a (mais do que em diálogo com) o legado paulino. Ainda, se as epístolas pastorais não são de Paulo, então não podemos concluir que o próprio Paulo tenha estruturado suas comunidades próximo a sua morte, conforme vemos a eclesiologia expressa nessas cartas. Estes são apenas dois exemplos, mas o que deve ficar bem claro, a esta altura, é que a questão da autenticidade realmente importa no tocante a tópicos como história, teologia, eclesiologia e ética, para mencionar apenas alguns[3].

Também é importante ressaltar, logo de início, que a avaliação do quesito "pseudepígrafe" deve ser feita gênero a gênero. É bem claro, para nós, que as obras apocalípticas pseudepigráficas existiram no judaísmo primitivo (ver, por exemplo, partes do corpus de Enoque) e no cristianismo primitivo (o Apocalipse de Pedro). Além disso, poderíamos argumentar que o uso do pseudônimo fosse um recurso comum do gênero apocalíptico de literatura.

O mesmo não pode ser demonstrado em relação às cartas antigas *ad hoc*. Pela expressão "*ad hoc*", refiro-me a cartas específicas para cada situação, escritas para um público em particular. Ainda que as "circulares" possam ser expostas como um caso de cartas que se acomodariam com a prática da escrita de cartas pseudoepigráficas, isso já seria muito mais difícil de se argumentar em relação às cartas específicas.

Já defendi, em outras situações, porque não acredito que seja possível expor 2Tessalonicenses ou Efésios (ou Colossenses) como pseudepígrafes, ainda que o caso mais difícil de se esclarecer seja Efésios, justamente pela propensão a um documento circular e por tratar-se mais de uma homilia do que uma carta[4]. Minha preocupação, portanto, aqui, não será a de repetir esses argumentos, mas a de simplesmente alertar o leitor para o fato de que os documentos devam ser examinados caso a caso. A este respeito, também nos interessará saber se faz diferença o fato de um documento ser considerado "homilia" e não uma "carta" ao realizarmos essas análises.

---

[3] Podemos citar uma discussão muito útil a esse respeito em: deSILVA, David. *An Introduction to the New Testament:* Contexts, Methods & Ministry Formation. Downers Grove, Ill.: InterVarsity, 2004, p. 685-689.
[4] Ver a "Introdução a 2Tessalonicenses" em: Witherington. *1 and 2 Tessalonians*, e a "Introdução" em: Witherington. *Letters to Philemon, the Colossians, and the Ephesians.*

A verdade é que, quanto mais estudamos o assunto, mais complexo ele se torna. Para início de conversa, podemos questionar o que conta como "autoria". Poderia, por exemplo, um material que contivesse um documento-fonte de uma pessoa famosa (talvez no início de um documento composto) ser atribuído àquela pessoa? A resposta é "sim". Podemos observar essa ocorrência em dois tipos bem diferentes de documentos no NT. Em 2Pedro, temos um documento composto que se utiliza muito claramente de Judas, mas que também apresenta uma fonte petrina em seu primeiro capítulo[5]. O mesmo fenômeno é observado no Evangelho de Mateus, o qual se utiliza de uma fonte especial que, em minha opinião, remete-nos ao apóstolo Mateus[6]. O primeiro desses dois materiais é um tipo de documento composto e encaixa-se nos parâmetros deste estudo. Isto nos alerta para o fato de que não devemos trazer, para esta discussão, várias noções modernas de autoria e propriedade intelectual. A questão reside, isso sim, no grau de flexibilidade quando lidamos com conceitos antigos de autoria e propriedade intelectual. Teriam as noções de propriedade intelectual e plágio realmente existido?

Consideremos, de forma breve, outra possível questão que afeta este assunto. Sabemos, como Romanos 16,22 torna evidente, que Paulo utilizou secretários e que, no final de Gálatas e 2Tessalonicenses, ele mesmo pegou da pena – o que significa que ele escreveu, de fato, uma minoria das palavras encontradas em suas cartas genuínas. Isto suscita a pertinente questão: teria ele feito algo além de simplesmente ditar o texto a um secretário? Poderia ele ter deixado que fizessem um rascunho, ao qual ele incluísse somente alterações? Teria ele dado liberdade considerável aos escribas para a redação, com vistas somente à correção e posterior revisão? Temos várias razões que impossibilitam uma redação feita em múltiplas etapas: (1) Paulo era um

---

[5] Deveremos estudar, com maior profundidade, a relação entre Judas e 2Pedro no volume 2 deste estudo. Por enquanto, há que se consultar meu artigo "A Petrine Source in 2nd Peter" em: *SBL Seminar Papers,* 1985, p. 187-192.
[6] Ver a "Introdução" de: WITHERINGTON III, Ben. *Matthew.* Smyth & Helwys Bible Commentary. Macon, Ga.: Smyth & Helwys, 2006.

homem em movimento, e geralmente com pressa; (2) conforme várias de suas cartas demonstram, ele tinha sempre que responder prontamente a circunstâncias urgentes; (3) o papel e os escribas eram caros, e temos equívocos e lacunas suficientes nas verdadeiras cartas paulinas, sugerindo-nos que esses documentos nunca sofreram revisão e, assim, trazem as marcas do ditado original. Frases incompletas são a melhor delação involuntária[7].

O que seria mais plausível de se imaginar é que Paulo, *in extremis*, possa ter transmitido seus pensamentos oralmente a um colega de confiança ou colaborador que, por sua vez, assumiu a função de redigi-los e enviá-los em nome de Paulo. E isto, vale dizer, parece ter-se encaixado muito mais claramente nos parâmetros antigos de autoria do que de pseudepígrafe. Isso já não ocorre em cartas como Filêmon ou Filipenses, nas quais Paulo ainda é capaz de ditar as cartas aos presentes e enviá-las enquanto estava sob prisão domiciliar.

As epístolas pastorais são, talvez, um caso à parte. Pode-se argumentar que, se Paulo estava sob coação e ameaçado de ser executado, não poderia haver tempo livre para ditar as cartas nem muita gente poderia ter livre acesso a ele. Talvez apenas um amigo de confiança que lhe trouxesse comida e transmitisse mensagens oralmente (redigindo-as depois) pudesse aproximar-se, em uma época em que Paulo estava sob rigorosa supervisão no Campus Martius, o campo militar nos arrabaldes de Roma. Este *poderia* ser o caso de 2Timóteo e, aqui, poderíamos por bem esperar que o estilo fosse muito diferente das primeiras paulinas. Mesmo assim, isso não consegue explicar por que *todas* as pastorais exibem um estilo absolutamente uniforme que, em certos aspectos, distinguem-nas das primeiras cartas paulinas. Ademais, isso também não explica, de forma alguma, as características de 1Timóteo e Tito, ambas escritas quando Paulo ainda era, aparentemente, um homem livre e não vivia em Roma. Devemos, assim, procurar as respostas a essas perguntas em outro lugar.

---

[7] Aconselho o estudo cuidadoso de: RICHARDS, E. Randolph. *Paul and First-Century Letter Writing:* Secretaries, Composition and Collection. Downers Grove, Ill.: InterVarsity, 2004.

Em meu modo de compreender as coisas, a verdadeira linha divisória entre uma carta genuína e uma pseudepígrafe é saber se o material teria vindo da mente de uma pessoa em particular, *não* se o material refletiria sua gramática, sintaxe e vocabulário. Eu acrescentaria, também, que uma carta genuína não apenas viria da mente de uma pessoa específica, mas seria escrita pela própria pessoa ou a seu pedido ou em seu nome[8]. Isto parece encaixar-se adequadamente no escopo do conceito antigo de autoria, e devo fazer acréscimos sobre as pastorais nesse sentido mais à frente[9].

Pseudepígrafe epistolar e propriedade intelectual na antiguidade - sistematizando a discussão

Neste ponto, devemos ponderar sobre a questão da pseudepígrafe epistolar na antiguidade e sobre o conceito de propriedade intelectual. Devemos incluir, aqui, uma discussão sobre como os Pais da Igreja primitiva, nos segundo e terceiro séculos, enxergavam essa questão da autoria e propriedade intelectual e a ética da pseudepígrafe. Assumimos a hipótese de que essas visões não se diferenciavam radicalmente das visões dos cristãos do primeiro século, ainda que isso possa ser alvo de debate. Estes dois assuntos serão, portanto, analisados de forma conjunta.

Em primeiro lugar, levantamos a questão: a pseudepígrafe teria realmente existido no judaísmo e no cristianismo primitivo dos primeiros dois séculos d.C.? A resposta é certamente afirmativa. Como exemplos, temos 4Esdras do lado judeu e a Epístola aos Laodicenses do lado cristão, ainda que essa última seja, com certeza, um documento do segundo século criado com base na indicação de Colossenses 4,16 de que tal carta tenha

---

[8] Os créditos dessa útil observação adicional vão para meu amigo Dr. Jan van der Watt.
[9] A questão da pseudepígrafe não vem das epístolas joaninas, por uma boa razão: as epístolas seriam formalmente anônimas, atribuídas a alguém intitulado "Ancião", dependendo do sentido obtido com *ho presbuteros* em 2–3 João.

existido de fato[10]. Estes exemplos atestam claramente a preexistência de tais documentos que, por sua vez, não foram incluídos nem no cânone judeu, nem no cânone cristão – levando-nos a questionar os motivos desta exclusão ou, melhor dizendo, da não inclusão nas respectivas listas canônicas[11]. De qualquer modo, não podemos negar a existência de pelo menos alguns desses documentos em jogo no período do NT – ou pouco após esse período – nas comunidades religiosas mais relevantes.

Tal fato leva à necessidade de averiguarmos se esses documentos pseudepigráficos teriam suscitado questões éticas para judeus ou cristãos primitivos, ou se a criação desses documentos era simplesmente parte das convenções literárias da época. Como somos geralmente influenciados por definições inconsistentes do que seria um documento pseudônimo para a comunidade acadêmica, as respostas a essa questão ética geralmente têm sofrido variações.

Richard Bauckham tenta uma taxonomia desses documentos, dividindo-os em várias categorias. Neste trabalho, ele praticamente exclui os documentos escritos no período de vida de um apóstolo, mas não escritos pessoalmente por ele, concluindo que seja praticamente impossível a existência de tal documento no NT[12].

Em vários sentidos, Bauckham ajuda-nos a compreender a dificuldade de detectar uma carta pseudônima específica para uma situação. Por um lado, ele afirma, não apenas o "eu" de uma carta pseudônima não se refere ao autor que assina como, ainda, o "você" também não remete ao público designado – até porque o público em questão iria provavelmente reconhecer a farsa do documento! E conclui: "Mas em nenhuma carta indiscutivelmente pseudoepigráfica que tenha chegado até mim, os supostos destinatários e

---

[10] Por vezes, a Epístola de Barnabé é apontada como uma carta pseudoepigráfica, contudo, demonstra ser mais apuradamente um tratado, não uma carta, conforme defendido em "Barnabas, Letter of", por: AUNE, David (ed.). *The Westminster Dictionary of New Testament & Early Christian Literature & Rhetoric*. Louisville: Westminster John Knox, 2003, p. 71-73. Trata-se de um documento cristão polêmico, cuja data deva estar entre os primeiros anos depois de 70 d.C. e o primeiro quarto do segundo século.

[11] 4Esdras data, provavelmente, do final do primeiro século d.C., mas, ao que parece, o cânone do AT não estaria fechado até próximo a essa data, e ele poderia ter sido incluído na terceira seção daquele cânone – os Escritos. Ver HENGEL, Martin. *The Septuagint as Christian Scripture*: Its Prehistory and the Problem of Its Canon. Edinburgh: T&T Clark, 2001.

[12] BAUCKHAM, R. J. Pseudo-Apostolic Letters. *JBL* 107, n. 3, 1998, p. 469-494, citada, aqui, a p. 475.

os reais leitores são idênticos"[13]. O autor verdadeiro só poderia endereçar o texto para seu público verdadeiro sob uma ficção literária que envolvesse não apenas a identidade real dele, mas também a do público.

Aqui, também vislumbramos a questão da distância no tempo e espaço. Para que um documento pseudônimo pudesse cumprir seu papel, ele precisava ser escrito sob o nome de uma pessoa famosa o suficiente, e que estivesse distante o bastante de seus supostos autor e público reais, para que houvesse menor probabilidade de questionamento de sua autoria e autenticidade. Isto apresenta um sério problema para reivindicações acerca das cartas do NT, uma vez que todas elas, com a possível exceção de 2Pedro, foram escritas antes do final do primeiro século d.C., ou antes que as testemunhas apostólicas, ou aqueles que tiveram contato com as testemunhas oculares estivessem todos mortos.

Por uma questão de clareza, quando utilizo o termo *pseudônimo* não estou me referindo a documentos anônimos (como Hebreus), tampouco a documentos compostos que tenham ao menos algum tipo de fonte escrito pelo autor, cujo nome está anexo no material. Tomo emprestada a definição precisa de I. H. Marshall: "um texto é pseudônimo quando não vem do autor proposto, mas, sim, quando escrito após sua morte por outra pessoa – ou, mesmo em vida, por outra pessoa – não incumbida de fazê-lo"[14].

Este debate pode ser, ainda, refinado com a observação de David Meade de que poderíamos fazer uma distinção entre pseudônimos fictícios e aqueles tomados emprestados de seres humanos reais[15]. Vale excluirmos, porém, o uso de nomes reais de personalidades antigas ou legendárias (tais como Abraão ou Isaac), uma vez que ninguém, no primeiro século de nossa era, poderia ser levado a crer que tais figuras ainda estivessem redigindo documentos durante o período canonizador.

---

[13] Bauckham. Pseudo-Apostolic Letters, p. 475.

[14] MARSHALL, I. H. The Problem of Non-Apostolic Authorship of the Pastoral Epistles. In: TYNDALE Fellowship, 1985, Cambridge, p. 1-6 (citada, aqui, a p. 1).

[15] MEADE, David G. *Pseudonymity and Canon:* An Investigation into the Relationship of Authorship and Authority in Jewish and Earliest Christian Tradition. Grand Rapids: Eerdmans, 1987. Esse estudo pode ser vantajosamente comparado com outro: WILDER, Terry L. *Pseudonymity, the New Testament, and Deception:* An Inquiry into Intention and Reception. Lanham, Md.: University Press of America, 2004. Mais referências bibliográficas a este respeito poderão ser encontradas nas próximas notas.

O problema reside na utilização de nomes reais de personalidades contemporâneas (ou quase contemporâneas), tidas como autoridades religiosas conhecidas naquele período. A razão para a pseudonímia variava conforme o gênero: por exemplo, nos textos apocalípticos pseudônimos, a intenção era transmitir o legado da história como uma profecia projetada para o passado por meio da fala de uma figura religiosa antiga famosa. A questão da profecia não aparece necessariamente da mesma forma nas cartas pseudônimas.

Façamos outra observação. Pode-se argumentar que os documentos canônicos que apresentam o nome de Tiago e Judas não são pseudônimos, pois, apesar de não terem sido escritos pelos *verdadeiros* irmãos de Jesus, teriam sido escritos por figuras cristãs desconhecidas que possuíam esses mesmos nomes. Esta teoria, contudo, é muito problemática, justamente porque esses documentos apresentam-se como sendo escritos pelos reais irmãos de Jesus e foram vistos desta forma, pelos cristãos, nos séculos subsequentes. A propósito, se assim não fosse, eles nem teriam sido incluídos no cânone – levando-nos a concluir que seria muito difícil resolver a questão destes documentos e da pseudonímia com um simples expediente ardiloso.

De um ponto de vista educacional antigo, ainda devemos fazer outra consideração: a de um exercício retórico chamado *prosopopeia* ou personificação. Este exercício era feito, inclusive, por estudantes, ao tentar redigir um discurso como se fossem uma pessoa famosa, como César ou Alexandre, por exemplo. Esta técnica retórica pode ser encontrada no NT em Romanos 7,7-13, em que Paulo fala na primeira pessoa como se fosse Adão, uma figura introduzida em Romanos 5[16]. Ainda assim, esse exercício retórico tinha um escopo limitado e, a meu ver, abrangia apenas discursos, não a redação de documentos escritos, particularmente a de cartas, utilizando o nome de uma personalidade famosa. A este respeito, também vale ressaltar que tal recurso retórico não propunha enganar, tampouco usar a autoridade de outra pessoa para atingir algum objetivo nefasto. Por fim, observamos que a personificação dava-se sempre em relação a alguma personalidade do passado.

---

[16] Ver Witherington e Hyatt em: *Paul's Letter to the Romans*.

2. Pseudepígrafe canônica

Nossa preocupação, assim, restringe-se aos documentos que realmente pudessem ser denominados "falsificações", sendo criados com, ao menos, algum indício da tentativa de iludir o público, estando ele próximo ou distante[17]. Uma fraude será sempre uma fraude, independentemente da vantagem política, financeira, pessoal ou espiritual que se deseje obter. A questão está em descobrirmos se temos documentos no NT imputados a uma pessoa (famosa), mas que tenham sido escritos, de fato, por outra pessoa sem autorização do autor original. É curioso notar que a primeira sugestão acerca da possível existência de pseudepígrafe no NT só foi feita em 1792 por um acadêmico inglês, E. Evanson[18]. Antes disso, não havia uma real discussão sobre esse tema para a Igreja no tocante aos livros canônicos.

Pseudepígrafe sem vistas ao logro? Visões da Igreja primitiva

Os acadêmicos modernos têm sugerido que, apesar da existência inquestionável das pseudepígrafes no NT, estas não teriam o logro como objetivo, sugerindo que os autores escrevessem na intenção de ou como parte do legado da escola de Paulo, Pedro ou Tiago, ou mesmo que esses autores fossem pessoas espiritualizadas, aptas a falar por outras ou em nome de outras.

Aparentemente, é historicamente plausível que algo como a ideia de escola tenha ocorrido. Temos, a esse respeito, o caso de Pitágoras. Jâmblico relata que seus discípulos escreviam em seu nome, pois eles atribuíam-lhe tudo que haviam aprendido (*De vita Pythagorica*, 158, 198). Ainda que esta prática tenha sido certamente concebível dentre os discípulos de Paulo, Pedro ou Tiago, se a analisarmos mais detalhadamente, encontraremos alguns problemas. Ocorre que os discípulos de Pitágoras não redigiam documentos específicos ou *ad hoc* para públicos determinados, utilizando o nome do mestre. Eles escreviam, no caso, tratados filosóficos – um assunto completamente diferente.

---

[17] Ver Wilder, *op. cit.*, p. 3.
[18] Em um trabalho chamado *The Dissonance of the Four Generally Received Evangelists*. Veja Wilder, *op. cit.*, p. 4.

Se levarmos em conta, por exemplo, 2Timóteo ou Tito, observaremos que essas cartas contêm tantos detalhes pessoais e parecem endereçar uma situação histórica tão particular, que é difícil evitarmos a conclusão de que, se elas fossem pseudepigráficas, haveria, por certo, a intenção de iludir o público, fazendo-o crer que elas tivessem sido escritas pelo próprio punho de Paulo, não simplesmente na intenção de Paulo[19]. Também não possuímos evidências históricas de que Paulo, Pedro ou Tiago tivessem mantido "escolas" no sentido que utilizamos o termo para as escolas greco-romanas, nas quais as pessoas eram treinadas para falar e escrever como figuras famosas. A isso, soma-se, com certeza, o caráter do discipulado. As fontes silenciam quando inquirimos se os colaboradores dos apóstolos ou os próprios discípulos teriam sido treinados para imitar a redação dos líderes apostólicos.

Ademais, não nos resta dúvidas de que os não apóstolos ou aqueles que sequer foram testemunhas oculares do que se punham a relatar (como Lucas e Marcos) sentiam-se livres para escrever em seus *próprios* nomes, e suas respectivas obras foram incluídas no cânone assinadas por eles. Também vale lembrar que temos documentos neotestamentários anônimos, cujas integridade e autoridade foram suficientemente consagradas a fim de serem incluídos no cânone (Hebreus ou 2-3 João, por exemplo)[20]. Há, ainda, os documentos compostos, como 2Pedro,

---

[19] Veja, por exemplo, a discussão apresentada por Lewis R. Donelson em: *Pseudepigraphy and Ethical Argument in the Pastoral Epistles*. Tübingen: J. C. B. Mohr, 1986, p. 24-55, e por deSilva em: *Introduction to the New Testament, op. cit.*, p. 686-687.

[20] Neste ponto, devemos rejeitar a tentativa de agrupar conjuntamente os documentos anônimos e os pseudepigráficos, como demonstra K. Aland no artigo: "The Problem of Anonymity and Pseudonymity in Christian Literature of the First Two Centuries", *JTS* n. 12, 1961, p. 39-49. O primeiro tipo de documento não parece ostentar o objetivo de lograr alguém em relação a sua origem. Já para que um documento pseudônimo obtivesse êxito e crédito e representasse a palavra de seu suposto autor, seria necessário que ele conseguisse enganar o público completamente. Caso contrário, seria visto como desonesto ou de menor valor, conforme depreendemos do estudo de F. Torm sobre as literaturas greco-romana, judaica e cristã. Torm nos é de extrema valia sobre a dinâmica psicológica envolvida nessa questão, como podemos ver em: *Die Psychologie der Pseudonymitat im Himblick auf die Literatur des Urchristentums* (Guterloh: Bertelsmann, 1932). Conforme ele corretamente aponta, na antiguidade, a defesa da "personificação retórica" nunca foi utilizada para justificar a criação de tal documento. Também de grande auxílio é a discussão mais antiga que podemos encontrar em: GUTHRIE, Donald. *New Testament Introduction*. Downer's Grove, Ill.: InterVarsity, 1990, p. 1011-1028.

De maneira igualmente pouco convincente, temos o argumento de Aland de que, se uma pessoa falasse em nome do Espírito Santo, não importava quem ele dissesse que era ou quem os outros dissessem que ele fosse, contanto que sua voz viesse de Deus. Havia, por certo, oráculos

que possuem uma ligação com o suposto autor. Todos esses argumentos são demonstráveis e tornam improvável a necessidade da pseudepígrafe no período do NT, *a menos que* alguém realmente tenha tido a intenção do logro ou não tenha tido a autoridade para falar em seu próprio nome ou, ainda, de forma anônima.

É possível elencar mais ressalvas ao argumento simplista de que a pseudepígrafe não teria sido um problema para a Igreja do primeiro século. Por vezes, esse argumento assume o mesmo formato que podemos encontrar na obra de J. D. G. Dunn, baseado na tese de que, se a pseudepígrafe não era um problema para os primitivos judeus não cristãos, logo eles também não o seriam para os primitivos judeus cristãos. Dunn, certamente, exemplifica-nos com 1Enoque, 4Esdras e a Carta de Aristeas[21]. O problema ao dar esses exemplos, conforme E. E. Ellis ressaltou, é que o primeiro documento é uma obra apocalíptica atribuída a uma figura legendária antiga (o que significa ser de um tipo diferente das cartas *ad hoc*), da mesma forma que 4Esdras também é um material atribuído a uma figura histórica. A Carta de Aristeas, por sua vez, embora chamada de "carta" por Josefo (*Antiguidades* 12,100), revela-se claramente como um tipo de tratado, como aqueles produzidos pelos estudantes de Pitágoras e, sendo assim, não demonstra uma pseudepígrafe aceitável no judaísmo primitivo. Por fim, esses documentos não foram incluídos no cânone hebreu, formado em grande parte em finais do primeiro século ou início do segundo de nossa era[22].

---

do Cristo ressuscitado, tais como vemos no Apocalipse por meio de João de Patmos. Mas eles não passam disso: oráculos do Cristo ressuscitado transmitidos por João, não palavras do Jesus histórico durante seu ministério. Em resumo: não é exato assumir que a natureza espiritualizada do cristianismo primitivo conduza à indefinição da questão de quem disse o que e quando, alargando esse raciocínio de modo a oferecer uma justificativa ou explicação para a pseudepígrafe. Ainda mais surpreendentemente improvável é o argumento de K. Koch que sustenta que Paulo, direto do céu, estivesse falando por meio de seus discípulos na pseudepígrafe – a esse respeito, consulte "Pseudonymous Writing", em: CRIM, K. (ed.). The Interpreter's Dictionary of the Bible: An Illustrated Encyclopedia, Supplementary Volume. Nashville: Abingdon, 1976, p. 713.

[21] DUNN, James D. G. *Unity and Diversity in the New Testament*. London: SCM Press, 1977; *The Living Word*. London: SCM Press, 1987, p. 83-84.

[22] Devemos notar que as cartas, em geral, não estão incluídas no cânone do AT como documentos separados, ainda que haja algumas cartas no interior do AT, especialmente as históricas, como 2Crônicas. Todas as pseudepígrafes judaicas discutidas por Bauckham são documentos separados extracanônicos – algo muito interessante, por sinal. Consultar, a este respeito: Bauckham, Pseudo-Apostolic Letters, p. 478-87. A correspondência de Baruc, a carta de Jeremias

Desta forma, fica difícil aceitar que esses exemplos deem sustentação à tese de que os judeus ou os cristãos-judeus não tenham tido problemas com a pseudepígrafe epistolar, principalmente estando eles próximo à personalidade contemporânea ou apostólica[23]. Como o próprio Bauckham afirma, ao avaliar a possibilidade de documentos como Tiago, Efésios ou 1Pedro – que são documentos circulares – serem pseudepigráficos: "quanto mais a exegese tende a prever uma situação específica como o destinatário dessas cartas, menor a probabilidade de elas tornarem-se pseudepigráficas"[24]. Ao que poderíamos acrescentar, aqui: quanto mais próximas, no tempo, fossem escritas de seu suposto autor, menor a possibilidade de serem vistas como verdadeiras.

Bauckham levanta uma hipótese útil ao sustentar que apenas 2Pedro, dentre as cartas do NT, contenha traços que indiquem, por destinatário, tanto o público imediato como um público posterior (veja 1,12-15, especialmente o último versículo)[25]. Isso sugere que esta carta pretende ter um escopo mais amplo que as cartas *ad hoc* – aliás, a este propósito, ela parece ser o único documento que não seja específico para uma situação em todo NT. Ela poderia, então, ser uma pseudepígrafe, mas isso é invalidado por justamente conter uma fonte petrina, materiais de Judas e de outros, como deveremos detalhar a seu devido tempo.

Não nos parece correto corroborar com o argumento de Dunn de que haveria uma distinção de atitudes a este respeito entre os cristãos-judeus do primeiro século e dos cristãos-gentios do segundo. Não possuímos evidências históricas que comprovem que a pseudepígrafe fosse aceitável para os cristãos-judeus primitivos do primeiro século, mas não

---

ou a epístola de Enoque não são de grande valia, levando-nos a concluir que havia boas razões para que tais documentos fossem omitidos do cânone do AT. Bauckham menciona 2Crônicas 21,12-15 e Daniel 4 como exemplos de prováveis cartas pseudepigráficas, mas mesmo isso pode ser questionado. A verdade é que o AT fornece muito poucas evidências relevantes para que esse fenômeno seja visto como algo aceitável e parte de algum texto sagrado para os judeus primitivos.

[23] Ver ELLIS, E. E. Pseudonymity and Canonicity of New Testament Documents. In"PAIGE, T.; WILKINGS, M. J. (eds.). *Worship, Theology and Ministry in the Early Church:* Essays in Honor of Ralph P. Martin. Sheffield: Sheffield Academic, 1992, p. 212-224.
[24] Bauckham, *op. cit.*, p. 488.
[25] Bauckham, *op. cit.*, p. 489.

para os cristãos-gentios no século posterior. A verdade é que encontramos razões *adicionais* para que a Igreja recusasse a pseudepígrafe a partir do segundo século – assunto que deveremos deixar de lado por ora.

Os cristãos dos séculos dois e três de nossa era fizeram claras objeções a esse tipo de prática. Por exemplo, o cânone de Muratori – talvez nossa lista canônica mais antiga, excluindo a de Márcion[26] – traz a observação de que a Carta aos Laodicenses e a Epístola aos Alexandrinos seriam "falsificações em nome de Paulo", feitas pelos seguidores de Márcion. Dois outros exemplos clássicos seriam as supostas correspondências entre Jesus e o rei Abgar ou entre Paulo e Sêneca[27]. Um documento intitulado 3Coríntios teria sido redigido, no segundo século, por um bispo (!) que nutria profunda admiração por Paulo – mas, ao confessar-se autor de tal manuscrito, perdera sua posição eclesiástica por decreto de Tertuliano (*O Batismo*, 17).

Alguns destes últimos documentos foram redigidos no formato de cartas, o que nos leva, mais uma vez, à impossibilidade de negarmos a existência de cartas pseudepigráficas no cristianismo primitivo. Por outro lado, também não podemos deixar de mencionar que esse tipo de documento apresentava alguns problemas reais. Podemos apontar o julgamento feito por Tertuliano do presbítero asiático que compôs o "Atos de Paulo e Tecla". O réu, levado a julgamento, foi destituído de suas funções sacerdotais – ao que Tertuliano justifica como sendo exatamente a punição correta para os falsificadores. Analogamente, poderíamos mencionar a famosa história do bispo Serapião de Antióquia que, tendo endossado previamente o Evangelho de Pedro, por volta de 200 d.C, terminou por considerar heterodoxas algumas partes do livro (e, portanto, uma fraude) após lê-lo e compreender seu uso como base da cristologia docética (ver Eusébio de Cesareia, *História eclesiástica*, livro VI, cap. 12,3-6).

Se adentrarmos ainda mais na história da Igreja, podemos citar o caso de Salviano, um sacerdote de Marselha, chamado por seu superior a prestar contas sobre uma suposta falsificação em nome de Timóteo por

---

[26] Ver mais a este respeito no capítulo 11 deste.
[27] Ao menos Sêneca viveu à mesma época de Paulo e em uma cidade provavelmente visitada pelo discípulo!

volta de 440 d.C. Ou, ainda, o caso de Jerônimo que catalogava os tipos de pseudepígrafes, dividindo-as em "falsificações" e "obras falsamente atribuídas". Para tanto, elaborou vários critérios para detectarmos uma falsificação, entre eles:

(1) se os homônimos pudessem ser a causa da falsa atribuição;
(2) se o livro analisado apresentasse assunto ou conteúdo inferior às outras obras do mesmo autor;
(3) a data em que o material foi escrito, em comparação ao período de vida do suposto autor;
(4) se as declarações contidas no livro contradiziam ou entravam em conflito com os documentos do mesmo autor cuja autenticidade fosse inquestionável, e
(5) se o estilo da obra fosse apropriado, levando-se em consideração a linguagem, o autor e o período em que foi redigido[28].

São inúmeros os casos sobre a história da Igreja primitiva[29]. Com base nesses exemplos, poderíamos compreender o argumento de Dunn, ao alegar que tais julgamentos teriam acontecido a partir do segundo século por conta da Igreja estar às voltas com a questão da heresia – daí uma maior preocupação, também, com a definição da autenticidade dos documentos. Do meu ponto de vista, contudo, afirmo que tal cuidado em relação a falsificações e falsas pregações não teve início na Igreja do segundo século. Já é possível notar esse zelo em 2Tessalonicenses 2,2 e em outras partes do corpus paulino, nas quais Paulo preocupa-se em assinar seus próprios documentos para garantir sua autoria (ver Gl 6,11; 2Ts 3,17 e 1Cor 16,21).

---

[28] A este respeito, ver HULLEY, K. K. Principles of Textual Criticism Known to St. Jerome. In: *Harvard Studies in Classical Philology 55*, 1944, p. 104-9.
[29] Salviano alegou, em sua defesa, o pretexto de modéstia, ou seja, com isso, ele estaria esquivando-se à pretensão de fazer honras a si mesmo. Sobre este assunto, ver mais em: METZGER, B. M. Literary Forgeries and Canonical Pseudoepigrapha. In: *JBL* 91, 1972, p. 3-24, citadas aqui as p. 8-9.

falsificação e propriedade intelectual no mundo greco-romano

A falsificação era vista, sem dúvida alguma, como um problema no primeiro século de nossa era, e não se restringia apenas aos limites da Igreja. Em seu clássico estudo, B. M. Metzger (seguido, agora, por T. Wilder) demonstra haver existido claramente um conceito de propriedade intelectual no mundo greco-romano, sendo considerada indecente a prática de colocar palavras na boca de outrem com o fim de prejudicar ou mesmo obter maior crédito e autoridade para as próprias palavras (este último caso estando mais de acordo com nossos interesses)[30].

Metzger consegue demonstrar a preocupação de autores, como Galeno, com a produção de falsificações em seu nome. Por esta mesma razão, Galeno teria escrito um livro chamado *On His Own Books (Sobre suas próprias obras)*, de modo que as pessoas pudessem distinguir quais eram, de fato, seus livros verdadeiros[31]. Nesta obra, ele listava e descrevia cada um de seus livros originais, evitando, assim, que uma pseudepígrafe pudesse ser apresentada como sendo de sua autoria[32]. Apesar deste caso servir para ilustrar o caráter corriqueiro das falsificações, o ponto mais importante residiria no fato de Galeno rejeitar esse tipo de prática, não a considerando como uma convenção literária inofensiva e aceita por todos. Em um segundo momento, Metzger afirma "que as pessoas, na antiguidade, estavam conscientes dos conceitos de falsificação e plágio, dada a existência de uma grande variedade de palavras utilizadas para descrever e condenar esse tipo de prática, a saber: *kibdeleuein, votheuein, paracharattein, plattein, radiourgein...*" e que "também é possível atestar que os acadêmicos, na antiguidade, eram capazes de detectar as falsificações, fazendo uso, em linhas gerais, dos mesmos tipos de testes empregados por críticos modernos"[33].

---
[30] Ver Metzger, *op. cit.*, p. 3-24; Wilder, *op. cit.*, p. 35-73.
[31] Metzger, "Literary Forgeries", p. 6.
[32] Ver Wilder, *op. cit.*, p. 42-44.
[33] Metzger, "Literary Forgeries", p. 12-13. Devemos abandonar o mito de que os povos antigos não eram capazes de fazer uso de um julgamento crítico em relação a esses assuntos – um preconceito moderno defendido por muitos acadêmicos.

Alguns escritores antigos, por sua vez, utilizavam práticas literárias específicas em seus documentos para proteger a propriedade intelectual da reutilização, ou de sofrer acréscimos e subtrações. De acordo com Wilder, "um autor poderia proteger seu documento:

(1) pronunciando uma maldição no próprio material, alertando sobre o risco de alterá-lo (ver Apocalipse 22,18-19);
(2) interligando a autoria com o texto pelo uso de um carimbo ou acróstico;
(3) tornando conhecido o tamanho do documento ao citar o número exato de linhas/*stichoi* que ele continha (ver, por exemplo, o final de *Antiguidades*, de Josefo);
(4) informando, aos outros, o conteúdo do livro em ordem cronológica ou
(5) utilizando-se de amigos para fazer circular o material antes que ele pudesse sofrer alterações ou distorções"[34].

Todas essas práticas eram conhecidas e utilizadas no primeiro século de nossa era, algumas das quais podendo ser encontradas no NT. Outro recurso para esse tipo de autenticação era a assinatura pessoal, da forma como Paulo colocou em prática – ainda que esse hábito não fosse comum na redação de cartas antigas no período greco-romano.

Encontramos, também, evidências que apontam para o fato de que, tão logo as falsificações fossem descobertas, ações eram tomadas para a correção dos problemas. Citemos, aqui, o exemplo de Diógenes Laércio. Ele nos conta (em 7,34) que o guardião da biblioteca de Pérgamo, Atenodoro, fora pego falsificando obras de escritores estoicos. Uma vez descoberto, o material falsificado foi eliminado e, as obras originais, restituídas a seu formato original. Outro bom exemplo é o lamento de Quintiliano, porque apenas um de seus discursos famosos teria sido adequadamente publicado (*Emiseram*). De acordo com suas queixas, havia muitos discursos circulando sob seu nome, dos quais poucas palavras seriam realmente dele (*Institutio Oratoria*, 7.2.24).

---

[34] Wilder, *op. cit.*, p. 42.

Em um estudo detalhado, W. Speyer[35] indica-nos já existir um conceito de propriedade intelectual no século seis a.C. Por exemplo, Heródoto, o pai da historiografia grega, questiona se realmente Homero teria escrito os poemas cipriotas (*Histórias*, livro 2,116-17). Aristóteles duvida da autoria de Orfeu nos poemas órficos (*Da alma*, 1.5). Além disso, parece haver uma consciência e uma preocupação constante conforme avançamos em direção ao primeiro século d.C. e nele adentramos. Diógenes Laércio 2.57 conta-nos como Xenofonte tentou assumir as obras publicadas de Tucídides, sem sucesso. É comum encontrarmos comentários críticos e detalhados sobre a questão da autoria em obras de escritores greco-romanos. Cícero, por exemplo, duvida da autenticidade ou do caráter inspirado dos oráculos sibilinos (*Diverse*, 2.85, 2.110-12). Suetônio, o historiador romano, argumenta que algumas obras atribuídas a Horácio seriam provavelmente ilegítimas dado o estilo (*De viris illustribus* ou *Sobre homens ilustres*, 2). Suetônio também menciona que o próprio Augusto teria condenado aqueles que escreviam em nome de outrem (*As vidas dos Doze Césares*, 2.LV), acrescentando uma história sobre um homem acusado de falsificação, cujas mãos teriam sido cortadas assim que fora julgado culpado do crime (*As Vidas dos Doze Césares*, V.XV.2). Exemplos assim existem à mão cheia[36], embora estes nos sejam suficientes para explicitar a questão.

Concordo com F. Torm quando ele conclui que: "A visão de que os círculos religiosos da antiguidade greco-romana 'compreendiam o pseudônimo como uma forma literária e imediatamente reconheciam seu caráter correto' é uma invenção moderna"[37]. Tanto a questão do pseudônimo não era aceitável enquanto prática literária, como era vista como um sério problema literário no mundo greco-romano, chegando a ter, inclusive, repercussões criminais. As reações cristãs às fraudes, nos séculos dois e três conforme mencionado acima, não eram atípicas no período cristão primitivo. Isso não significa, é claro, que os modernos conceitos de leis de direitos autorais fossem aplicados na antiguidade, contudo, podemos afirmar tranquilamente

---

[35] Ver *Die literarische Falschung*. München: Beck, 1971.
[36] Wilder, *op. cit.*, p. 45-46.
[37] Torm, *op. cit.*, p. 19.

que havia uma compreensão muito clara da ideia de propriedade intelectual, e da questão da integridade pessoal por ora da reivindicação de autoria de um documento específico. O plágio, assim, era tido com um problema sério, não como um recurso literário amplamente aprovado.

E então?

Alguns acadêmicos do NT têm reconhecido abertamente esse problema e chegado a conclusões sobre como deveríamos enxergar documentos como as epístolas pastorais, uma vez que são considerados pseudepigráficos. Conforme afirma L. R. Donelson, "com o objetivo do logro, (o autor das pastorais) fabricava todas as notas pessoais, todos os... lugares-comuns das cartas... e qualquer outro recurso que pudesse ser necessário para enganar com sucesso"[38]. Esta parece ser a conclusão honesta e inevitável a que se pode chegar, uma vez que reconhecemos o fato de que não havia uma convenção literária aceitável envolvendo a pseudepígrafe epistolar, caso se conclua que as pastorais ou outros documentos do NT, com o mesmo foco, fossem pseudepígrafes.

Ellis continua detalhadamente essa linha de raciocínio para demonstrar como devemos chegar à conclusão de que, se tais documentos como as pastorais ou 1 e 2 Pedro forem pseudepígrafes, logo os respectivos autores realmente tiveram por objetivo o logro do público, pois embora condenem a lábia, a hipocrisia e a manipulação, eles, ao mesmo tempo, colocaram todas essas manobras em prática em formato literário[39]. Ellis mostra-se particularmente preocupado com a pseudepígrafe apostólica (a saber, a que se utiliza dos nomes de Paulo, Pedro, Tiago e Judas). A esse respeito, conclui:

> O papel do apóstolo na Igreja primitiva, as provas de fraudes literárias na antiguidade greco-romana, e as próprias cartas do Novo Testamento formam uma combinação de

---

[38] Donelson, *op. cit.*, p. 24, 55.
[39] Ellis, *op. cit.*, p. 220-223.

elementos demonstrando que a pseudepígrafe apostólica foi uma empreitada contaminada desde a origem. Em nenhum momento da história da Igreja primitiva, pôde-se evitar o odor da fraude. O logro precisava obter sucesso e ser, assim, aceito para leitura na igreja para, só depois, poder ser descoberto e excluído[40].

Isso nos leva a conjeturar como essa questão se adequaria a um outro fator igualmente importante. Tenhamos em mente, para tanto, que os escritores cristãos primitivos do porte de Paulo acreditavam que, tanto na oralidade quanto em sua forma escrita, estavam proclamando a Palavra de Deus, uma palavra verídica, e não apenas as palavras de seres humanos. A este respeito, temos sua declaração naquela que é geralmente reconhecida como sua primeira carta: "Por isso também não cessamos de agradecer a Deus, porque, tendo recebido de nós a palavra de Deus, vós a acolhestes, não como palavra humana, mas como de fato é, como palavra de Deus, que produz efeito em vós, os fiéis" (1Ts 2,13). A Palavra de Deus era falada e escrita por figuras como Paulo, e era desta forma que eles viam as próprias comunicações. Assim, os documentos relatam uma preocupação com a verdade em todas as coisas, especialmente porque era a Palavra de Deus que estava sendo proclamada.

Por fim, vale ressaltar a grande dificuldade de se detectar uma pseudepígrafe. C. J. Classen delineou esta questão com extrema clareza:

> A maior parte dos poemas, obras de ficção e romances é escrita para as gerações futuras – o que também se aplica aos relatos históricos. As cartas, por outro lado, são mais imediatamente relevantes, dirigidas a um indivíduo ou grupo específico em um dado momento e dentro de um contexto particular – ainda que existam, é claro, cartas elaboradas para serem publicadas e contempladas em um momento posterior, dado seu formato literário ou conteúdo[41].

---

[40] *Ibidem*, p. 223-224.
[41] C. J. Classen. *Rhetorical Criticism of the New Testament*. Tübingen: Paul Mohr Verlag, 2000, p. 46.

Essa observação atesta a dificuldade de se produzir uma pseudepígrafe com sucesso: a despeito de ter, muito provavelmente, que ser específica em conteúdo e situação, deveria conter uma mensagem e divisar um contexto não para o suposto público imediato, mas também para outro vindouro.

E, aqui, apresento as questões que norteiam nosso estudo. As cartas do NT parecem ser específicas para uma situação? A resposta parece ser afirmativa, com exceção de 2Pedro. Caso não sejam específicas, elas contêm traços que indiquem um público maior, abrangendo um período maior de tempo? Novamente, temos em 2Pedro o exemplo, mas não nas outras cartas. Teriam essas cartas pretensões literárias? Devemos, ao responder, fazer uma distinção entre a utilização de recursos literários e retóricos simplistas e verdadeiras pretensões literárias. De fato, encontramos exemplos do primeiro caso em alguns de nossos documentos, mas seria muito difícil sustentar que qualquer desses manuscritos, incluindo 2Pedro, tivesse sido deliberadamente elaborado com vistas à publicação ou posterior apreciação literária. Poderíamos questionar, ainda, se quaisquer desses documentos teriam sido reconhecidos como valiosos ou de mérito duradouro caso fossem pseudepígrafes.

E o que podemos inferir, à luz dessas considerações? No mínimo, podemos concluir que o velho paradigma de acadêmicos como F. C. Bauer – que justificavam a aceitação da pseudepígrafe epistolar pelos cristãos e judeus primitivos com o argumento de ser uma prática ou gênero literário aprovado por todos – deva ser rejeitado. Havia vários fatores que se tornavam verdadeiros obstáculos para a aceitação dessas cartas dentro, e mesmo fora, de setores cristãos e judeus da sociedade. Havia, inquestionavelmente, um conceito de propriedade intelectual e de plágio no mundo greco-romano. Sendo assim, se havia pseudepígrafes no NT, o ônus da prova deverá recair diretamente nos ombros dos que advogam sua existência.

2. Pseudepígrafe canônica

3 Um novo olhar para a cultura escriba

> Nosso conceito de autor como indivíduo é o que norteia nosso interesse por questões como autenticidade, originalidade e propriedade intelectual. O antigo Oriente Médio não possuía, contudo, muito espaço para noções como essa. A autenticidade subordina-se à autoridade e mostra-se relevante apenas à medida que baseia a autoridade textual; já a originalidade, encontra-se subordinada ao conjunto comum de formas e valores culturais (...) Para nós, seria errado creditar o trabalho de um autor a um editor. O autor é, em nosso ponto de vista, a fonte intelectual do texto, ao passo que o editor dá o polimento; o primeiro, é o gênio criativo; o segundo, apenas o técnico. Essa diferença, contudo, era menos importante para os antigos. Eles não creditavam o mesmo valor à originalidade. Para eles, um autor não inventaria o texto, simplesmente disporia os elementos corretamente; o conteúdo, assim, preexistiria, sendo formalizado na redação.
>
> (Karel van der Toorn)[1]

Os acadêmicos do Novo Testamento têm tentado levar em consideração, de maneira mais consciente, o papel dos escribas na produção de cartas e outros documentos na antiguidade, ajustando, assim, o modo como entendemos o conceito de autoria aplicado às fontes do NT[2].

---
[1] Van der TOORN, Karel. *Scribal Culture and the Making of the Hebrew Bible*. Cambridge, Mass.: Harvard University Press, 2007, p. 47-48.
[2] Ver, por exemplo, MURPHY-O'CONNOR, Jerome. *Paul the Letter-Writer:* His World, His Options, His Skills. Wilmington, Del.: Michael Glazier Books, 1995.

Persistem, contudo, dois pontos estranhos nessa discussão. Em primeiro lugar, ela tem-se mostrado insuficiente para considerar, de forma apropriada, o efeito de tais reflexos no momento de denominarmos um documento "pseudepígrafe" (assunto discutido no capítulo anterior); em segundo lugar, este debate tem-se dado em uma espécie de vácuo do período neotestamentário, sem levar em conta a longa história do trabalho escriba no antigo Oriente Médio e o papel dos escribas na edição e produção de textos sagrados.

O objetivo deste capítulo é remediar esta segunda deficiência – estabelecendo, para tanto, um diálogo com o trabalho fundamental de Karel van der Toorn, *Scribal Culture and the Making of the Hebrew Bible*. Devemos reconhecer, de antemão, que, ao que nos parece, *todos os documentos do NT foram produzidos por judeus e/ou tementes a Deus, como Lucas*. Se assim o for, a longa história do papel dos escribas na religião israelita e dos primeiros judeus tem total relevância para nossa discussão sobre os escribas cristãos e o NT.

Quando poucos conseguem ler e escrever, e os livros não são livros

Van der Toorn inicia a discussão da cultura escriba com certas afirmações e pressupostos evidentes. Ele destaca o fato paradoxal e irônico de que a religião hebraica nascera em uma cultura predominantemente oral, embora o grande legado dessa religião fosse um livro – as Escrituras Hebraicas. O que podemos depreender, portanto, de um grupo religioso de judeus que, mesmo inserido em uma cultura oral, se tornasse conhecido pela prática da "religião do livro"?

É premissa de van der Toorn que os escribas tenham elaborado o que os cristãos chamam de Antigo Testamento, especialmente os escribas de Jerusalém empregados pelo templo ou, talvez, em alguns casos, pelos dirigentes da cidade:

> Eles exerciam esse ofício em uma época em que não existia o comércio de livros nem qualquer tipo de público leitor. Os escribas escreviam para os próprios escribas...

> O texto da Bíblia Hebraica não fazia parte da cultura popular. A Bíblia nascera e fora estudada em uma oficina escriba dentro do templo e, em sua essência, era um livro do clero[3].

Ainda que essa tese possa ser questionada, vamos assumir, por um instante, que seja verdadeira sobre o Antigo Testamento. Isso levantaria, imediatamente, a possibilidade de o NT ser algo bem diferente do AT nesse aspecto. O NT parece, a princípio, ter sido elaborado – em linhas gerais – por vários autores que não residiam em Jerusalém e que não exerciam a função de escribas. Por vezes, embora esses autores pudessem ter lançado mão do auxílio de escribas – como Paulo em relação a Tércio –, eles próprios não eram escribas nem mesmo em suas vidas antes de Cristo. Quando passamos a ter uma gama de documentos escritos em lugares diferentes por um grupo variado de pessoas, perdemos a noção do controle centralizado do texto sacro (e, também, de um controle mantido por profissionais escribas). Sendo assim, apesar de podermos argumentar que a história da produção do AT da Bíblia possa coincidir com a história dos escribas que atuavam por trás da Bíblia[4], a mesma sustentação torna-se muito menos plausível e atraente em relação ao NT. Ressaltemos, ainda, a ênfase dada por van der Toorn ao fato de que, antes do período helenístico (ou seja, 300 a.C.), não havia livros como hoje os conhecemos, tampouco o comércio livreiro ou um público consumidor de livros: "A literatura aumentava seu poder de alcance à medida que o desempenho oral permitia"[5]. Essa prática da leitura em voz alta, ou mesmo da execução dramatizada dos documentos na antiguidade, era a prática vigente à época em que Paulo escreveu suas cartas e tem uma profunda importância para compreendermos como seria a transmissão e recepção desses materiais ao chegarem a seu destino. Paulo escrevia como uma pessoa buscando promover uma religião evangélica que, por seu turno, objetivava compartilhar a Boa-nova aos quatro ventos. Isso significava que os documentos escritos em algum outro lugar fossem transmitidos oralmente quando o próprio apóstolo não pudesse estar presente para proclamá-los.

---
[3] Van der Toorn, *op. cit.*, p. 2.
[4] Van der Toorn, p. 2.
[5] *Ibidem*, p. 5.

3. Um novo olhar para a cultura escriba

Dentro desse contexto, podemos ressaltar que, se van der Toorn pretendesse estender sua tese para abranger o período do NT, ele poderia prever ainda alguma continuidade com o mundo e as práticas do Oriente Médio Antigo (daqui em diante, OMA), ainda que o legado helenístico no universo mediterrâneo alterasse uma série de coisas, uma das quais sendo o aumento da preocupação com a propriedade intelectual e a questão da autoria, conforme visto no capítulo anterior[6].

Os escribas da antiguidade não eram meros secretários copistas, mas os acadêmicos daquele mundo. Recrutados geralmente dos altos escalões da sociedade, além de copiar e preservar documentos, tinham, por função, também criá-los e interpretá-los[7]. Além disso, atuavam como os advogados daquela época, interpretando e arbitrando conforme a lei, dentre uma série de outras funções por eles também exercidas. Esse fato nos é de extrema importância não apenas para o estudo do intercâmbio entre Jesus e os escribas e fariseus em vários lugares da Galileia e da Judeia, mas ainda mais significante quando lemos em Atos 4-6 (ver especialmente Atos 6,7) que vários sacerdotes e levitas de Jerusalém foram convertidos a seguir Jesus. Caso isso seja verdade, podemos assumir que eles teriam trazido, consigo, não apenas o conhecimento, mas provavelmente, também, seus próprios escribas. Isto explicaria, por exemplo, a produção de alguns documentos cristãos por Tiago (veja, por exemplo, Atos 15,23 e talvez, também, as cartas de Tiago).

O debate proposto por van der Toorn sobre os livros e autores oferece-nos vários pontos relevantes e possíveis desdobramentos para os estudos do NT, o que nos compele a trilharmos esse debate com cuidado, interagindo com o que nos é proposto. O autor inicia com o pressuposto de que, embora tenhamos referências aos "livros sagrados" em passagens como Daniel 9,2 e 1Macabeus 12,9, essas referências estão em textos escritos no segundo século a.C. Questionamos a veracidade em relação à primeira referência, mas, em geral, ele está correto ao afirmar que os livros, conforme os conhecemos, tornaram-se quantitativamente conhecidos no período helenístico – uma era

---

[6] Van der Toorn, na p. 5, afirma não ter existido, no período do AT, o conceito de propriedade intelectual – tese que necessita de revisão ao refletirmos que alguns desses livros foram elaborados durante o período helenístico. Como um exemplo, isso afetaria a forma como a Sirácida é vista.
[7] *Ibidem*, p. 6.

com taxas crescentes de alfabetização e o surgimento de grandes bibliotecas como as de Alexandria e Pérgamo, para nomearmos apenas algumas. Sendo assim, quando ele afirma que não havia livros (no sentido moderno) na antiga Israel, ele está correto. Havia, por certo, anais e registros mantidos em arquivos reais, mas – até onde nos consta – não literatura pública na antiga Israel[8]. Além disso, a redação de cartas envolvendo mais que apenas solicitações ou relatórios sucintos só se tornaria uma prática pública no primeiro século a.C.

Conforme van der Toorn defende, as convenções relativas à oralidade precedem historicamente as convenções que regem a produção de qualquer tipo de literatura pública: tratados, ensaios, cartas ou outros tipos de documentos. As convenções da retórica antecederam as da redação de cartas, datando da época de Aristóteles ou mesmo de períodos anteriores. Com isto, temos desdobramentos importantes para a compreensão do NT[9]. Van der Toorn está correto ao ressaltar que "as civilizações da época eram, em sua essência, culturas orais, sendo a alfabetização uma prerrogativa da elite"; somando-se a isto o fato de que ao se atingir o nível social de um grupo religioso produtor de textos, deve-se levar em consideração "as condições materiais da escrita na antiguidade, isto é, os materiais utilizados para a escrita e o trabalho envolvido na produção física de textos"[10]. Uma das observações mais importantes feitas por van der Toorn, nesse debate sobre o crescimento da produção livreira, é a de que a partir do período clássico grego é que podemos encontrar as maiores taxas de alfabetização (em torno de 10%), ainda que, mesmo à época, a cultura fosse oral e permanecesse assim durante a fase do NT, "sendo, a retórica, a base e, a eloquência, o objetivo maior da educação"[11]. O nível de alfabetização está atrelado aos valores culturais, costumes sociais e, talvez de forma mais significativa, ao acesso à escola, ainda que a habilidade de escrever certos manuscritos também influenciasse. Por exemplo, alguns manuscritos requeriam tipos de ferramentas mais sofisticadas do que outros. Quando avaliamos não apenas os níveis

---
[8] Van der Toorn, *op. cit.*, p. 9.
[9] Para este assunto, consultar o capítulo 2 deste.
[10] Van der Toorn, *op. cit.*, p. 10.
[11] *Ibidem*, p. 10.

de alfabetização dos cristãos primitivos, mas também suas habilidades em grego e retórica, percebemos, imediatamente, que aqueles indivíduos possuíam mais do que um pouco de educação e que não provinham das camadas mais baixas da sociedade.

Van der Toorn argumenta que, em Israel, "a escrita era utilizada, geralmente, para fornecer suporte a uma performance oral. Os verbos nativos para 'leitura' significavam literalmente 'bradar, falar em voz alta' (em hebraico, קר...), refletindo a forma como esses textos eram utilizados. Os documentos escritos eram lidos em voz alta, fosse para um público ouvinte ou mesmo para si mesmo. A leitura silenciosa não era hábito comum. Até mesmo o estudante lendo sozinho 'sussurrava' o texto (Salmos 1,2; compare com Atos 8,30)... A leitura era, dita de outra forma, uma atividade oral"[12]. Acrescente a isto o fato de que, para que o público ouvisse um texto de forma correta, era necessário um mensageiro especializado, que conhecesse previamente o conteúdo do texto. Van der Toorn explica desta forma:

> Até mesmo uma forma de comunicação escrita mundana como a carta geralmente requeria a intervenção de alguém para ler o conteúdo ao destinatário. O mensageiro não entregava a carta como um carteiro, mas proclamava a mensagem, servindo a carta escrita apenas como um recurso mnemônico ou fonte para checagens[13].

Essa prática permaneceu durante todo o período do NT e não devemos negligenciar suas implicações – *o público recebia a mensagem como uma performance oral transmitida de acordo com as convenções desta performance. Os ouvintes nem mesmo recebiam as cartas de Paulo, por exemplo, como "textos"*. Ao que o autor acrescenta: "as culturas orais ditam um estilo particular aos textos escritos"[14]. No período do NT, uma tese como esta implicaria em duplo significado: (1) podíamos sempre prever uma preocupação com a forma com que este documento soaria (acarretando, por sua vez, também um zelo com as dimensões retóricas do texto), e (2) dado o muito a dizer e

---
[12] *Ibidem*, p. 12.
[13] *Ibidem*, p. 12.
[14] Van der Toorn, *op. cit.*, p. 14.

os altos custos da produção de um livro, o uso do *scriptum continuum* em um documento muito extenso tornaria indispensável a figura de um mensageiro especializado para guiar a audiência na compreensão do que era dito. Sem nenhuma divisão entre palavras, frases ou parágrafos, a simples transmissão de um documento implicava um tempo de estudo ponderado daquele conjunto intricado de letras e linhas, e não raro ocorriam falhas de interpretação. Era possível perder uma divisão de frases ou poder-se-ia colocar a ênfase no lugar errado. O final de uma frase poderia ser confundido com o início de outra (algo fácil de acontecer quando, em grego, o final de uma frase coincidia com uma palavra terminada em -ος). Pois imagine, então, a necessidade premente que se fazia de um intérprete e mensageiro de um documento, cujo conteúdo fosse algo que o público precisava muito ouvir, como passagens relacionadas à salvação ou à prevenção de abjurações. Fossem eles manuscritos para proclamação ou lembretes mnemônicos para o mensageiro, o fato é que tais textos devem ser vistos como "orais" em suas características e objetivos[15].

Embora possamos atestar a raridade dos textos e dos livros (e o pouco impulso dado à alfabetização como um correlato daquele), também podemos observar uma maior ênfase, no período do NT, à produção de textos, incluindo o códice no primeiro século d.C. – que, por seu turno, parece ter sido o favorito dos cristãos evangelizadores. Neste ponto, reforço a existência de diversas razões para que os cristãos se tornassem mais alfabetizados, não menosprezando, é claro, o desejo premente de auxiliar na difusão do credo. Também a este respeito, gosto de apontar essa natureza fortemente evangelizadora do cristianismo primitivo como uma característica que a distingue em linhas gerais do judaísmo primitivo, ainda que também pudéssemos encontrar algum proselitismo no judaísmo incipiente. O que deve ficar bem claro, porém, é que o movimento cristão primitivo parecia começar a atingir todos os tipos de pessoas e grupos étnicos – exigindo não só a produção de textos em grego, a língua franca do mundo de então, mas também que os textos fossem oralmente cativantes e persuasivos, de modo a arrebanhar ainda mais pessoas. E grandes teriam sido os sacrifícios para produzir os textos cristãos.

---

[15] *Ibidem*, p. 15.

Dentro desse debate sobre os custos de produção de documentos antigos, van der Toorn explica: "Os primeiros registros de compra e venda de livros em rolo hebraico datam do período romano. Raramente se menciona o preço. Um tratado rabínico do período do Segundo Templo, contudo, estabelece que o preço de uma Torá (ou seja, dos "cinco rolos" ou Pentateuco) fosse de 10.000 moedas de prata. Se considerarmos que um trabalhador comum ganhava uma moeda de prata por dia, concluiremos que o preço era exorbitante"[16]. Podemos, inclusive, comparar à figura possivelmente hiperbólica em Atos 19,19, que precifica os livros de magia dos efésios em 50.000 moedas de prata. Seja lá como for, uma coisa é certa: a empreitada era realmente muito cara. Devemos imaginar, então, que o custo de produção do códice dos primeiros quatro Evangelhos no início do segundo século d.C. teria sido bem significativo. E não caiamos no erro de pensar que havia centenas de cópias desses documentos sendo produzidas no primeiro ou início do segundo século d.C., assim como não podemos incorrer no erro de achar que tais documentos tenham sido manuseados de maneira leviana. Pelo contrário: tais textos teriam sido preservados e guardados como documentos sagrados, como já 2Pedro 3 nos atestaria sobre uma coleção das cartas de Paulo[17].

Até mesmo o preço de um rolo normal de papiro era estimado ao equivalente a duas semanas de salário de um trabalhador comum. Qual indivíduo, vivendo para alimentar sua família e manter a própria sobrevivência, permitiria tal luxo? Não muitos, é evidente. As provas da reciclagem e reutilização do papiro e do pergaminho são claros testemunhos dos altos custos envolvidos. Por outro lado, o custo do processo como um todo poderia ser reduzido se o cristão imbuído da função de escriba – ou que fosse ao menos alfabetizado – pudesse tomar para si a tarefa de copiar a mensagem, limitando, assim, o custo aos materiais utilizados. Van der Toorn também ressalta um fator que possa ter auxiliado na proliferação dos textos cristãos, ao menos em alguns contextos: "No período romano, o preço do papiro sofreu uma queda após o fim do monopólio estatal e após a Palestina conseguir o controle de sua própria produção de papiro"[18]. Mas para os documentos

---

[16] Van der Toorn, *op. cit.*, p. 19.
[17] Consultar: Gamble. *Books and Readers in the Early Church*.
[18] Van der Toorn, *op. cit.*, p. 19-20.

produzidos em lugares distantes do Egito, ainda havia a necessidade de importar e comprar o papiro de um negociante. Não havia como evitar o intermediário. E, se alguém precisasse ainda contratar um bom escriba para produzir um documento apresentável, era necessário acrescentar dois denários de prata por dia, uma vez que os escribas ganhavam o dobro do salário de um trabalhador normal. Disto decorre o debate de uma outra questão.

Não havia nenhum documento realmente particular à época do NT, com a possível exceção de 3João. Os indivíduos, excetuando-se os muito abastados, simplesmente não podiam comprar ou possuir seus próprios livros de rolo ou livros. De acordo com van der Toorn[19], até mesmo a Torá só se tornou um bem privado de muitos após o terceiro século d.C. Sendo assim, precisamos analisar todos os documentos do NT, incluindo um texto como Filêmon, como documentos públicos mantidos nas casas dos líderes das igrejas, sendo tidos como propriedade comunitária. Como exceção à regra, poderíamos mencionar Teófilo, um possível patrono abastado para quem Lucas teria escrito Lucas-Atos. Assim, podemos concluir que *não lemos correspondência privada* quando lemos os documentos neotestamentários. Lemos textos escritos para grupos de cristãos em prol da edificação e instrução.

Van der Toorn prossegue, enfatizando a diferença entre um livro de rolo e um códice. O primeiro teria sido particularmente trabalhoso quando alguém desejasse buscar um trecho específico para copiar ou citar – o que, sem dúvida alguma, tornou-se um motivo para que os cristãos, no final do primeiro século, preferissem os códices, uma vez que, para eles, os documentos deviam ser utilizados e citados regularmente como textos sacros. Conforme van der Toorn salienta, o escopo de um livro de rolo ou códice não coincidia necessariamente com o escopo de uma obra literária. Dado o fato do pouco espaço e do alto custo da produção livreira, era comum um escriba incluir mais de um documento em um mesmo rolo ou códice, dependendo do espaço disponível, *caso houvesse vários documentos que o público precisasse ou desejasse*. Desta forma, é um equívoco tentar considerar todos os documentos neotestamentários como textos separados. A este respeito, consideremos, por exemplo, o

---

[19] Van der Toorn, *op. cit.*, p. 20.

tipo claro de relação literária entre Colossenses e Efésios. Poderiam eles ter circulado juntos em um mesmo rolo – o primeiro para um público mais específico e, o segundo, para um mais geral?

O papel de destaque das já existentes escolas helenísticas usadas para treinar os escribas na arte de melhor utilizar o papiro e os rolos de livros coincide com a ascensão do império romano, uma empreitada que demandou muitos documentos e longos registros manuscritos. Os judeus, por sua vez, também se deram conta de que necessitavam responder à propaganda da república e do império, principalmente por terem-se tornado um povo conquistado e dominado. Assim, é de interesse para nosso estudo que, durante os períodos helenístico e romano, houve um aumento das escolas judaicas. Já temos notícia da escola de Ben Sira (Sir 51,23) por volta de 180 a.C., e um texto talmúdico relata haver cerca de 480 escolas somente em Jerusalém (J.T. Meg 73b). Ainda que isso possa ser considerado um exagero até mesmo à época pós Segundo Templo, não há razões para desacreditar da existência de muitas dessas escolas. Van der Toorn enfatiza:

> Essas escolas judaicas nasceram, em parte, em resposta à política helenística de estabelecimento de escolas gregas em territórios conquistados. Como o preço cobrado por essas escolas era bem alto (Sir 51,28), a educação formal restringia-se aos mais abastados. Sob a orientação dos professores, os estudantes podiam familiarizar-se com os clássicos – Homero nas escolas gregas; a Lei e os Profetas no *beth midrash*[20] de Ben Sira (Sir 39,1-3).

Ademais, era possível um judeu versado em grego, como Paulo, receber treinamento em retórica na própria Jerusalém. Também não devemos subestimar o grau de helenização na Terra Santa e o período de tempo que ela teria influenciado o judaísmo primitivo antes de atingirmos a época da produção de documentos neotestamentários[21].

---

[20] N.E.: Sala de estudo.
[21] Van der Toorn, *op. cit.*, p. 24.

Quando os autores são anônimos

Como van der Toorn ressalta, "no antigo Oriente Médio, não era comum um autor assinar sua obra. Ben Sira teria sido um dos primeiros autores judeus a colocar seu próprio nome em um livro (Sir. 50.27). Antes do período helenístico, prevalecia o anonimato"[22]. Desta forma, não é nada surpreendente que tenhamos vários documentos anônimos no NT, como Hebreus. Os Evangelhos Sinóticos e os Atos dos Apóstolos também podem ter sido formalmente anônimos, sendo seus títulos meros acréscimos feitos posteriormente. O mesmo, ainda, pode ser dito a respeito de 1João. Por outro lado, as cartas neotestamentárias trazem explícitos os nomes dos autores, reivindicando cada autoria. É curioso que, na história israelita, todos os rolos proféticos tenham sido atribuídos a uma única pessoa. Nenhum é considerado anônimo. Esta característica não nos ajuda muito na análise dos documentos do NT – dado que, com a exceção de Apocalipse, eles não são livros proféticos (mesmo considerando que muitos livros não proféticos, como os Evangelhos, contenham passagens proféticas), mas é fato que o livro do Apocalipse inicia-se claramente com uma atribuição de autoria, um traço comum dos livros proféticos judeus[23]. Temos, contudo, na antiguidade, outras formas de aparente autoria, cujo reconhecimento nos seria difícil nos dias atuais. A edição final, ao que parece, também contava como autoria em alguns círculos judeus. Observe, por exemplo, a seguinte citação do Talmude:

> Quem escreveu os Livros Sagrados? Moisés escreveu seu livro, a seção sobre Bileam e Jó. Jehoshua escreveu seu livro e oito versículos da lei. Samuel escreveu seu livro, o livro de Juízes e Rute. David escreveu o livro dos Salmos, por meio de dez Anciãos, Adão, o primeiro, Melquisedeque, Abraão, Moisés, Hemã, Iduthun, Asafe e os três filhos de Coré. Jeremias escreveu seus livros, o Livro dos Reis e das Lamentações. Ezequias e seus colegas escreveram Isaías, Provérbios, Cântico dos Cânticos, e Eclesiastes. Os homens da Grande

---

[22] *Ibidem*, p. 31.
[23] Van der Toorn, *op. cit.*, p. 38.

Sinagoga escreveram Ezequiel, os Doze Profetas, Daniel, e o volume de Ester. Esdras escreveu seu livro, e continuou as genealogias das Crônicas até seu tempo... Quem o terminou? Neemias, filho de Hacalias (*Baraitha Baba Bathra, 14b-15a*).

Essa notável passagem, conforme argumenta van der Toorn, refere-se, em alguns momentos, à autoria no sentido moderno, mas, em outros, está apenas relatando quem, de fato, finalmente escreveu ou copiou a versão final do texto, como temos o exemplo de Ezequias e o livro de Isaías[24]. Tudo isto nos remete a uma visão mais coletivista do que individualista da questão da autoria na antiguidade. As tradições e profecias que tiveram início com um profeta, teriam sido transcritas por escribas, editadas e ampliadas ao longo do tempo, e reeditadas sob um formato oficial por funcionários reais para que servissem aos propósitos dos governantes. Temos muito claro, porém, que nenhum dos documentos neotestamentários surgiu de um arquivo real ou de um contexto palaciano e que tais práticas e cuidados não se aplicam no caso do NT. O NT é, sem dúvida, literatura minoritária, fato que o torna tão interessante.

Van der Toorn fornece-nos exemplos que demonstram que, "quando uma obra era encomendada, o autor geralmente a atribuía ao patrono. Em outros casos, o autor fingiria ser uma famosa personalidade do passado. No primeiro tipo, teríamos uma autoria 'honorária', sendo, o segundo, pseudônimo"[25]. Ao que nos consta, não possuímos nenhum dos dois tipos de "autoria" no NT. Nenhum documento fora atribuído a figuras veneráveis da antiguidade, tais como os patriarcas ou Enoque e, ainda que um patrono seja mencionado em Lucas-Atos, nenhum documento fora atribuído a tais pessoas no NT. É possível, contudo, que a prática de atribuição de um documento a seu colaborador mais importante exista realmente no NT – levemos em consideração o caso do Evangelho de Mateus ou 2Pedro, por exemplo. Os escribas não pretendiam levar nenhum crédito pessoal por um documento que tivessem compilado a partir de várias fontes

---

[24] *Ibidem*, p. 45-46.
[25] Van der Toorn, *op. cit.*, p. 33.

autorais que os tivessem precedido. Sugiro os exemplos de Mateus e 2Pedro para essa atividade escriba, mas não temos atribuição pseudônima em nenhum deles. O suporte para a utilização de pseudônimos nessas culturas é o fato da antiguidade implicar em autoridade, bem como a associação com uma figura lendária muito antiga. Mas mesmo à época do Antigo Testamento, encontramos problemas sérios relacionados ao uso do pseudônimo, como podemos ver pelo Livro de Jeremias. Assim relata van der Toorn:

> A controvérsia provocada pela suposta descoberta do Deuteronômio demonstra que a antiguidade fictícia e o pseudônimo não eram simples convenções do gênero literário. O Deuteronômio contém um texto do antigo "Livro da Torá", cuja descoberta serviu para legitimar uma reforma religiosa do rei Josias em 622 (2Reis 22-23). O profeta Jeremias não aceitou a reivindicação de antiguidade e denunciou o livro como uma fraude produzida pela 'pena mentirosa dos escribas' (Jeremias 8,8-9). Ele não foi o único a duvidar; logo após a descoberta do livro, os oficiais responsáveis consultaram a profetisa Hulda para atestar a autenticidade do documento (2Reis 22,11-20). A crítica de Jeremias e a consulta feita à Hulda refletem uma atitude crítica que envolvia a reivindicação de antiguidade[26].

Não está claro, para mim, que Jeremias esteja se referindo ao Deuteronômio, mas, de qualquer forma, este material demonstra que já existia um problema em relação ao pseudônimo entre os judeus bem antes do período do NT.

Os escribas e suas funções – no templo e fora dele

Uma das maiores teses de van der Toorn é a de que o templo era o centro da educação na antiguidade, em detrimento da corte. Ele cita, como exemplo, a descoberta de 1.500 tábuas educacionais contendo exercícios no templo de Nabu, na Babilônia. O templo era o cenário para a educação

---
[26] *Ibidem*, p. 35.

3. Um novo olhar para a cultura escriba

escriba, o abrigo da livraria (talvez a corte abrigasse mais uma, para uso dos oficiais reais) e a proteção para os textos sagrados. O objetivo ao treinar um escriba era o de torná-lo capaz de escrever corretamente e de forma rápida o bastante para manter o mesmo ritmo do orador, como diria um provérbio sumério: "Um escriba só é um escriba quando a mão consegue manter o mesmo ritmo da boca!"[27]. Para o escriba, "a pedagogia era direcionada ao domínio do vocabulário técnico de várias disciplinas; a ênfase era dada mais à memorização e às habilidades copistas do que à capacidade de compreensão do conteúdo"[28]. O que é interessante, neste aspecto, é que após adquirir tais habilidades redacionais, o escriba poderia tornar-se um sábio ou experto em várias disciplinas, baseado nos textos que ele próprio havia copiado. Assim, um escriba poderia, por exemplo, continuar seus estudos treinando para ser um astrólogo (focando em mapas de estrelas e textos astrológicos) ou um adivinho, exorcista, médico ou cantor de culto. Havia um corpus textual para cada uma dessas áreas, preservando, vale observar, o caráter religioso de todas elas. Isto nos leva a questionar se essa poderia ser a razão pela qual os escribas e outras autoridades judias posicionavam-se contra as práticas de exorcismo de Jesus e seus discípulos: seria por ele estar roubando suas ideias e exercendo uma prática sem treinamento e autorização oficial[29]?

Havia escribas que possuíam habilidades apenas para copiar – a quem podemos chamar escriturários. Havia, também, escribas contratados por particulares para realizar transações comerciais, porém, ainda era possível encontrar os escribas públicos, como aqueles criticados por Jesus por "devorarem os bens das viúvas" (Lucas 20,45-47). Fossem eles denominados escribas ou doutores da lei, estamos nos referindo às mesmas pessoas. Eram necessários até quatro anos de educação para tornar-se um escriba e, com tal formação, podemos inferir que eles fossem as autoridades em seus respectivos campos de especialização, uma vez que haviam superado o simples aprendizado de copiar rapidamente o que lhes era ditado[30]. Aqui, começamos a ter uma ideia do que Pedro e João enfrentaram quando começaram a pregar no mesmo local no qual os escribas

---

[27] Citado em van der Toorn, p. 56.
[28] *Ibidem*, p. 56.
[29] *Ibidem*, p. 57.
[30] Van der Toorn, *op. cit.*, p. 68.

trabalhavam – o templo – e, mais especificamente, o pórtico de Salomão (Atos 4). Não possuindo uma educação formal como a dos escribas, eles podiam ser chamados de "iletrados" (o que não teria a mesma primeira acepção de "analfabetos"). Os escribas, vale lembrar, pertenciam à classe do clero e, em alguns casos, à classe sacerdotal (por exemplo, os levitas eram, geralmente, escribas)[31], e há um certo preconceito do "clero" versus "laico" refletido nas observações encontradas em Atos 4,12-15 a respeito de Pedro e João. Van der Toorn argumenta que "os 'escribas' dos Evangelhos são os descendentes e sucessores dos levitas dos dias de Esdras, Neemias e Crônicas. Uma (prova desta tese) é a associação dos escribas com o estudo e o ensino da Torá. De acordo com o Evangelho de Lucas, os 'escribas' possuem as mesmas características dos 'doutores da lei' (νομοδιδασκολοι, Lc 5,17) ou 'legistas' (νομικοι, Lc 7,30)"[32].

Parte do treinamento de muitos escribas consistia no aprendizado de línguas estrangeiras, incluindo viagens para adquirir conhecimentos sobre costumes e práticas de outros lugares – atividades descritas por Ben Sira (Sir 39:4). Ademais, em algumas ocasiões, os escribas deveriam compor os próprios textos e, "sendo a redação uma arte predominantemente oral, os escribas tinham de adquirir, primeiramente, habilidades retóricas para cumprir a função"[33]. Podemos destacar seis tarefas atribuídas aos escribas:

(1) transcrição da tradição oral (função inquestionável dos escribas cristãos a fim de preservar os ensinamentos orais transmitidos por Jesus e outros);

(2) invenção de um novo texto – não há dúvidas de que indivíduos como Paulo ou Apolo tenham possuído significativa instrução, incluindo o treinamento nas artes de redação de cartas e discursos retóricos, habilidades utilizadas posteriormente a serviço dos Evangelhos;

(3) compilação das tradições vigentes (orais ou escritas) – neste caso, temos o exemplo de 2Pedro, um documento que reflete a reunião de materiais de Pedro e Judas com atribuição ao colaborador mais famoso;

---
[31] *Ibidem*, p. 90.
[32] *Ibidem*, p. 90.
[33] *Ibidem*, p. 100.

(4) expansão de um texto herdado: para ilustrar, citemos o Evangelho de Mateus, cujo material advém, em mais de 95%, de Marcos (sendo cerca de 51% cópia literal), com apenas alguns acréscimos. Há, ainda, outra razão para atribuirmos o formato final de Mateus a um escriba cristão: os escribas tinham, por função, preservar e passar adiante a sabedoria existente, tal como encontramos no Livro de Jó, e tanto os Evangelhos de Mateus quanto de João podem ser considerados sapienciais em suas linhas gerais;

(5) adaptação de um texto preexistente para um público novo. Isto é, de certa forma, o que acontece com o material contido em Judas nas mãos do escriba imbuído da redação de 2Pedro;

(6) compilação de documentos individuais em uma composição mais abrangente[34]. Tanto o Evangelho de João, com seu epílogo, e o livro do Apocalipse, com suas cartas e visões, ilustram esse tipo de abordagem redacional.

Em todos os casos, devemos avaliar o NT com base nas práticas redacionais e copistas daquela época, não de tempos posteriores. Uma coisa, porém, está clara: "a norma escriba era a reprodução fiel do texto recebido. O bom escriba não fazia acréscimos nem retirava partes do texto"[35]. O alerta deixado por João ao final de Apocalipse 22 é, com certeza, um alerta aos escribas cristãos em geral, para que não extrapolassem suas funções ao manusear um documento. Assim, não devemos esperar um papel principal, por parte dos escribas, na "criação" dos materiais e fontes neotestamentários, ainda que, ao redigi-los em formato de documentos, sejamos capazes de ver um toque pessoal em vários lugares e de várias formas. A última questão suscitada pelo estudo de van der Toorn aponta para o papel dos escribas na formação do cânone hebreu, discussão esta que mantém certa relação também com o cânone do NT.

---

[34] Para mais detalhes sobre estas seis tarefas, consultar: van der Toorn, *op. cit.*, p. 110.
[35] *Ibidem*, p. 126.

Os escribas e a composição do cânone hebreu

O termo *cânone* remete, em sua acepção original, a uma tabela ou lista e, no caso de textos, a uma lista de documentos ou livros. A despeito de protestos em contrário, van der Toorn argumenta, de maneira convincente, que o cânone das Escrituras Hebraicas estaria basicamente sedimentado ao final do período do NT. Utilizando a clara referência feita por Josefo aos vinte e dois livros dos judeus (*Antiguidades dos judeus contra Apion*, I.38-40), a referência a vinte e quatro livros encontrada tanto em 2Esdras 14,44-46 quanto em Baraitha Baba Bathra, 14b-15a (os doze profetas menores sendo contados como um livro, exatamente como Esdras-Neemias), van der Toorn conclui: "ao especificarem o número exato de livros, tanto Josefo quanto o autor de 2Esdras 14,44-46 estão implicitamente embasados em uma lista. Em outras palavras, uma lista limitada de livros ou cânone". Conforme o autor prossegue, um cânone não seria originalmente um único volume, mas uma lista[36]. Não importa, assim, que o primeiro códice da Bíblia Hebraica, o Códice de Alepo, date do século nove d.C., pois o cânone já se encontrava fechado muito antes disso. O fato de os livros serem agrupados em um único documento não é o ponto fulcral da canonização: "A Bíblia Hebraica já era uma lista antes de se tornar um livro. Em face do *numerus fixus* estabelecido em vários textos do primeiro século, a lista, ao que consta, já estaria encerrada"[37]. Mas qual teria sido o papel dos escribas de Jerusalém neste processo? De acordo com uma carta de 2Macabeus 1,10-2,18 – um documento com data aproximada de 60 a.C. –, havia uma biblioteca em um templo de Jerusalém. Esta passagem reveladora não apenas menciona Neemias como sendo o primeiro a reestabelecer uma biblioteca de livros sagrados quando retornou do exílio, mas também aponta para Judas Macabeu, que "recolheu os livros que estavam dispersos por causa da guerra que tivemos de enfrentar; agora os temos em nossas mãos. Se, pois, (i.e., os judeus de Alexandria) precisardes deles (em sua coleção), mandai pessoas que os levem até vós" (2Macabeus 2,14-15)[38].

---

[36] Van der Toorn, p. 234.
[37] Van der Toorn, p. 234.
[38] N.T.: acréscimos em itálico feitos pelo autor.

Tenham em mente que os escribas eram os mantenedores dessas bibliotecas e os redatores das listas, sendo plausível que o cânone hebreu tenha se originado como uma lista de textos sagrados mantidos na biblioteca do templo de Jerusalém. Tal biblioteca seria acessível somente às pessoas autorizadas para tanto, vetada a entrada para os demais. Assim, não façamos analogias com as modernas bibliotecas públicas, que só surgiriam após o período helenístico, mesmo não existindo em grande quantidade.

Qual teria sido a localização da biblioteca de Jerusalém? Esta questão nos remete ao relato de Josefo (*Antiguidades*, 10.57-58), no qual ele afirma que o sacerdote Helcias teria encontrado os livros sagrados de Moisés enquanto retirava ouro e prata do tesouro do templo. Isto é exatamente o que poderíamos esperar, uma vez que os tesouros dos templos, por toda a antiguidade, eram os lugares nos quais se depositavam documentos considerados importantes, incluindo mapas astrológicos, registros contábeis e livros sagrados. Não há motivos para duvidar, portanto, que as práticas de Jerusalém fossem diferentes das práticas de todos os demais lugares na antiguidade.

Se desejarmos outro exemplo de uma biblioteca judia, podemos certamente mencionar os sectários de Qumran, considerando sua extraordinária coleção de textos. Com exceção do livro de Ester, não temos conhecimento de um único texto – anterior a 150 a.C. – que não estivesse representado, no todo ou em parte, nesta coleção. Tal biblioteca representava um tipo de acervo como o de Alexandria – abrangente, não seletivo. Nela, incluíam-se não somente livros com pontos de vista opostos (temos como exemplos, de um lado, o Documento de Levi em aramaico, o livro dos Jubileus e 1Enoque e, de outro, Sirácida), mas também os documentos da própria comunidade, algo que não deveríamos esperar em Jerusalém[39]. Resta-nos, então, saber se a biblioteca de Jerusalém teria sido deliberadamente seletiva ou se, por outro lado, tencionava ser mais abrangente, como a de Qumran. O trecho que citamos acima, sobre a biblioteca de Jerusalém, sugere que ela tenha sido um acervo mais abrangente, uma vez que temos a oferta para que os judeus de Alexandria fossem até lá e fizessem cópias para acrescentar

---

[39] Van der Toorn, *op. cit.*, p. 241.

à sua própria coleção – o que poderia ser até uma oferta insolente caso a biblioteca de Jerusalém fosse mais seletiva que a existente em Alexandria! O essencial desta discussão, contudo, é que ela sugere que a lista original do cânone hebreu não seria simplesmente uma reprodução da lista de bens da biblioteca do templo de Jerusalém. Temos, também, outros fatores sociais em jogo. Ainda que alguns possam sugerir, em uma teoria alternativa, que a lista original do cânone hebreu tenha sido uma lista curricular para o estudo dos escribas, van der Toorn refuta tal ideia com veemência. Ao que nos consta, os escribas em treinamento aprendiam tarefas técnicas e a cópia de literatura especializada, não épicos ou longas narrativas[40]. As obras de literatura ultrapassam, em importância, os estudos técnicos no cânone hebreu.

Van der Toorn, por fim, levanta uma terceira tese, a saber: começando por Esdras, um grupo de escribas teria fornecido edições de textos sagrados para utilização nos templos, sinagogas e, posteriormente, em casa, de modo a atender as demandas criadas pela taxa crescente de alfabetização e as necessidades dos professores laicos e não escribas:

> Entre 300 e 200 a.C., os escribas da oficina do templo em Jerusalém prepararam uma edição dos Profetas, Salmos e o livro de Provérbios (já existindo o Pentateuco como livro) para atender a demanda de uma classe de leigos letrados; esta edição pretendia ser definitiva e estar à disposição do público, sendo lida nos locais de adoração, nas escolas e por indivíduos em particular. Ao mesmo tempo, os estudiosos do templo formularam a doutrina do fim da era profética. De acordo com a nova doutrina, o Espírito da profecia havia deixado Israel após os dias de Esdras. Não haveria, assim, mais revelações diretas e, como consequência, a iluminação divina só poderia ser obtida a partir do estudo da Lei e dos Profetas[41].

Em outras palavras, ao estabelecerem um cânone de profetas, os escribas declararam, concomitantemente, o encerramento da era profética. É fato que várias figuras do NT, incluindo o próprio Jesus, refutariam ou modificariam tal ditame posteriormente. Para Jesus, por exemplo, o último expoente da li-

---

[40] Van der Toorn, *op. cit.*, p. 247.
[41] *Ibidem*, p. 252.

nhagem de profetas teria sido João, não Malaquias, entretanto, o que realmente nos interessa é o fato de que os autores do NT tenham trabalhado com uma noção bem clara de um corpus da Lei e dos Profetas, sendo aperfeiçoado por Jesus e pelo próprio movimento. Curiosamente, enquanto Jesus e seus seguidores declaravam o fim do antigo período de revelações, mas o início de uma nova era do Espírito inspirando novos profetas e novas revelações, outros grupos judeus, por sua vez, insistiam em uma visão oposta. De acordo com Josefo, a era de revelações teria terminado com o reinado de Artaxerxes (*Antiguidades dos judeus contra Apion*, 1.40-41), e o acréscimo de Tosefá ao tratado dedicado à Sotá na Mishná[42] enfatiza: "Quando os últimos profetas – Ageu, Zacarias e Malaquias – morreram, o Espírito Santo se afastou de Israel" (Sotá 9,13)[43]. Ao estabelecerem uma biblioteca nacional abrangente e auxiliarem o abastecimento das sinagogas com seus livros, os escribas teriam acelerado o processo de encerramento do cânone hebreu.

Vale ressaltar os critérios adotados pelos escribas ao selecionarem os livros a serem incluídos no cânone hebreu – autoria e/ou antiguidade, os mesmos dois critérios que, juntamente com o apostolado, seriam também aplicados no reconhecimento de um cânone neotestamentário muito tempo depois. Mas os escribas teriam tido um papel diferenciado na formação do cânone hebreu – com uma forma e intensidade não encontrada no cânone do NT. Van der Toorn assim explica:

> O surgimento de um cânone bíblico foi um trinfo da cultura escriba, uma vez que os escribas conseguiram transformar as tradições escritas de uma elite profissional em uma biblioteca nacional (...) Como resultado, as práticas escribas do estudo, memorização e interpretação tornaram-se parte dos hábitos religiosos de toda uma nação. Os manuscritos tornaram-se os símbolos da cultura escriba hebraica, como a Bíblia tornou-se o símbolo da religião judia, o judaísmo assumiu os traços da cultura escriba (...) Das primeiras anotações até o estabelecimento do cânone, a Bíblia Hebraica foi obra de escribas hebreus[44].

---

[42] N.T.: Tosefá: um acréscimo feito à redação da obra "Mishná", a primeira obra escrita a compilar as leis para os judeus. A Mishná é dividida em 6 seções chamadas "ordens" que, por sua vez, são subdivididas em "tratados". A "Sotá" é um dos tratados, versando sobre as mulheres sob suspeita de adultério.
[43] Ver mais sobre essa discussão em van der Toorn, p. 255-256.
[44] Van der Toorn, *op. cit.*, p. 263-264.

Se esta hipótese estiver minimamente correta, ajudará a explicar um fato singular sobre o NT: a razão pela qual os escritores do NT nunca citaram diretamente nada da literatura judaica primitiva (utilizando, por exemplo, fórmulas para citações bíblicas, como "está escrito" ou "como Deus disse"), excetuando a literatura que podemos encontrar hoje em dia no AT. A única exceção é talvez o primeiro, ou um dos primeiros, documentos do NT, Judas e, mesmo nele, como deveremos ver em um capítulo posterior, Judas não parece sugerir que 1Enoque seja um texto sagrado, apenas que Enoque seja um verdadeiro profeta.

E então?

É certo que a teoria da produção escriba da Bíblia Hebraica não consegue explicar todos os enigmas que envolvem as origens do livro que os cristãos primitivos utilizariam, chamando-o de Escrituras. Ainda assim, essa teoria nos diz que podemos, de fato, afirmar que o cânone do AT estava completamente sedimentado à época do NT e que os autores neotestamentários utilizavam-no à risca, quando desejavam citar fontes escriturais autorizadas para embasar seus ensinamentos. A teoria também é útil para lembrar-nos, mais uma vez, que os instruídos eram poucos, assim como os livros eram produzidos por um grupo ainda menor e, geralmente, constituídos por escribas. As questões envolvidas entre Jesus e os escribas não eram simplesmente de natureza de autoridade moral, mas também de quem poderia interpretar corretamente os textos sagrados. Parece-nos suficientemente claro, aqui, que os cristãos-judeus primitivos não só continuaram a utilizar escribas na produção de seus documentos, como os próprios escribas que possuíam algum treinamento e linhagem, como Barnabé, auxiliariam na liderança das primeiras comunidades cristãs. O próprio Paulo parece ter adquirido tanto a instrução farisaica quanto a educação escriba, incluindo o estudo em retórica, enquanto viveu e cresceu em Jerusalém. O mais importante que depreendemos do estudo de van der Toorn é a improbabilidade de não vermos a liderança do cristianismo primitivo como parte dos primeiros círculos judeus de elite – sendo, esses líderes, não somente alfabetizados, mas, em alguns casos, até mesmo formalmente educados, como Paulo ou Apolo. Sendo assim, as teorias de E. A. Judge sobre o nível social ou a liderança do cristianismo primitivo encontram um aliado inesperado na obra de van der Toorn. De nossa perspectiva, também aumentamos nosso apreço pelos sacrifícios exigidos dos primeiros cristãos na promulgação da nova fé, pois foram necessários esforços consideráveis – tanto monetários quanto de outras naturezas – para a produção de documentos com a qualidade, extensão e abrangência que atestamos hoje. O Evangelho, quando não pudesse ser ouvido diretamente da boca de um apóstolo, necessitava ser proclamado indiretamente por meio da transmissão oral de documentos e pela cópia de colaboradores apostólicos. Isto eleva, em importância, os papéis que um Timóteo, um Tito ou uma Febe exerceram como arautos do Evangelho paulino ou precursores da chegada do apóstolo na promoção de um discurso.

Dentro deste contexto de uma cultura na qual várias autoridades religiosas declaravam que as Escrituras e a era profética estavam encerradas, o cristianismo vislumbrou uma necessidade de dizer: "ainda não", produzindo sua própria coleção de textos sagrados. Cientes de que a antiguidade, a autoria e o apostolado deveriam ser os critérios pelos quais decidiriam se um documento fosse incorporado ou não às Escrituras, a Escritura do NT só estaria, assim, efetivamente fechada quando o período apostólico e testemunhal estivesse encerrado. Deveremos, contudo, dizer mais a este respeito em um próximo capítulo. Por enquanto, basta-nos afirmar que van der Toorn recontextualizou a discussão dessas questões em um cenário escriba, relembrando-nos que todos esses textos bíblicos – emergidos de uma cultura oral – são, eles próprios, textos orais, tese pela qual somos gratos.

4 A questão dos sermões e homilias no Novo Testamento

Jesus não disse: "quem tem olhos, leia", mas "quem tem ouvidos, ouça". Uma das implicações de levarmos à risca o caráter predominantemente oral e retórico da cultura do primeiro século é que alguns documentos, após reavaliação, revelam-se não mais como cartas, mas como sermões, amostras de pregação cristã primitiva.

Dois capítulos atrás, vimos que a tendência moderna de categorizar todos os tipos de documentos do NT como cartas levou-nos à conclusão de que temos cartas falsamente atribuídas ou pseudepigráficas no NT. Vimos, também, que possuímos boas razões para duvidar de tal conclusão. Existe, contudo, um longo precedente para a identificação equivocada de alguns documentos cristãos primitivos como sendo "cartas". Temos, aqui, dois exemplos que bastarão para ilustrar este fenômeno. O primeiro documento, conhecido como 2Clemente, apesar de ter sido denominado "carta" por Eusébio (*História eclesiástica* 3.38), fornece provas claras de ser, em verdade, um sermão para ser lido em voz alta a uma congregação (15.2; 17.3; 19.1). Como segundo exemplo, temos "Hebreus", o qual é posicionado, pelo P46 (uma de nossas primeiras testemunhas), entre Romanos e 1Coríntios. Nas unciais (A, B, C, H, I, K, L, P) está localizado após 2Tessalonicenses, mas antes das Pastorais. Em ambos casos, a localização do documento demonstra que ele é visto, pelos redatores do manuscrito, como uma carta, e mais: como um tipo de carta paulina.

Reconheçamos, também, a possível argumentação de que os discursos retóricos como as cartas de Paulo – transmitidas oralmente em cultos como parte do ritual – também serviam como um tipo de sermão, mesmo apresentando início e fim epistolares. É interessante notar que quase toda a discussão acerca de homilias que podemos encontrar no *Anchor Bible Dictionary* é baseada na questão do uso da retórica para dar forma à incipiente proclamação cristã[1]. Mas o que realmente sabemos sobre a prática do sermão exercida pelos judeus e cristãos primitivos? A despeito do que podemos encontrar no NT, infelizmente sabemos muito pouco sobre esta prática por parte dos primeiros judeus. É possível que não estejamos procurando nos lugares certos ou da forma correta. Pode ser, também, que tenhamos procurado dentro do contexto social errado, utilizando os modelos literários errados para analisar este tipo de documento, ignorando, assim, o caráter retórico dominante de todas as proclamações e discursos orais na antiguidade. O que poderíamos realmente afirmar a respeito dos sermões judeus primitivos quando examinados sob estes ângulos?

Sobre os sermões judeus

Precisamos entender, de início, que os sermões antigos tinham características diferentes de seus pares modernos. Por exemplo, os sermões antigos não eram, necessariamente, exposições sobre um ou mais textos bíblicos em particular. À época em que os autores do NT viviam não havia ainda, é claro, o NT e o material utilizado, então, como Sagradas Escrituras era o Antigo Testamento (ver 2Tm 3,16).

Não obstante, os primeiros sermões cristãos baseavam-se em uma variedade de fontes: havia sermões baseados em textos do AT, mas também na incipiente tradição cristã, incluindo a tradição de Jesus, e, ainda os ser-

---

[1] Ver OVERMAN, J. A. Overman. Homily Form (Christian and Early Hellenistic). In: *ABD* 3: 280-282. Parte do conteúdo deste capítulo é uma expansão e atenuação do material que se pode encontrar em: WITHERINGTON III, Ben. *Letters and Homilies for Jewish Christians:* A Socio--Rhetorical Commentary on Hebrews, James and Jude. Downers Grove, Ill.: InterVarsity, 2007.

mões embasados em temas bíblicos gerais. Ademais, podíamos encontrar discursos retóricos que se utilizavam de todos os tipos de recursos, dentre muitas possibilidades. A pregação expositiva da Bíblia não era a única característica no contexto do primeiro século em termos de prédica judia ou cristã. Onde deveríamos, então, iniciar nossa exploração deste assunto?

Parte do problema ao tentarmos abordar esta questão reside no debate acerca da existência de sinagogas no primeiro século d.C. – e, neste quesito, estamos referindo-nos a edificações religiosas judias construídas para este fim. O próprio debate já é suficiente para obscurecer ainda mais o que, de fato, ocorria dentro de tais lugares[2]. Muitos acadêmicos concluíram ter existido sinagogas no primeiro século d.C. não somente por elas serem mencionadas em Atos, mas por Josefo tê-las citado (*Guerra dos Judeus* 2, p. 285-291 – uma *sunagoge* adjacente a outro terreno na Cesareia Marítima; *Guerra dos Judeus* 7, p. 43-44 sobre uma na Antioquia), e por conta da evidência encontrada nas inscrições (SEG 17, n. 16) do monte Berenice, ao norte da África, datadas do 56 d.C., relatando os reparos de uma *sunagoge* – nitidamente sem referências a pessoas! Podemos, ainda, citar, as edificações construídas para este fim de Massada, Gamala e o Heródio. Também possuímos, atualmente, o argumento cuidadoso de R. Riesner sobre evidências acerca da existência de sinagogas na própria Jerusalém no período do NT. Pode-se mencionar, ainda, a inscrição de Teódoto[3]. Concluída a existência das edificações utilizadas como sinagogas, resta-nos descobrir o que ocorria dentro delas.

Torna-se evidente que a sinagoga daquela época ainda não se apresentava como a instituição formal que viria se tornar a partir de 70 d.C. O próprio fato de que Paulo, um orador visitante anônimo, pudesse ser repetidamente convidado a falar em tais lugares por toda a parte oriental do império demonstra que as primeiras sinagogas, ao menos na diáspora, não possuíam um quadro fixo de pregadores.

---

[2] Para mais a respeito da existência de sinagogas no primeiro século d.C., ver WITHERINGTON III, B. *The Acts of the Apostles*: A Socio-Rhetorical Commentary. Grand Rapids: Eerdmans, 1997, p. 255-257.

[3] RIESNER, R. Synagogues in Jerusalem. In: BAUCKHAM, Richard. (ed.) *The Book of Acts in Its Palestinian Setting:* Acts in Its First Century Settings, v. 4. Grand Rapids: Eerdmans, 1995, p. 179-210.

As primeiras pistas que obtemos a respeito do tipo de culto existente nas sinagogas vem de Fílon de Alexandria (*Leg.* 3, 162-168 e *Mut.* 253-263) e ele sugere-nos uma instituição bem menos formal, cujas reuniões podiam dar-se nas casas ou nos locais construídos para orações e o que poderíamos chamar de estudo bíblico ou religioso – uma versão primitiva da escola hebraica e um tipo de ritual para o Sabá (ao final da sexta-feira). Temos algumas evidências talmúdicas que descrevem um ciclo de leituras de um lecionário, projetadas anacronicamente, às vezes, para o primeiro século – mas estas não se mostram relevantes, de fato. O que realmente podemos afirmar é que temos evidências claras da leitura da Torá e sua exposição nos cultos[4].

A breve sinopse oferecida por Lucas, em Lucas 4,16-27, é capaz de fornecer algumas outras pistas. Nesta passagem, temos a leitura da Escritura, uma exposição e uma exortação em réplica à reposta do público. A dimensão interativa desta experiência parece-nos clara. O público, ao que parece, poderia fazer perguntas ao orador, às quais este responderia após a exposição inicial. Sabemos da existência das incipientes regras de exegese estabelecidas por Hillel no primeiro século (as denominadas "sete regras"). Poder-se-ia fazer um comentário sobre um texto em particular, relacionando-o com outros textos, em um tipo de referência ou citação em cadeia (cf. Fílon, *Spec.* 2.15 n. 62; *Prob.* 12 n. 81-82)[5].

Sobre a retórica dos sermões cristãos-judeus

Em consonância com este cenário, temos o registro, nas sinopses de Lucas, dos sermões de sinagoga oferecidos pelos primeiros cristãos, como Paulo. Podemos comparar, por exemplo, com Atos 13,15-41. Observe que há, no primeiro versículo, um convite para oferecer "uma palavra de exor-

---

[4] Ver LEVINE, L. I. The Nature and Origin of the Palestinian Synagogue Reconsidered. In: *JBL* 115, 1996, p. 431-432; 439-441.
[5] Ver, a esse respeito, a discussão proposta por DAVIDS, P. H. Homily, Ancient. In: EVANS, Craig A.; PORTER, Stanley E. (ed.). *Dictionary of New Testament Background*. Downders Grove, Ill.: InterVarsity, 2000, p. 515-518 (especialmente p. 515-516).

tação" (*logos parakleseos*), a mesma expressão utilizada para descrever o discurso altamente judaico e focado no texto ao qual chamamos Hebreus (Hb 13,22). Isto nos sugere que ao menos uma forma de homilia nas sinagogas envolvia a exortação baseada na exposição das Escrituras. Em outras palavras, havia um objetivo ético e prático, não apenas uma exposição de ideias interessantes – o que não é de nos surpreender, uma vez que o judaísmo primitivo estava muito mais focado na ortopraxia do que na ortodoxia[6].

L. Wills, em um ensaio importante, defendeu haver três partes para este tipo de homilia ao qual iremos nos referir como "palavra de exortação":

(1) *exempla*: uma exposição fundamentada da tese central, geralmente com ilustrações de um ou mais textos escriturais. O *exempla* expunha os fatos, às vezes em formato narrativo, ilustrando-os, sendo seguido pelas;
(2) *conclusões*: baseadas nos fatos propostos na primeira parte da homilia. Esta seção era introduzida por termos como *dio* (portanto), *dia touto* (por conta disto) ou outra partícula ou conjunção grega. A esta conclusão seguia-se;
(3) uma *exortação*, geralmente com a utilização de imperativos[7].

Essa configuração de três partes pode ser encontrada nos seguintes textos cristãos e judeus: Sabedoria 13-15; T. [Testamento de[8]] Rúben 5,1-5; T. Levi 2,6-3,8; T. Benjamin 2,5; 3,1; 6,6; 7,1; 8,1; Atos 2,14-40; 3,12-26; 13,14-41; 20,17-35; 1Coríntios 10,1-14; Hebreus 1,1-2,1; 1Pedro 1,3-11; 1Clemente 6,1-7,2; 42,1-44,6; Epístola de Inácio de Antioquia aos Efésios, e a Epístola de Barnabé. A partir do estudo de Wills e, de certa forma, criticando-o e refinando-o, C. C. Black ressalta que este modelo tripartido corresponderia ao antigo

---

[6] Fica claro, a partir das atividades zelosas de Saulo de Tarso contra os cristãos judaizantes que a ortodoxia era, também, uma preocupação – ver Gálatas 1.
[7] WILLS, F. The Form of the Sermon in Hellenistic Judaism and Early Christianity. In: *HTR* 77, 1984, p. 75-99.
[8] N.T.: expressão entre colchetes nossa. Optamos por colocar um dos termos "Testamento" por extenso para que o leitor possa ler os demais corretamente mesmo constando somente a abreviação "T".

modelo retórico: a primeira parte da homilia equivalendo-se à narração (*narratio*) retórica; a segunda, à proposição e aos argumentos baseados na narração (*probatio*); e, a exortação final, à peroração. Este formato reflete um tipo primitivo de retórica deliberativa, pela qual alguém tenta, de alguma forma, modificar as crenças ou o comportamento no futuro próximo[9].

A utilização de um formato retórico na incipiente pregação judia e cristã não deve, de forma alguma, surpreender-nos: fazia parte do legado helenista mesmo em Israel. Os guias e manuais de retórica que versavam sobre a oratória de persuasão em grego circulavam desde o quarto século a.C., e não temos a menor dúvida de que eles tenham influenciado até mesmo o judaísmo dos primeiros tempos. Podemos analisar a comunidade de Qumran como uma reação à demasiada helenização do judaísmo incipiente em Jerusalém – embora os protestos não tivessem conseguido deter a maré da helenização. O programa de desenvolvimento de Herodes, o Grande, tinha, por intento, transformar Jerusalém em uma cidade cosmopolita influenciada pela cultura grega, como podemos atestar pela construção de um teatro e de um hipódromo bem à sombra do templo. Durante a época de Paulo, havia uma escola de retórica em Jerusalém e não resta dúvidas de que ela tenha influenciado a pregação dos que atuavam nas sinagogas onde se falava grego – Jerusalém incluída[10].

Também devemos reconhecer a influência da instrução judia em um sentido mais amplo. Ao referir-se a estudantes de uma escola de Sabá em Alexandria, Fílon descreve-nos alguns dos conhecimentos ensinados a esses estudantes:

---

[9] Ver BLACK, C. C. The Rhetorical Form of the Hellenistic Jewish and Early Christian Sermon: A Response to Lawrence Wills. In: *HTR* 81, 1988, p. 1-18; WITHERINGTON III, B. *The Acts of the Apostles*: A Socio-Rhetorical Commentary. Grand Rapids: Eerdmans, 1998, p. 406-407 (sobre Atos 13).

[10] Sobre esse assunto, ver mais em: WITHERINGTON III, B. *The Paul Quest*: The Renewed Search for the Jew of Tarsus. Downers Grove, Ill.: InterVarsity, 1998, p. 90-98; HENGEL, Martin. *The Pre-Christian Paul*. Valley Forge, Pa.: SCM Press, 1991, p. 54-60. Sobre toda a questão do judaísmo e helenismo, o estudo clássico de Martin Hengel é: *Judaism and Hellenism:* Studies in Their Encounter in Palestine During the Early Hellenistic Period, 2 v. Philadelphia: Fortress, 1975, ao que também podemos acrescentar, do mesmo autor: *The "Hellenization" of Judaea in the First Century After Christ*. Philadelphia: Trinity International, 1990.

> Eles eram treinados em piedade, santidade, justiça, conduta civil e doméstica, conhecimento sobre o que era verdadeiramente bom ou mau (ou indiferente), e sobre o que deveriam fazer ou não fazer, pautando-se por três padrões definidores: amor a Deus, amor à virtude, amor ao próximo (*Quod Omnis Probus Liber Sit*, 83).

Isso pode ser lido quase como um resumo da maior parte dos tópicos discutidos nas primitivas cartas e homilias cristãs (ver, por exemplo, 1João), e podemos ter considerável certeza de que os mesmos tipos de assuntos de ortopraxia tenham sido regularmente pregados nas sinagogas e nas primeiras igrejas cristãs domiciliares.

Não nos parece suficiente afirmar que Lucas apresentasse seus primeiros sumários de sermões cristãos em formato retórico no livro de Atos como se, com isto, o autor estivesse remediando os que não apresentavam esta estrutura. Parece-nos muito mais provável que sua obra seja o reflexo dos padrões vigentes que ele vira e ouvira nas sinagogas e por todos os lugares[11]. Temos, em Hebreus, por exemplo, um formato retórico bem estabelecido e, ainda que haja algum debate sobre detalhes, trata-se de um sermão profundamente cristão-judeu em formato retórico. Como tanto, fornece-nos um exemplo de como os sermões eram apresentados na sinagoga e na igreja e, sendo ele feito com vistas aos cristãos-judeus, apresenta-nos um exemplo ainda mais claro do tipo de discurso a ser utilizado por e para judeus, incluindo cristãos-judeus.

Vemos, e a cada vez com maior clareza, que a pregação era comumente feita com base nas histórias contadas, das quais se podia tirar lições a partir das narrativas pessoais, bíblicas ou dos primeiros cristãos. As conclusões e as exortações eram elaboradas sobre uma plataforma discursiva formada pela narração da história da salvação, a história da vida de Cristo, histórias pessoais ou uma combinação destes elementos. Conforme ressaltado por L. Hurtado, a experiência divina na forma do Cristo ressuscitado em momentos de crise, durante o culto ou na convivência é que conduziu às manifestações de fé e pregação que podem

---

[11] Ver WITHERINGTON III, B. *The Acts of the Apostles*, p. 39-51.

ser encontradas no NT. Tais experiências teriam levado a uma profunda redescoberta das Escrituras, lidas, então, sob a ótica cristocêntrica, resultando em notáveis orações, hinos e sermões cristãos[12]. Estes documentos seriam, assim, o resíduo literário dessas valorosas experiências e reflexões cristãs.

Devemos observar, contudo, que nem todos os sermões cristãos primitivos seguiram um modelo retórico, e seria difícil encontrar este tipo de material em algumas passagens do NT. O que podemos afirmar a esta altura, porém, é que 1João, Tiago, Hebreus e, provavelmente, Judas possam ser vistos como um tipo de homilia – sendo Hebreus o exemplo que segue mais fielmente as convenções retóricas. Estes documentos teriam pouco ou nenhum elemento epistolar e jamais deveriam ser analisados, em primeira instância, como cartas. De outro lado, teríamos as epístolas pastorais (excetuando-se talvez 1Timóteo, que mais se assemelha a uma exortação), 2 e 3 João e 1Pedro que podem definitivamente (e devem) ser analisadas primariamente como cartas. É este o tipo de divisão de gênero que pautará nosso estudo sobre o material definido.

Importante reconhecer, entretanto, que todos esses documentos têm o objetivo de serem pastorais em suas características, não podendo, de forma alguma, ser considerados como tratados teológicos ou éticos. A utilização que eles fazem das Escrituras e de outras fontes é, em linhas gerais, mais homilética do que exegética, e o que podemos encontrar nesses materiais não é a teologia ou a ética puras, mas o uso destas para situações específicas, preferivelmente de um modo persuasivo. Estes documentos são, principalmente, palavras de exortação, com privilégio da ética e dos assuntos práticos, embora a teologia não seja negligenciada.

Se questionado qual seria a real importância destes documentos, relegados à porta dos fundos do cânone neotestamentário, diríamos ser total. A partir deles, temos uma janela para vislumbrar como teria sido a vida cristã dos primeiros tempos, entre meados do primeiro século e o início do segundo de nossa era. De fato, eles figuram dentre os parcos

---

[12] HURTADO, Larry. *Senhor Jesus Cristo*: Devoção a Jesus no cristianismo primitivo. [s.l.] Paulus – Academia Cristã, 2012.

recursos que lidam diretamente com esse período obscurecido da história. Atos, como bem já sabemos, finda sua narrativa por volta de 60-62 d.C., (estando Paulo em Roma), e é a única monografia histórica que possuímos acerca da Igreja do primeiro século. Os Evangelhos, ainda que escritos posteriormente, fornecem-nos apenas evidências indiretas de como teriam sido as comunidades cristãs na última terça parte do século. Neste aspecto, eles não conseguem oferecer o mesmo panorama, obtido com as cartas e sermões, deste importante período no qual os apóstolos estavam morrendo e, a tocha da fé cristã, sendo passada a uma nova geração. Ainda que o livro do Apocalipse, em especial os capítulos 1 e 2, possa nos dar uma rápida ideia da vida da Igreja nos anos 90 na Ásia, é apenas um vislumbre, pois o foco de João era, primordialmente, o futuro. Há muitas vantagens ao fazermos o escrutínio deste material se desejarmos compreender o fim da era apostólica e como teria sido a transição para um período sem a presença dos apóstolos. Mas ainda temos outra razão para defendermos a importância desta literatura.

A retórica da pregação cristã

Em palestras brilhantes e detalhadas, A. Cameron demonstra que o discurso cristão – do primeiro século d.C. à Idade Média – foi um discurso moldado pela sociedade e também com vistas a moldá-la, não sendo criado apenas para reuniões e igrejas do movimento. O cristianismo foi uma empreitada profundamente evangelizadora, assim, não nos surpreende que tenha adotado e adaptado as formas familiares e populares da fala e escrita em voga a fim de utilizá-las para condenar, convencer e converter em nome de Cristo. De acordo com Cameron:

> O cristianismo não foi simplesmente um rito: valorizando sobremaneira a formulação verbal, o discurso constituiu-se uma de suas metáforas básicas, moldando o próprio movimento em torno dos textos escritos. Muito pouco tempo bastou para que esta mesma ênfase dada à formulação verbal da fé conduzisse a uma restrição autoimposta – uma

> tentativa, bem sucedida em linhas gerais, de impor uma autoridade discursiva. Posteriormente – ainda que às custas de muitos esforços e com muitas variações – este discurso aprovado tornar-se-ia o discurso dominante no Estado. A história do desenvolvimento do discurso cristão constitui parte da história política. (...) A retórica cristã dos primeiros tempos nem sempre foi, devo dizer, o discurso especializado que os próprios praticantes dizem ter sido. Consequentemente, a recepção desse discurso pôde ocorrer de forma muito mais fácil e abrangente do que muitos historiadores modernos defendem, e, seus efeitos, muito mais significativos. As retóricas aparentemente alternativas, a clássica ou pagã e a cristã sempre foram muito mais proximamente unas do que seus praticantes – interessados em competir uns com os outros – jamais nos permitiriam acreditar[13].

Se desejarmos compreender como era a pregação cristã dos primeiros tempos, precisamos dar um mínimo de atenção a vários desses documentos neotestamentários. Da mesma forma, se pretendemos entender os conselhos pastorais e as exortações dentro de um período no qual a influência apostólica estava diminuindo ou, até mesmo, no caso de 2Pedro, já tivesse cessado, será oportuno analisar esse material detalhadamente. Tal análise também será de grande valia para a ligação desses textos e o uso dos modelos retóricos nas pregações e ensinamentos dos Pais da Igreja que viriam a seguir, (tais como Clemente de Alexandria, Tertuliano, Crisóstomo, Melito de Sardes, Gregório de Nazianzeno, Agostinho e muitos outros) – uma vez que tanto a amplificação da cultura quanto as fontes cristãs originais com suas fórmulas e práticas retóricas foram as responsáveis pelo tipo de pregação retória utilizada após o período apostólico. Temos, para ilustrar, a figura de Lactâncio (250-300 d.C.) que, tendo ensinado retórica anteriormente, continuou por utilizá-la após sua conversão, ganhando o codinome de "Cícero cristão". Em suma, podemos ver uma continuidade clara entre a forma com que a Igreja primitiva pregava e aconselhava no primeiro século e a forma como a instituição continuou fazendo-o, utilizando-se da retórica de maneiras diversas.

---

[13] CAMERON, *op. cit.*, p. 19-20.

Por certo tivemos algumas vozes, como as de Tertuliano ou Jerônimo, que, assim que a heresia começou a ganhar corpo, levantaram questões sobre o uso da retórica no discurso primitivo cristão e em atos de persuasão. Tertuliano teria lançado a pergunta que ficou famosa: "O que tem Atenas a ver com Jerusalém? Que relação há entre a Academia e a Igreja?" (*De praescriptione haereticorum*, 7). Jerônimo questionou: "O que teria Horácio a ver com os Salmos, Virgílio com os Evangelhos ou Cícero com os Apóstolos?" (Epístolas 22,29). É possível supor que eles estivessem nutrindo um tipo de sentimento de culpa, pois ambos haviam utilizado a retórica a serviço da fé no passado!

O ponto ao qual estou querendo chegar, entretanto, é o de que a tensão não tenha estado em grande evidência nos textos do primeiro século. Embora concordemos com A. Overman quando ele diz que "certos Pais da Igreja começaram a sentir certa tensão entre a retórica e a pregação cristã enquanto viam-na ser cada vez mais influenciada pela retórica clássica e suas técnicas e convenções"[14], devemos dizer que esta tensão realmente não esteve em evidência nos primeiros tempos. Muito pelo contrário: Paulo e o autor de Hebreus parecem ter ficado especialmente satisfeitos ao utilizar a retórica como molde para proclamações e atos de persuasão.

Desta forma, não devemos pensar que seja a adaptação do cristianismo à filosofia e retórica gregas a partir do segundo século o que realmente conta ao analisarmos proclamadores e pastores futuros, como Crisóstomo e Agostinho. A Igreja já começava a trilhar este caminho no primeiro século, principalmente na figura de Paulo – o que significa haver uma continuidade formal entre a mais primitiva proclamação e o discurso em desenvolvimento do cristianismo incipiente. O reconhecimento deste fator pode ajudar-nos a compreender melhor o desenvolvimento do cristianismo primitivo no período pós-apostólico.

O que afirmo apresenta, contudo, alguns importantes corolários sociais. A literatura cristã estava longe de ser simples ou comum. As cartas cristãs, por exemplo, eram geralmente mais extensas, mais complexas e

---

[14] OVERMAN, Homily Form, p. 281.

mais intelectualmente desafiadoras do que as cartas comuns da época. Isto significa, então, que ao menos os líderes responsáveis pela escrita no incipiente movimento cristão eram não só alfabetizados como, em alguns casos, formalmente educados, especialmente em áreas como a retórica – parte da educação greco-romana desde os primeiros níveis.

O movimento cristão foi conduzido por indivíduos que, ao menos no tocante à educação, figuravam dentre a elite da sociedade, uma vez que apenas dez por cento de toda a população tinha esse grau de instrução. Mesmo sendo pequena em número, essa elite cristã pôde ser avassaladora em sua influência – tanto naqueles como em tempos posteriores –, já que foram os cânones desta elite a serem preservados no cânone do NT. Quando lemos atentamente as cartas de Paulo e Atos, notamos certa regularidade ao mostrar parte da elite sendo convertida e oferecendo suas próprias residências e recursos de modo que o cristianismo pudesse ter um local para existir. Este parece ter sido o caso, também, tanto na Igreja do segundo século quanto no que estava por vir.

As engrenagens sociais e discursivas já haviam sido colocadas em andamento no primeiro século d.C., especialmente pelo apóstolo em relação aos gentios e seus colaboradores, pois o futuro da Igreja estaria, em grande parte, nas mãos dos gentios. E quando procuramos pela razão que explica tamanho sucesso por parte dos proclamadores cristãos, ela se deve, em parte, porque, como Cameron explica: "certos elementos, no corpo do discurso, vagamente chamados 'cristãos' nos primeiros dois séculos serviam, de fato, perfeitamente às condições culturais do Império"[15]. Eu e muitos outros temos apontado para o fato de que Paulo, por exemplo, apropriou-se da retórica do Culto Imperial, simplesmente transferindo-a e aplicando-a a Jesus, o que seria apenas um exemplo de um movimento retórico sofisticado com o objetivo de persuadir um grande público gentio a respeito de Jesus[16]. Foram muitos os movimentos retóricos e intelectuais sofisticados utilizados pelos cristãos primitivos para persuadir todo um complexo universo greco-romano, cujo elo em comum eram a língua, a cultura e a retórica gregas.

---
[15] CAMERON, *op. cit.*, p. 41.
[16] Ver WITHERINGTON, *1 and 2 Thessalonians*.

O cristianismo nunca teve como propósito a formação de um culto isolado – desejava, pelo contrário, converter a maior parte possível da população. Neste processo, oferecia um discurso que tanto os iniciados quanto os não convertidos podiam compreender. De fato, o discurso era apresentado de forma que os que haviam se inserido no movimento pudessem entendê-lo, apreciá-lo e abraçá-lo. Surpreende-nos, contudo, que a retórica possa ter influenciado e estruturado até mesmo aquele que é visto como o mais judeu dos documentos do último terço do NT – Hebreus. Faremos uma análise mais detida deste livro como um exemplo da pregação cristã primitiva.

A homilia para os hebreus

Um dos assuntos mais controversos a respeito de Hebreus é o porquê de seu anonimato. Seria pelo autor não ter sido uma testemunha ou um apóstolo? Isto pareceria improvável, já que temos outros documentos no NT atribuídos a autores que também não pertenceram a essas categorias, como os dois volumes de Lucas ou o Apocalipse do profeta João de Patmos. Seria pelo fato de o autor ser uma mulher? Há essa possibilidade, ainda que precisemos ressaltar que as mulheres que exerceram papéis importantes no ministério são citadas nominalmente em círculos cristãos sem maiores reservas. É possível que o autor tenha sido tão conhecido do público que não havia necessidade de identificação. Ainda que isto seja verdade, sugiro que haja uma outra razão primordial para o anonimato deste documento.

O documento que estamos analisando é, como 1João, uma homilia[17], à qual D. J. Harrington descreveu como "indiscutivelmente, o maior sermão cristão de todos os tempos"[18]. Como tal, ele não apresenta as qualidades de uma carta, com exceção do final do documento (Hb 13,22-25),

---

[17] Ver HAGNER, Donald A. *Encountering the Book of Hebrews: An Exposition*. Grand Rapids: Baker Academic, 2002, p. 29.
[18] HARRINGTON, Daniel J. *What Are They Saying About the Letter to the Hebrews?* New York: Paulist, 2005, p. 1.

em que características epistolares são acrescentadas para que o sermão pudesse ser transmitido a um público por meio de um orador, não sendo possível sua comunicação pelo próprio autor. H. Thyen, após o estudo de todas as evidências nas homilias judias primitivas, sustentou que Hebreus teria sido a única homilia judia completamente preservada daquele período – mas esta afirmação desconsidera 1João e Tiago[19].

Os manuscritos em forma de sermões, sejam eles antigos ou modernos, não comportam as características iniciais de uma carta, com remetente e destinatário definidos logo no início. Há outros modelos retóricos orais que também não se encaixam neste modelo, e não se iluda a este respeito: o documento em questão envolve grande habilidade retórica. Trata-se, para usar um oximoro, de um documento oral, um tipo peculiar de documento oral: uma homilia na forma de uma "palavra de exortação", como está descrito em Hebreus 13,2. Não é coincidência que a mesma expressão seja utilizada para caracterizar o sermão de Paulo em Atos 13,15. Hebreus não é, portanto, um discurso acidental, mas uma fina peça retórica que tem sido categorizada, ao longo do tempo, como epidíctica, deliberativa ou uma combinação das duas (ver mais abaixo). Aqui, o que precisa ser destacado é que a autoridade do documento está no conteúdo, não nas reivindicações autorais de autoridade apostólica. A julgar pelo final de Hebreus 13, assume-se que o autor tenha certa autoridade perante o público que, por sua parte, o conhece muito bem e sabe quem pode antecipar-lhe a visita e a de Timóteo. Tudo ainda é pouco para enfatizar o caráter oral e homilético do documento. De acordo com T. Long, um professor de homilética:

> Hebreus, como todo bom sermão, é um evento dialógico em um formato monológico. O pregador não atira as informações e argumentos em direção aos leitores como se estes fossem alvos. Pelo contrário, Hebreus foi criado de forma a criar um ambiente de diálogo, para evocar a participação, para atiçar as memórias de

---

[19] THYEN, H. *Der Stil der judisch-hellenistichen Homilie*. Göttingen: Vandenhoeck and Ruprecht, 1955, p. 106. Para uma comparação, consultar a discussão mais recente em: SEIGERT, F. *Drei hellenistich-judische Predigten*. Tübingen: Mohr, 1992. Sobre Hebreus como uma homilia, consultar: SWETNAM J. On the Literary Genre of the "Epistle" to the Hebrews. In: *NovT* 11, 1969, p. 261-269; McCULLOUGH, J. C. Some Recent Developments in Research on the Epistle to the Hebrews. In: *IBS* 2, 1980, p. 141-165.

fé dos leitores. A começar da primeira frase, há uma profusão de termos como "nos" e "nós" por todo o texto. Ademais, o pregador utiliza questões retóricas para despertar a voz do ouvinte (sãos os casos encontrados nas passagens 1,5 e 1,14, por exemplo); bate no púlpito quando o ritmo parece tornar-se lento (5,11); volta a reforçar o ponto central para garantir que até mesmo os mais desatentos e sonolentos estejam acompanhando (veja 8,1); não se importa em relembrar as fontes que os ouvintes já conhecem muito bem (ver a frase familiar do pregador em 2,6: "Alguém testemunhou em certa passagem..."); e mantém um contato verbal explícito com os ouvintes (3,12 e 6,9, por exemplo) para lembrá-los que eles não somente devem ouvir o sermão, mas ouvir de forma ativa para que também possam criá-lo. Tão logo ouvimos as palavras de abertura de Hebreus, percebemos, como leitores, que não estamos simplesmente assistindo a uma montanha russa serpenteando pelos trilhos retóricos; estamos, sim, no vagão condutor. Em Hebreus, o Evangelho não é puramente uma ideia que se submete à observação intelectual; mas uma demanda de vida que convoca à ação[20].

Outro documento relevante, também formalmente anônimo, que podemos citar nesta discussão de Hebreus e que também destina-se a cristãos-judeus é 1João. Trata-se de uma homilia ou de um tipo de proclamação oral posteriormente escrita, como já demonstra o primeiro parágrafo do texto. Apresenta, contudo, algumas diferenças em relação a Hebreus e, ao contrário deste, não traz quaisquer elementos epistolares. E por quê? Sugiro que 1João, ainda que apresente uma introdução cristológica muito semelhante à encontrada em Hebreus 1,1-4, não se alterna entre seções mais expositivas e outras mais exortativas do discurso, mas apresenta um discurso quase todo pautado por uma exortação ética de um modo sapiencial judeu (e, neste aspecto, assemelha-se muito mais a Tiago).

Fílon, ao retratar a sala de aula de estudantes de uma escola de Sabá em Alexandria, informa-nos a respeito do que era estudado: "eles eram treinados em piedade, santidade, justiça, conduta civil e doméstica, conhecimento sobre o que era verdadeiramente bom ou mau (ou indiferente), e sobre o que deveriam fazer ou não fazer, pautando-se por três padrões definidores: amor a Deus, amor à virtude, amor ao próximo" (*Quod Omnis Probus Liber Sit*, 83).

---
[20] LONG, Thomas. *Hebrews*. Louisville: Westminster John Knox, 1997, p. 6.

O que considero mais impressionante a respeito desta breve descrição é como ela se sintoniza com as características e o conteúdo de 1João, sendo, este, todo acerca da distinção entre o bem e o mal e sobre o amor a Deus e ao próximo, além do importante elemento cristológico. Devemos enfatizar o objetivo ético ou exortativo das primeiras pregações judias – tanto que devem ser caracterizadas como "palavra de exortação" –, bem como a influência da retórica neste tipo de pregação durante o primeiro século d.C., especialmente fora da Terra Santa. O início tipicamente cristológico ou doutrinal de 1João e seus contínuos lembretes sobre as corretas crenças cristológicas não devem, contudo, levar-nos a pensar que este documento seja primária ou essencialmente um tratado teológico. A teologia é utilizada de modo a reforçar e guiar a resposta ética que está sendo requisitada neste discurso. O foco, portanto, encontra-se mais no comportamento do que na crença, ainda que esta última também seja fundamental.

Além destas observações básicas (estamos, aqui, lidando com uma exortação adepta da retórica, como outras homilias judias primitivas), também precisamos ressaltar o caráter profundamente sapiencial desta homilia. Trata-se de uma declaração de sabedoria que não difere de algumas exortações que podemos encontrar em Provérbios ou Ben Sira, com o autor assumindo o mesmo tipo de postura pedagógica do sábio em Provérbios 1–7, no qual ele fala como um pai a seus filhos espirituais.

Da mesma forma que nesta prévia literatura de sabedoria iremos encontrar, em 1João, uma farta gama de repetições e amplificações do tema central, com muitos jogos de palavras e sutilezas retóricas conforme o autor vai construindo seu discurso para ser tanto memorável quanto memoriável, por meio do uso interpolado e intercalado de termos e expressões-chave, como luz e escuridão, pecado e limpeza/santificação, amor e ódio.

Temos, neste tipo de discurso, algo como uma ciranda musical, na qual o autor oferece-nos permutações e combinações de certos temas básicos de modo a reforçar a compreensão do público e garantir a resposta desejada. Podemos comparar com o mesmo tipo de efeito existente em Eclesiastes. Por fim, devemos deixar claro que a cristologia manifestada neste discurso também é uma forma de cristologia sapiencial, na qual a Sabedoria teria vindo em pessoa – neste caso, na pessoa de Jesus para instruir e salvar seu povo. Devemos ter sempre em mente os ecos do que foi dito sobre a vinda da Sabedoria para tentar resgatar o povo de Deus, em uma literatura que vai dos Provérbios à Sabedoria de Salomão e a Ben Sira[21].

Neste capítulo, pudemos fazer uma rápida análise do que sabemos sobre as homilias e sermões cristãos primitivos, ressaltando a dívida destes, de um lado, em relação às formas e convenções retóricas e, de outro, aos estilos e práticas de pregações judias. Os sermões que temos no NT, como 1João e Hebreus ou mesmo Tiago, refletem essa convergência harmônica das influências greco-romanas e judaicas, como podemos constatar na característica destes "documentos orais" em prestarem-se a substitutos da proclamação ao vivo. Em nosso próximo capítulo, iremos descobrir que mesmo os documentos neotestamentários que refletem flagrantes convenções epistolares e aos quais denominamos livremente "cartas", apresentam convenções dominantes que lhes moldam e que são, de fato, orais e retóricas.

---

[21] WITHERINGTON III, B. *Jesus the Sage*: The Pilgrimage of Wisdom. Minneapolis: Augsburg Fortress, 1994.

5 Romanos 7,7-25
Recontando a história de Adão

Não há, em toda a literatura antiga, texto mais controverso e mais comentado do que Romanos 7. É deste material que se utiliza teologias inteiras, sem mencionar teses e carreiras acadêmicas. Um traço característico da discussão sobre este documento nos séculos 20 e 21 é que, até recentemente, os acadêmicos, de um modo geral, deixaram de aplicar os elementos da retórica greco-romana na análise deste texto – o que não deixa de ser uma pena, pois é com o uso destes elementos que podemos desvendar uma série de mistérios latentes.

Romanos 7 demonstra não somente consideráveis habilidades retóricas de Paulo, mas também sua inclinação para utilizar os recursos e técnicas mais complexos. Este texto é a prova de que, sem a menor sombra de dúvidas, Paulo não teria utilizado a retórica de modo puramente superficial ou frugal (como no simples uso de perguntas retóricas, por exemplo)[1]. Pelo contrário: a trama de seus argumentos reflete e exige uma compreensão de técnicas sofisticadas para que consigamos obter o sentido da passagem e entender a forma empregada para tentar persuadir o público romano. Mas nossa observação detalhada será devidamente retribuída.

---
[1] Isso contraria a tese de diversos autores que continuam avaliando Paulo de maneira equivocada, como podemos ver em: OLBRICHT, Thomas H., PORTER, Stanley L., STAMPS Dennis L (eds). *Rhetorical Criticism and the Bible.* Sheffield: Sheffield University Press, 2002. M. M. Mitchell também fez a mesma observação em várias publicações, como: *The Heavenly Trumpet:* John Chrysostom and the Art of Pauline Interpretation. Louisville: Westminster John Knox, 2002.

Quando a "personificação" torna-se realmente pessoal

A "personificação", ou *prosopopoia*, é uma técnica retórica categorizada como figura de linguagem, geralmente utilizada para ilustrar ou vivificar uma passagem retórica deliberativa. (*Institutio Oratoria* 3.8.49; cf. Aélio Theon, *Progymnasmata* 8). Esta técnica envolve a apropriação de um papel e, por vezes, tal papel pode diferenciar-se do discurso que lhe rodeia por uma mudança de tom, inflexão, modulação ou da forma de transmissão, ou, ainda, por uma fórmula introdutória sinalizando a alteração de voz. Não é difícil que o discurso seja inserido simplesmente "sem aviso prévio ao leitor" (9.2.37)[2]. Infelizmente, não pudemos estar presentes para ouvir a transmissão do discurso de Paulo em seu cenário oral original, como era o objetivo do apóstolo. Não nos surpreende que muitos não tenham captado os sinais de que a personificação estava presente tanto em Romanos 7,7-13 quanto em 7,14-25[3], ficando apenas com as palavras do apóstolo que teriam chegado até nós.

Para Quintiliano, a personificação "é, às vezes, introduzida até mesmo por temas controversos, retirados da história, e que se revestem da aparência de personalidades históricas definidas como litigantes" (*Institutio Oratoria* 3.8.52). Neste caso, Adão é a figura histórica sendo personificada em Romanos 7,7-13, e o tema, certamente histórico e controverso. Vale lembrar que Paulo já havia introduzido este tema em Romanos 5,12-21 e, levando-se em conta que este discurso deva ter sido ouvido de forma sequencial, concluímos que o público já teria ouvido a respeito de Adão poucos minutos antes de ouvir o material contido em Romanos 7.

O requisito mais importante para um discurso em primeira pessoa, revestido de personificação, é que ele se adapte ao contexto e ao caráter do orador: "Pois um discurso que falha ao adaptar-se a seu portador é tão

---

[2] Para uma versão anterior e simplificada deste debate, ver Witherington; Hyatt. *Paul's Letter to the Romans*.
[3] A "personificação" foi um recurso retórico utilizado para treinar os que aprendiam a redigir cartas (ver Theon 2.1125.22).

imperfeito quanto um discurso que falha ao adequar-se ao conteúdo com o qual deveria harmonizar-se" (3.8.51). A habilidade de realizar uma personificação convincente é considerada, por Quintiliano, como o reflexo do mais alto grau de habilidade retórica, dada sua extrema dificuldade (3.8.49). A simples tentativa de Paulo em fazê-lo já nos fornece um dado importante a respeito de Paulo como retórico. Esta técnica também envolve, por vezes, a personificação de qualidades abstratas, tais como fama/virtude ou, no caso mesmo de Paulo, pecado/graça (9.2.36). Segundo Quintiliano, a personificação pode dar-se por meio de um diálogo ou discurso, ou, ainda, tomar a forma de uma narrativa em primeira pessoa (9.2.37).

Vale ressaltar que, desde o importante estudo de W. G. Kümmel sobre Romanos 7, tem-se tornado um lugar-comum, entre os círculos do NT, que o "Eu" de Romanos 7 não seja autobiográfico[4]. Esta informação, contudo, ainda não nos esclarece sobre o tipo de uso retórico ou literário do "Eu" que *realmente* encontramos em Romanos 7. Como S. Stowers ressalta, não é novidade que o que temos em Romanos 7 seja a técnica retórica conhecida como personificação[5]. De fato, foi desta forma que alguns dos primeiros comentaristas bíblicos de Romanos, tais como Orígenes, interpretaram este trecho da carta – o que viria a ser corroborado por comentaristas posteriores a ele, como Jerônimo e Rufino[6]. O discurso em primeira pessoa e a personificação também foram comentados por Dídimo de Alexandria e Nilo de Ancyra[7]. O ponto em questão, entretanto, é que estamos falando de Pais da Igreja que, além de saberem grego, também sabiam retórica e acreditavam que Paulo estivesse utilizando-se de recursos retóricos neste documento[8]. Mais

---

[4] KÜMMEL, W. G. *Romer 7 und das Bild des Menschen im Neuen Testament*. München: Kaiser, 1974.
[5] STOWERS, Stanley. *A Rereading of Romans:* Justice, Jews & Gentiles. New Haven: Yale University Press, 1994, p.264-269.
[6] Infelizmente, temos apenas fragmentos do comentário de Orígenes sobre Romanos. Consulte a cuidadosa discussão a este respeito feita por Stowers, p. 266-267. Orígenes fez duas observações importantes: (1) Os judeus como Paulo não mencionavam a época em que teriam vivido antes ou sem a lei e (2) o que Paulo cita, em outros lugares, sobre sua vida (cf. 1Cor 6,19-20; Gl 3,13 e 2,20) não se encaixa na descrição de vida fora do Cristo encontrada em Romanos 7.
[7] *Ibidem*, p. 268-269.
[8] Ao que parece, quanto mais um comentarista sabia grego e retórica, mais probabilidade havia de ler Romanos 7 como um exemplo de personificação.

importante ainda, temos João Crisóstomo (*Homily 13 on Romans*), que manteve um contato direto com a natureza retórica e o conteúdo teológico das cartas de Paulo. Ele também não acredita que Romanos 7 seja sobre os cristãos, muito menos sobre o próprio Paulo enquanto cristão. Por sua interpretação, o documento versa sobre: (1) aqueles que viveram antes da Lei e (2) aqueles que viveram fora da Lei ou sob seu poder. Em outras palavras, sobre os gentios e judeus fora de Cristo.

    Defendo, aqui, que, dado o fato de os gentios comporem a vasta maioria do público de Paulo e um dos objetivos retóricos deste ser o de justamente incitar a reconciliação entre judeus e cristãos-gentios em Roma[9], seria ineficaz, de sua parte, recontar a história de Israel sob uma visão negativa para, posteriormente, em Romanos 9-11, tentar fazer os gentios apreciarem seu legado judeu em Cristo e serem mais compreensivos em relação aos judeus e seus pares cristãos-judeus. Em vez disso, Paulo opta por contar uma história mais universal acerca do progenitor de toda a humanidade, seguida pela história de todos "em Adão", sem o foco específico naqueles "em Israel" que estejam dentro da categoria adâmica[10]. Mesmo em Romanos 7,14-25, Paulo parece ecoar a discussão de Romanos 2,15 a respeito dos gentios que estavam sob a "Lei" e sofriam com suas exigências[11]. Devido ao enorme debate em torno deste texto, consideramos importante a revisão da história da interpretação, alicerçada no estudo de Romanos como um todo e, particularmente, de Romanos 7. Perceberemos que muito do debate de Romanos 7 após Agostinho não somente deve-se a ele, como também foi por ele conduzida de forma equivocada.

---

[9] Ver a Introdução de: Witherington; Hyatt. *Paul's Letter to the Romans*.
[10] Ver Quintiliano. *Institutio Oratoria* 9.2.30-31: "Deste modo, exibimos os pensamentos de nossos adversários como se eles estivessem falando consigo mesmos (...) ou, sem sacrifício ou credibilidade, podemos oferecer diálogos entre nós e os outros, ou dos outros entre si, colocando palavras de conselho, reprovação, queixa, louvor ou piedade nas bocas das pessoas apropriadas" (tradução nossa).
[11] Consultar a cuidadosa análise feita por J. N. Aletti no artigo "The Rhetoric of Romans 5-8", a constar de: OLBRICHT, Thomas H., PORTER, Stanley E. (eds.). *The Rhetorical Analysis of Scripture:* Essays from the 1995 London Conference. Sheffield: Sheffield Academic, 1997, p. 294-308 (aqui, a p. 300). O autor reitera que Paulo não está falando sobre os cristãos.

O pai saberia melhor?
A interpretação de Romanos 7 como notas de rodapé para Agostinho

Se medirmos a importância de um texto pelo impacto que ele possa ter causado, então podemos afirmar que Romanos – talvez depois de um ou outro Evangelho – seja o livro mais importante do NT. De Agostinho a Tomás de Aquino, de Erasmo a Melanchthon, de Lutero a Calvino e Wesley e, em tempos modernos, de K. Barth a R. Bultmann e muitos outros, a influência deste documento tem sido decisiva. Devemos, contudo, ressaltar que a natureza deste impacto é, em parte, determinada pela forma e a tradição com que cada uma dessas pessoas leu o texto[12].

Podemos traçar uma linha direta de influência entre Agostinho e estes outros intérpretes que continuaram seu legado. É preciso, contudo, ter em mente que houve intérpretes de Romanos, principalmente de Romanos 7, anteriores a Agostinho e, muitos deles (incluindo figuras ilustres dentre os Pais gregos, tais como Orígenes e Crisóstomo no Oriente e Pelágio e Ambrosiastro no Ocidente) não seguiram a linha de Agostinho para a abordagem de Romanos e, em particular, de Romanos 7.

De minha parte, sustento que, até certo ponto, Agostinho tenha distorcido a interpretação deste que é um texto paulino crucial, e que estamos lidando até hoje com as consequências teológicas desta distorção. Segundo as queixas de P. Melanchthon, "esta parte da epístola paulina deve ser analisada com extremo cuidado, pois os antigos também suaram consideravelmente para explicar estas coisas, e poucos conseguiram lidar com esta questão de maneira habilidosa e correta"[13]. O problema foi Melanchthon ter pensado que Agostinho estava certo, enquanto a grande maioria dos Pais estava errada!

---

[12] No que segue, sou grato a T. J. Deidun por ter-me apontado a direção correta. Veja, em especial, o útil resumo "Romanos", de sua autoria, em: COGGINS, R. J.; HOULDEN, J. L. (eds.). *A Dictionary of Biblical Interpretation*. Philadelphia: Trinity International, 1990, p. 601-604. Também de grande utilidade temos: GODSEY, J. The Interpretation of Romans in the History of the Christian Faith. In: *Interpretation* 34, p. 1980, p. 3-16.

[13] MELANCHTHON, Philip. *Commentary on Romans*. Trad. de F. Kramer. St. Louis, Mo.: Concordia, 1992, p. 156.

A necessidade de utilizar Romanos para disputar os marcionitas e os gnósticos preocupou os intérpretes patrísticos de Romanos anteriores a Agostinho e, conforme nos diz T. J. Deidun, muita ênfase foi colocada em temas não agostinianos, como a bondade criada da carne e, ao menos, um certo desejo humano, a integridade da natureza humana (Crisóstomo), livre arbítrio (Pelágio) e a harmonia entre Evangelho e Lei (vários dos Pais). Na visão de Pelágio, o pecado origina-se da livre imitação de Adão e pode ser superado com a imitação de Cristo. Ele também sugere que a justificação, ao menos a justificação final, seja determinada pela ação moral. Agostinho responderia a Pelágio ao insistir na necessidade da graça para a justificação (veja *De spiritu et littera* [Sobre o espírito e a letra], 412 d.C.).

Antes de analisarmos o excelente resumo, feito por Deidun, acerca da madura interpretação de Agostinho sobre os Romanos, precisamos ter em mente que a interpretação feita por ele teve enorme influência no Ocidente, sendo canonizada pela tradição católica romana no Concílio de Cartago (418 d.C.) e no Concílio de Orange (529 d.C.) – e, de certa forma, também pela linha interpretativa protestante de Lutero e Calvino. A interpretação de Romanos (e, em especial, de Romanos 7), feita por Agostinho, parece ter-se dado, em vários sentidos, como uma reação a Pelágio[14].

Consideremos, agora, o resumo feito por Deidun dos principais pontos destacados por Agostinho sobre Romanos:

> (1) As "obras da Lei" que, segundo Paulo, não justificavam os homens, significaria as ações morais de um modo geral sem a graça de Cristo, e não as práticas judaicas conforme sustentava Pelágio e outros; (2) a "retidão de Deus" (...) não seria um atributo de Deus, mas o dom que ele confere ao homem ao fazê-lo reto; (3) Romanos 5,12 tornar-se-ia o texto-chave para a doutrina agostiniana do pecado original: todos os indivíduos (incluindo as crianças) estariam envolvi-

---

[14] Podemos encontrar uma discussão útil de P. W. Meyer sobre Agostinho, Lutero e Melanchthon em: MEYER, P. W. The Worm at the Core of the Apple: Exegetical Reflections on Romans 7. In: FORTNA, R. T.; GAVENTA, B. R. (eds.). *The Conversation Continues:* Studies in Paul and John in Honor of J. Louis Martyn. Nashville: Abingdon, 1990, p. 66-69.

dos no pecado de Adão. Como já é de amplo conhecimento, a exegese de Agostinho sobre este versículo sustentou-se basicamente na tradução latina *in quo* ("em quem") a partir do original grego εφ ό ("em que", porque) e na omissão, em seus manuscritos, da segunda menção "morte" – com isso, o termo "pecado" tornou-se o sujeito de "passar": o pecado passou para todos (pelas "gerações", não por "imitação")[15]. (4) O trecho contido em Romanos 7,14-25 – o qual, antes da controvérsia, Agostinho entendia referir-se à humanidade sem Cristo – seria aplicado agora, por ele, aos cristãos, de modo a privar Pelágio da oportunidade de aplicar os elementos positivos da passagem (especialmente no versículo 22) a toda uma humanidade irredenta. Para atingir este objetivo, Agostinho teve de enfraquecer as declarações negativas de Paulo: o apóstolo estaria descrevendo não a escravidão do pecado, mas o peso da concupiscência, lamentando não o fato de não poder fazer o bem (*facere*), mas de não poder fazê--lo de maneira perfeita (*perficere*). (5) Durante este período, Agostinho teria demonstrado maior determinação ao fazer suas pregações sobre a predestinação. Ela não dependeria do conhecimento avançado de Deus sobre o mérito das pessoas – como fora sustentado por Pelágio e outros na interpretação de Romanos 9,10 em diante – nem mesmo em seu conhecimento do "mérito da fé", como o próprio Agostinho teria suposto em suas observações sobre esta mesma passagem: "depende muito mais do 'julgamento mais secreto' de Deus a escolha de quem seria graciosamente eleito dentre a massa da humanidade caída. Tudo é puro dom (1Coríntios 4,7)"[16].

Atualmente, todos os pontos acima encontram-se em discussão dentre os intérpretes de Romanos, e alguns destes pontos estão claramente equivocados, como é o caso das conclusões baseadas no texto latino de Romanos 5,12. Para nossos propósitos, é interessante notar que Agostinho, ao mudar de ideia sobre Romanos 7,14-25 em sua reação exacerbada a Pelágio, precisa enfraquecer a ênfase dada à escravidão da vontade, expressa em seu texto, de modo a aplicá-la aos cristãos. Lutero, por sua vez, segue uma linha mais firme e consistente, ainda que, ao final, ele relacione o texto com o sujeito errado – a saber: a todos, in-

---
[15] Vale notar que Erasmo rejeitou a visão de Agostinho.
[16] Deidun, *op. cit.*, p. 601.

cluindo os cristãos. É digno de nota que Pelágio não discute o fato de Deus estabelecer o destino das pessoas, mas, sim, que Deus o faça com base em seu conhecimento prévio de como será a resposta dos crentes. Importa, também, a referência que Agostinho faz ao dom de Deus de tornar os homens retos. A ênfase argumentativa que se seguiria resulta da obra de tradução de Erasmo.

A discussão sobre o mérito, introduzida por Pelágio nos diálogos sobre Romanos, ressurgiria com os exegetas medievais posteriores a Agostinho. A doutrina paulina da "justificação" seria filtrada pelo pensamento aristotélico, de modo que a graça tornar-se-ia um *donum super additum*, algo adicionado ao dom divino das faculdades humanas (veja Tomás de Aquino): "A *charis* divina tornou-se 'graça infundida'"[17]. O foco da escola nominalista de Guilherme de Ockham recaiu sobre o mérito, de um modo pelagiano, e foi nesta retomada dos fundamentos de Pelágio que Lutero, um monge agostiniano, pautou muitos de seus discursos e, posteriormente, seu comentário sobre Romanos. Mas Pelágio não era o único alvo de suas reações. Em seu devido tempo, Lutero viria a apontar a presunção como o mais fundamental de todos os pecados humanos (e não a concupiscência), direcionando toda uma polêmica contra o judaísmo e o catolicismo – religiões que, segundo ele, abraçariam este pecado constante e estariam por demais preocupadas com o "mérito". Para Lutero, a passagem de Romanos 7,14-25 versaria sobre este pecado.

Com muita propriedade, Deidun observa que o uso que Lutero fez sobre as declarações de Agostinho acerca da retidão de Deus o teria levado a criticar Agostinho por não ter explicado corretamente esta retidão. Deidun, porém, acrescenta que a "compreensão de Agostinho sobre a justificação é totalmente incompatível com a noção de imputação"[18]. Apesar de ter-se utilizado deste conceito de Erasmo, Lutero não hesitou em criticá-lo em outros tópicos. Por exemplo, ao elaborar sua própria compreensão a respeito de Romanos 7,14-25 –

---
[17] Deidun, *op. cit.*, p. 601.
[18] *Ibidem*, p. 602.

que validaria, segundo ele, a noção do cristão como *simul justus et peccator* – Lutero contraria Erasmo e outros humanistas no tocante ao livre arbítrio humano. É importante notar que a teoria dualista de Lutero (espiritual e temporal) origina-se da exegese por ele realizada de Romanos 13. Assim, os cristãos estariam sujeitos a poderes temporais, mas, na esfera espiritual, estariam sujeitos somente a Deus, não a autoridades humanas, como o Papa. Calvino seguiria a linha luterana de justificação e predestinação, mas ressaltaria a noção de dupla predestinação, baseado em uma leitura de Romanos 8,29 (ver a edição de 1539 da obra *As Institutas*, de Calvino).

A Reforma inglesa e o despontar do século 18 não nos trouxeram grandes comentários sobre Romanos – nem Wesley, Coke ou Fletcher, nem a posterior tradição wesleyana por meio de Clarke, Asbury ou Watson (embora este último faça uma considerável exposição de Romanos e uma contestação de Calvino em seu *Institutes*). Isto ajuda-nos a explicar por que a tradição interpretativa protestante dos séculos 19 e 20 continuou a ser dominada por intérpretes luteranos ou calvinistas, incluindo Bultmann, Barth, Kasemann, Cranfield, para citar alguns. Até mesmo C. K. Barrett – o mais prestigiado acadêmico metodista do NT da segunda metade do século 20 – reflete, em seus comentários de Romanos (ambas edições), primeiramente a influência da tradição reformista de interpretação, incluindo uma dívida consciente aos trabalhos de Barth e Bultmann.

A partir do final da década de 1970, o cenário começou a mudar para os estudos do NT e as novas visões sobre o judaísmo primitivo e, como resultado de Paulo e a Lei, o reposicionamento do contexto social de Romanos e de seu caráter retórico tem-nos conduzido a várias novas linhas interpretativas que parecem estar muito mais alicerçadas no contexto histórico e na matriz de Paulo do que na longa história da interpretação protestante de Romanos. Também vale ressaltar que, desde o Concílio Vaticano II, uma gama de acadêmicos católicos como Cerfaux, Lyonnet, Kuss, Fitzmyer e Byrne têm contribuído enormemente para esta discussão acerca de Romanos. É interessante notar, a este respeito, que estes estudiosos, principalmente Fitzmyer, parecem dever muito mais a Agostinho e Lutero do que às tradições católicas escolástica e medieval. Lembremos que outra forma de medirmos a importância de um documento é pelo fato de ele continuar incitando as melhores cabeças por meio de novas tentativas de compreendê-lo. E, neste quesito, Romanos é um ótimo exemplo, pois ele não só representa uma obra clássica das mais comentadas da história, como continua propondo-se como um desafio ao repensarmos a fé cristã.

Uma nova análise das aflições de Adão

Mas quem representa o "Eu" de Romanos 7,7-25? Para mim, o sujeito dos versículos 7-13 é Adão e, nos versículos 14-15, todos que estejam atualmente "em Adão"[19]. Adão, como deve ser lembrado, é a última figura histórica introduzida por Paulo em seu discurso em Romanos 5,12 e, conforme temos defendido, a história de Adão fundamenta uma boa parte da discussão que vai de Romanos 5,12 a Romanos 7[20]. Mais será dito a este respeito em um momento oportuno; basta dizer, por ora, que as velhas interpretações tradicionais que afirmavam estar Paulo descrevendo sua própria experiência pré-cristã ou a experiência de cristãos em seu texto, não conseguem abranger a sutileza retórica nem o caráter deste material e, por esta e outras razões, devem ter sua probabilidade contestada[21].

---

[19] A este respeito, ver a detalhada discussão de THEISSEN, Gerd. *Psychological Aspects of Pauline Theology.* Philadelphia: Fortress, 1987, p.177-269.

[20] Sobre o papel de Adão em Romanos, ver HAMMERTON-KELLY, R. Sacred Violence and Sinful Desire: Paul's Interpretation of Adam's Sin in the Letter to the Romans. In: FORTNA and GAVENTA. *Conversation Continues*, p. 35-54. Ver, também, WITHERINGTON; HYATT, *Paul's Letter to the Romans*, p. 141-153.

[21] É significativo que várias abordagens recentes de Romanos 7, mesmo que derivadas da tradição da Reforma, tenham concluído que Paulo não pode estar descrevendo a experiência cristã neste trecho. Ver, a este respeito: MOO, D. *Romans.* Grand Rapids: Eerdmans, 1996, p. 443-450; WRIGHT, N. T. Romans. In: KECK, Leander. (ed.) *New Interpreters Bible*, v. 10. Nashville: Abingdon, 2002, p.551-555 (que, a propósito, mudou de opinião a respeito da visibilidade dos cristãos em Romanos 7,14-25); BYRNE, Brendan. *Romans.* Collegeville, Minn.: Liturgical, 1996, p. 216-226; FITZMYER, Joseph A. Romans. New Haven: Yale University Press, 1993, p. 465-473; TALBERT, *Romans*, p. 185-209. Ver, também: MEYER, p. 62-84; LAMBRECHT, Jan. *The Wretched "I" and Its Liberation:* Paul in Romans 7 and 8. Louvain: Peeters, 1992.

Apesar de já ter discorrido até certo ponto sobre este texto em outra ocasião[22], será importante darmos a devida atenção à narrativa completa. Há três itens fundamentais para compreendermos este texto. Em primeiro lugar, Paulo acredita que Moisés tivesse escrito o Pentateuco, incluindo Gênesis. Em segundo lugar, a "lei" nos livros de Moisés incluiria mais que a Lei dada a Moisés e a Aliança feita com ele; incluiria o primeiro mandamento dado a Adão e Eva[23]. Por último, parece-nos que Paulo tenha visto o "pecado original" de cobiçar o fruto proibido como uma forma de violação do décimo mandamento (cf. Apoc. Mos. 19.3).

Sugiro, pois, uma releitura dos versículos 8-11 que levam em consideração a história adâmica, recontada, aqui, da seguinte forma:

> Mas, aproveitando a ocasião, o pecado [serpente] produziu em mim, por meio do preceito, toda espécie de cobiça: porque sem a Lei o pecado estaria morto. Antigamente eu [Adão] vivia sem a Lei; mas, quando veio o preceito, o pecado reviveu e eu morri. E aconteceu que o preceito destinado à vida me conduziu à morte.

Nessa passagem, temos o familiar conto primevo da vida humana anterior à Lei e o pecado, seguido do preceito e dos subsequentes logro, desobediência e, eventualmente, morte. Analisemos, pois, os detalhes do texto.

De início, invalidamos a tese daqueles que afirmam não haver sinais, no texto, de que a personificação se iniciará no versículo 7[24]. Conforme Stowers explica:

> A passagem inicia com uma mudança abrupta de voz no versículo 7, após uma pergunta retórica, servindo de transição para deixar a voz autoral de Paulo, que vinha dirigindo-se explicitamente aos leitores (...) no trecho que vai de 6,1 a 7,6. Isto

---
[22] WITHERINGTON III, Ben. *Paul's Narrative Thought World:* The Tapestry of Tragedy and Triumph. Louisville: Westminster John Knox, 1994, p. 14-15.
[23] Não surpreende que alguns judeus primitivos tenham visto a ordem dada a Adão e Eva como uma forma do primeiro dos dez mandamentos, mais especificamente o relativo à cobiça. Ver, a este respeito, Witherington, *Paul's Narrative Thought World*, p. 14.
[24] O uso retórico do "Eu" por parte de Paulo foi muito bem abordado por: ALETTI, J. N. Romans 7,7-25 encore une fois: enjeux et propositions. In: *NTS* 48, 2002, p. 358-376. O autor também está correto ao propor que Paulo demonstre certa compreensão de antropologia greco-romana e judaica nesta passagem.

constitui o que os gramáticos e retóricos descreveram como mudança de voz (εναλλαγη or μεταβολη). Estes leitores antigos iriam presenciar, a seguir, uma διαφονια, ou seja, uma diferença na caracterização da voz autoral. O narrador de 7,7-25 fala com um pathos pessoal sobre submeter-se à Lei em dado momento, aprender sobre o desejo e o pecado e ser incapaz de fazer o que deseja por conta da escravidão do pecado ou da carne[25].

Torna-se crucial, neste ponto, perceber que o que temos, aqui, não é apenas uma continuação da discussão paulina sobre a Lei, mas um vivo recontar da queda de tal forma que ele possa demonstrar já ter existido um problema com os mandamentos e a Lei desde o princípio da história humana. Neste momento, Paulo deixa de falar sobre o que os cristãos eram antes de vir a Cristo[26] (7,5-6) para explicar o porquê de eles terem sido assim e por que a Lei teve tais efeitos antes de eles tornarem-se cristãos – a saber: por conta do pecado de Adão. Esta seria a continuação e o desenrolar final do que Paulo havia dito ao comparar e contrastar as histórias de Adão e Cristo, em Romanos 5,12-21.

Ademais, há uma boa razão para não agruparmos indiscriminadamente os versículos 7-13 com aqueles contidos em 14-25, como é de praxe de alguns comentaristas. Nos versículos 7-13, temos verbos apenas em tempo passado, ao passo que em 14-25 temos apenas verbos no tempo presente. Assim, ou Paulo estaria mudando o assunto de um trecho para outro, ou estaria mudando o período de tempo sob o qual visse o mesmo assunto. Neste ponto, será importante considerar a questão do "Eu" como foi analisado por vários comentaristas que não teriam levado realmente em conta o uso da retórica e de recursos retóricos por parte de Paulo, tampouco a narrativa adâmica subjacente ao discurso paulino (ver a "Tabela do 'Eu' paulino", a seguir).

---

[25] Stowers, op. cit., p. 269-270.
[26] Como até mesmo CRANFIELD, C. E. B. admitiria em: Romans, v. 1. Edinburgh: T & T Clark, 1975, p. 337, Paulo, em Romanos 7,6 e 8,8-9 utiliza a expressão "pela carne" para referir-se a uma condição que, para o cristão hoje, pertence ao passado. Assim, é contraditório dizer, por um lado, que "Nós não mais temos a direção de nossas vidas controlada e determinada pela carne" (p. 337), para, a seguir, sustentar que Romanos 7,14-25 descreva a vida normal ou, até mesmo, a melhor vida cristã – ainda que, em 7,14 encontremos: "eu sou carnal, vendido ao poder do pecado", o que se encaixaria apenas com a descrição da vida pré-cristã contida em 7,6 e 8,8-9. Isto contradiria a ideia de que o temente a Deus estaria liberto da carne em um sentido moral.

Tabela do "eu" paulino

Versículos 7-13	Versículos 14-25
(1) O "Eu" é estritamente autobiográfico.	(1) O "Eu" é autobiográfico e refere-se à atual experiência de Paulo como cristão.
(2) O "Eu" reflete a visão paulina de um típico judeu.	(2) O "Eu" é autobiográfico e refere-se à forma como Paulo via sua experiência pré-cristã àquela época.
(3) O "Eu" reflete a experiência dos judeus como um todo.	(3) O "Eu" é autobiográfico e refere-se à forma como Paulo vê, agora, sua experiência pré-cristã.
(4) O "Eu" reflete a humanidade como um todo.	(4) O "Eu" representa a experiência do judeu não cristão vista por ele mesmo.
(5) O "Eu" é um modo generalizado de falar, sem apontar para um grupo ou pessoa específicos.	(5) O "Eu" representa como os cristãos veem os judeus.
	(6) O "Eu" refere-se ao cristão "carnal".
	(7) O "Eu" reflete a experiência dos cristãos em geral.
	(8) O "Eu" reflete uma pessoa sob a condenação do pecado e ao ponto da conversão (assim, 7,14–8,1 oferece um tipo de narrativa de uma conversão).

Não existe, vale dizer, qualquer consenso entre os acadêmicos que não consideram os sinais retóricos do texto e que não reconhecem os ecos e alusões à história de Adão nos versículos 7-13. Por vezes, como ocorre no caso de E. Kasemann, o que temos são combinações destas visões. Segundo Kasemann, o trecho contido em 7,14-20 refletiria o judeu piedoso, ao passo que 7,21-25 representaria toda a humanidade caída[27]. A própria existência, porém, de várias hipóteses sobre esses textos já torna improvável a eleição de uma única resposta.

O fato de que muitos comentaristas, ao longo dos anos, tivessem acreditado que Paulo estivesse descrevendo a experiência cristã, incluindo sua própria, é, em grande parte, um legado da enorme influência exercida por Agostinho, incluindo especialmente a influência exercida em Lutero e daqueles que seguiram suas pegadas exegéticas. Conforme afirma P. Gorday, "todo este trecho de Romanos 7,14-25 encontra-se absolutamente onipresente nas obras de Agostinho e está ligado a outras passagens da epístola em que o objetivo fosse reforçar a complexa interação entre graça e lei vista por Agostinho em Romanos"[28]. Também de forma impactante, Agostinho teria compartilhado suas opiniões sobre este texto em sua obra mais influente, as *Confissões*, bem como em outras obras, relacionando o texto a sua própria influência[29]. Esta abordagem encontraria guarida nas obras de comentaristas posteriores, como Lutero – o que, por si só, não constitui nenhum tipo de prova de que Paulo tivesse isto em mente ao escrever Romanos 7. Este tipo de abordagem nos diz muito mais sobre Agostinho e Lutero do que sobre um cristão-judeu do primeiro século, adepto à retórica, como Paulo – que, por sua vez, como K. Stendahl foi capaz de descrever, não parece refletir a consciência introspectiva ocidental[30]. Raramente vemos Paulo discorrer sobre seus próprios sentimentos de culpa ou arrependimento e, quando ele o faz, geralmente é no interior

---

[27] KASEMANN, Ernst. *Commentary on Romans*. Grand Rapids: Eerdmans, 1980, p. 192-212.
[28] GORDAY, Peter. *Principles of Patristic Exegesis:* Romans 9-11 in Origen, John Chrysostom, and Augustine. New York: Edwin Mellen, 1983, p. 164.
[29] Observe que foi um Pai da Igreja de origem latina, não grega, que fez esta identificação e somente após ter sentido a forte influência do maniqueísmo. Não me parece que Agostinho tenha tido plena consciência dos recursos e técnicas retóricas da tradição grega.
[30] Veja o famoso artigo de Krister Stendahl, com este título, em: *Paul Among Jews and Gentiles and Other Essays*. Philadelphia: Augsburg Fortress, 1977.

de uma discussão sobre seu período de vida pré-cristão, quando ele perseguia os cristãos, e não sobre algum tipo de conflito moral interno vivido pelo fato de ser um cristão[31].

Detalhando o pecado de Adão

Quais seriam os indicadores, no texto de Romanos 7,7-13, que nos apontam que a forma mais provável de lermos este material – o modo pelo qual o próprio Paulo desejava que o texto fosse recebido – fosse à luz da história de Adão, com o próprio Adão relatando suas experiências[32]? Logo no início da passagem, no versículo 7, encontramos uma referência a um mandamento específico: "não cobiçarás". Este é o décimo mandamento em uma forma abreviada (cf. Êxodo 20,17; Deuteronômio 5,21). Algumas exegeses judias de Gênesis 3 sugerem que o pecado cometido por Adão e Eva fosse uma violação do décimo mandamento[33]: eles haviam cobiçado o fruto da árvore do conhecimento sobre o bem e o mal.

Em segundo lugar, devemos nos questionar qual figura histórica estaria sob um único mandamento relacionado à cobiça, e a resposta é Adão[34]. O versículo 8 remete a um mandamento (singular). Dificilmente poderia-

---

[31] Observe que as frequentes expressões dos pathos paulino nas cartas, incluindo Romanos, geralmente estão ligadas a sua preocupação com seus convertidos ou com colegas judeus, e não com suas próprias lutas pessoais e morais como um cristão. Esta ausência de expressões de culpa em relação a sua própria conduta – a menos que Romanos 7 seja uma exceção – é um fato significativo. Também é importante frisarmos que, conforme Filipenses 3,6 indica de maneira muito clara, Paulo não possuía uma consciência pesada quando vivia como não cristão.

[32] Alguns comentaristas, como C. K. Barrett, (*Romans*. Peabody, Mass.: Hendrickson, 1990, p. 134-135), tentam uma interpretação combinada. Para Barrett, o texto versaria sobre Adão e também sobre a vida de Paulo. As convenções retóricas, contudo, apontam para outro caminho, embora Paulo esteja recontando a história de Adão pela relevância da história para a compreensão das pessoas sobre suas próprias vidas. Ou seja, elas não deveriam trilhar o caminho adâmico novamente.

[33] Ver 4Esdras 7,11; B. T. San. 56b. Sobre a identificação da Torá com a Sabedoria de Deus preexistente, ver Siracida 24,23 e Baruc 3,36–4,1.

[34] Ver Kasemann, p. 196: "Metodologicamente, o ponto de partida deve ser que temos uma história sendo contada nos versículos 9-11 e que o evento descrito pode referir-se somente a Adão. (...) Não há nada, nesta passagem, que não se encaixe em Adão e tudo, ali, encaixa-se perfeitamente somente a ele" (tradução nossa).

mos estabelecer, aqui, uma referência à lei mosaica em geral, à qual Paulo geralmente se refere como uma entidade coletiva. Em terceiro lugar, o versículo 9 diz: "Antigamente, eu vivia sem a Lei". A única pessoa, na Bíblia, que sabemos ter vivido antes ou sem qualquer tipo de lei foi Adão. A tentativa de ligar esta referência à vida de uma pessoa antes de seu *bar mitzvah* (quando o menino/a recebe o jugo da Lei sobre si aos doze ou treze anos de idade) apesar de não ser impossível, nos parece bem improvável. Esperava-se que até mesmo uma criança judia que ainda não havia abraçado o chamado para ser um "filho dos mandamentos" obedecesse à lei mosaica, incluindo honrar os pais e Deus (cf. Lucas 2,41-52)[35].

Em quarto lugar, como já foi notado por diversos comentaristas, o pecado encontra-se personificado no texto, especialmente no versículo 11, como se fosse ele mesmo a serpente no jardim. Paulo diz: "Pois o pecado aproveitou a ocasião e, utilizando o preceito, seduziu-me e por meio dele me matou". Esta referência combina muito bem com a história da serpente que utilizou o mandamento para enganar Eva e Adão no jardim. Observe, também, que o mesmo verbo é utilizado para falar a respeito deste logro em 2Coríntios 11,3 e 1Timóteo 2,14. Apesar de sabermos que a morte física fosse parte da punição por este pecado, havia, também, a morte espiritual – devido à alienação de Deus – e esta última, talvez, fosse a intenção de Paulo nesta passagem.

Em quinto lugar, observe o que Paulo diz no versículo 7: "Mas eu não cheguei a conhecer o pecado senão pela Lei". Esta condição poderia somente ser aplicada de forma correta a Adão, principalmente se o termo "conhecer", no texto, significar a experiência pessoal do pecado (cf. v. 5)[36]. Como várias passagens anteriores de Romanos já nos adiantaram, Paulo acredita que todos, após Adão, tenham pecado e caído. A discussão contida em Romanos 5,12-21 parece estar implícita aqui. É possível, contudo, ler o termo *egnon* como "reconhecer" – eu não reconheci o pecado por si mesmo, mas apenas por meio da Lei. Se este for o

---

[35] Veja, contudo, Barrett, *Romans*, p. 134.
[36] Barrett, em *Romans*, p. 132, aponta para a diferença entre o que está aqui e em Romanos 3,20, em que Paulo utiliza o termo *epignosis* para referir-se ao reconhecimento do pecado. Aqui, ele simplesmente diz "conhecer".

caso, então isto estaria em consonância com o que Paulo já dissera sobre a Lei transformar o pecado em transgressão e o pecado sendo revelado como uma violação da vontade de Deus para a humanidade. Mas, de um modo geral, parece-nos mais provável que Paulo esteja descrevendo o despertar da consciência de Adão para a possibilidade do pecado quando o primeiro mandamento lhe foi dado. Parece-nos, também, que a explicação mais satisfatória destes versículos seja a que se obtém quando vemos Paulo, o Cristão, relendo a história de Adão, à luz de sua visão cristã a respeito da lei e dos mandamentos[37].

Estamos certos de que uma das funções desta subseção de Romanos é prestar-se a um tipo de apologia à Lei. Paulo pergunta se a Lei seria má por não somente revelar o pecado, como também ter o efeito indesejado de sugerir pecados que possam ser cometidos pelos seres humanos. A associação da Lei com o pecado e a morte seria um sinal de que a própria Lei seria pecaminosa e ruim? A resposta de Paulo é esperada: "certamente não!" O versículo 7 sugere um paralelo entre *egnon* e "conhecer, desejar" – o que, por sua vez, sugere que Paulo tivesse em mente a experiência do pecado por parte do "conhecedor". De acordo com o versículo 8, o pecado apropria-se da Lei como ponto de partida ou uma oportunidade para produzir, no conhecedor, todos os tipos de desejos maléficos[38].

Na leitura de Stowers, esta parte do discurso é analisada sob a luz das discussões greco-romanas sobre o desejo e a maestria do desejo – o que poderia ter sido um dos fatores mais incitados na ampla audiência gentia[39]. Mas não nos enganemos: a história de Adão é o que parece estar na linha de frente aqui. O argumento básico seria o de como o pecado teria utilizado uma coisa

---

[37] Ver a prévia discussão sobre esse mesmo ponto de vista feita por S. Lyonnet em: L'histoire du salut selon le ch. 7 de l'epitre aux Romains. In: *Bib* 43, 1962, p. 117-151. De mesma utilidade, sugerimos o debate de Neil Elliott em: *The Rhetoric of Romans*. Sheffield: Sheffield University Press, 1990, p. 246-250 – nesse trabalho, o autor chega à mesma conclusão adâmica com base em considerações retóricas.

[38] Barrett, em *Romans*, p. 132, descreve muito bem esta situação: "A lei não é simplesmente um reagente por meio do qual detectamos a presença do pecado: é um catalisador que ajuda ou, mesmo, dá início à ação do pecado sobre o homem" (tradução nossa).

[39] Stowers, *op. cit.*, p. 271-272. Ele sugere que a trágica figura da Medeia pode ser desencadeada a partir do que Paulo diz, ainda que Adão seja um candidato mais provável para ter figurado na mente de Paulo e dos indivíduos da plateia.

boa, no caso a Lei, para criar desejos ruins em Adão. É importante frisar que, já em Romanos 5-6, Paulo já havia estabelecido que todos os humanos estão "em Adão" e que, desta forma, todos pecaram como ele. Ademais, Paulo teria discorrido sobre os desejos que infestavam a grande massa do público gentio antes de serem convertidos. A esta altura da discussão, a audiência composta por grande parte de gentios é relacionada com Adão e sua experiência. Desta forma, as pessoas deveriam reconhecer-se nesta história como sendo filhos de Adão e que, assim como ele, também tiveram desejos, pecaram e morreram. A forma com que Paulo ilumina estes paralelos poderá ser analisada em Romanos 7,14-25 – o que, em meu ponto de vista, surge como uma descrição de todos aqueles em Adão e fora de Cristo[40].

Assim, Paulo estaria, em Romanos 7,7-25, fornecendo uma narrativa da história de Adão no trecho contido em 7-13 e a história de todos aqueles "em Adão" nos versículos 14-25. De um certo modo, o que temos, aqui, é uma expansão do que Paulo já havia argumentado em Romanos 5,12-21. Há uma continuidade do "Eu" de Romanos 7 por conta da estreita ligação entre a figura de Adão e de todos aqueles "em Adão". A história de Adão também é a história de Cristo: somente quando alguém se liberta do corpo da morte e é transferido da primeira para a segunda história, que é possível deixar Adão e sua sina para trás, libertando-se do pecado e fortalecendo-se para resistir às tentações e caminhar na novidade da vida, conforme descrito em Romanos 8. Cristo, assim, reinicia a história da raça humana, redirecionando-a no caminho correto e libertando-a das amarras do pecado, da morte e da Lei. Não é nenhuma surpresa, portanto, que a figura de Cristo apareça somente no final do argumento de Romanos 7, em preparação a Romanos 8, utilizando a técnica retórica da sobreposição do final de um argumento pelo início de outro[41].

---

[40] Sugerir que Paulo estivesse falando de Israel, assim como de Adão, nesta passagem, só complica e confunde ainda mais o assunto. Paulo está dirigindo-se a um público composto quase que inteiramente de gentios que, por seu turno, não se identifica com Israel, mas que poderia entender e identificar-se com o progenitor de toda a raça humana. É possível que Israel pudesse ser incluída na discussão sobre aqueles "em Adão", em 7,14-25, mas, mesmo assim, Paulo já havia descrito anteriormente, em Romanos 2, o dilema de um gentio pego entre a lei e o cumprimento da lei. Para mim, defendo que, mesmo nos versículos 14-25, ele não está focando especificamente na experiência judia ou na experiência de Israel.
[41] Isso tem confundido os que não estão cientes desta convenção retórica, levando-os a interpretar a manifestação "Graças sejam dadas a Deus por Jesus Cristo" como um brado tipicamente cristão, assumindo que toda a passagem de Romanos 7,14-25 fosse sobre a experiência cristã. Se inter-

Alguns têm visto a segunda parte do versículo 9 como um problema para a visão adâmica do trecho contido em 7-13, uma vez que o verbo deveria ser traduzido como "renovado". Observe, porém, o contraste entre "eu vivia" na primeira parte deste versículo com "o pecado reviveu", na segunda parte. Concordo, assim, com C. E. B. Cranfield quando ele explica que o sentido do verbo desta segunda parte do versículo 9 deve ser entendido como "ganhou vida"[42]. A serpente/pecado jazia inativa até ter uma oportunidade de vitimar uma presa inocente e possuir os meios (a saber, a Lei) para cumprir seu objetivo. O pecado, assim, enganou e matou espiritualmente o fundador da raça humana – quase uma citação de Gênesis 3,13. Um dos importantes corolários obtidos ao reconhecermos que Romanos 7,7-13 seja sobre Adão (e que 7,14-25 seja sobre aqueles "em Adão" e fora de Cristo) é que se torna claro que Paulo não está, aqui, criticando especificamente o judaísmo ou os judeus, da mesma forma que não o faz especificamente em Romanos 7,14-25[43].

O versículo 12 inicia com o termo *hoste*, cuja tradução deve ser "assim", introduzindo a conclusão paulina sobre a Lei a que Paulo pretende chegar. O mandamento e a Lei como um todo é santa, justa e boa – e não produziu, por si só, o pecado ou a morte no fundador da raça humana. O mandamento fora, isto sim, utilizado pelo pecado/serpente/satanás para atingir aquele fim. As coisas boas e de Deus podem, sim, ser utilizadas para fins malignos por aqueles que possuem más intenções – a excessiva pecaminosidade do pecado é revelada exatamente aqui: quando usa uma coisa boa para um fim ruim, a morte[44]. A Lei, contudo, não tem este fim como propósito. Não se trata, aqui, de Adão ser

---

pretarmos, contudo, esta mesma passagem como sendo a narrativa de uma pessoa em Adão que tenha sido levada ao fim de si mesma e que esteja apta à conversão, então esta manifestação deve ser entendida como a resposta de Paulo com o Evangelho ao alarido sofrido da pessoa perdida – uma resposta que já sinaliza para o argumento seguinte, de Romanos 8, sobre a vida em Cristo.
[42] Cranfield, *op. cit.*, p. 351-352.
[43] Como deveremos observar, não há nada em Romanos 7,14-25 que sugira que esta queixa seja especificamente sobre judeus. O que está na mira dos ataques é o pecado e a morte (com seus respectivos efeitos sobre a humanidade) e o efeito da Lei, seja nos pagãos ou nos judeus. Ademais, a despeito da insistência de Lutero neste ponto, Paulo não está criticando, aqui, a retidão dos judeus ou de outros, pegos entre a cruz e a caldeirinha ao saber o que devem fazer, mas serem incapazes de fazê-lo. Às vezes, para que possamos ouvir o texto sem o fardo destas últimas interpretações, é preciso primeiramente desconstruir essas interpretações.
[44] Barrett, *Romans*, p. 136: "O pecado, ao fazer um uso enganoso da lei e do mandamento, revela-se não apenas em seu lado mais verdadeiro, como também em seu pior lado" (tradução nossa).

morto com bondade ou por algo bom, e o versículo 13 é enfático neste ponto: "Então, uma coisa boa se tornou morte para mim? Certamente, não! Mas foi o pecado que, para se mostrar como pecado, serviu-se de uma coisa boa para me dar a morte, a fim de que o pecado colocasse em ação toda a sua maldade por meio do preceito". Este argumento prepara o caminho para a discussão do legado de Adão para todos aqueles que estejam fora de Cristo. O tempo presente dos verbos reflete o legado contínuo para aqueles que estejam "em Adão" e não "em Cristo". Desta forma, Romanos 7,14-25 não deve ser visto como mais um argumento, mas como a última etapa de um argumento de quatro partes, cujo início deu-se em Romanos 6, fundamentou-se em Romanos 5,12-21 e terá, como clímax, a discussão paulina acerca do pecado, da morte e da Lei, com os vários efeitos decorrentes destes para toda a humanidade.

Uma luz sobre o "eu" de Romanos 7,14-25

Não será necessário nos aprofundarmos em Romanos 7,14-25 da forma como o fizemos ao recontar a história de Adão em 7,7-13; daremos foco, por outro lado, aos pontos retóricos significativos que deveriam ter pautado a interpretação deste texto desde sempre. Em primeiro lugar, uma vez que percebemos que um "Eu" fictício está sendo utilizado em 7,7-13 para criar um discurso, então, será necessária uma mudança dos sinais retóricos em 7,14, ou a partir dele, se houver alteração de discurso em 7,14-25. Não temos evidências de que Paulo esteja utilizando, nestes versículos sob análise, um "Eu" não ficcional. O que existe, de fato, é uma mudança dos tempos verbais: aqui, temos verbos no tempo presente, sinalizando que Paulo esteja referindo-se a algo considerado verdadeiro para alguém ou para um grupo de pessoas – desde que o referido grupo tenha uma real conexão com o "Eu" de 7,7-13. Felizmente, Paulo já havia definido esta ligação em Romanos 5,12-21, especialmente no início da *síncrise* ou comparação retórica – um homem teria pecado e a morte sobreveio a todas as pessoas, não porque ele tenha pecado, mas porque todos pecaram. Estabelecida a conexão, podemos observar como ela funciona, uma vez que a história adâmica de 7,7-13 conduz-nos diretamente à história de todos aqueles que se encontram "em Adão" em 7,14-25. Kasemann foi hábil ao explicar:

> Εγω[aqui] significa a humanidade sob a sombra de Adão: portanto, ela não abrange a existência cristã em sua contínua tentação (...) O que está sendo dito, aqui, já está finalizado para o cristão de acordo com os capítulos 6 e 8. O apóstolo nem mesmo está descrevendo o conteúdo de sua própria experiência de conversão[45].

É significativo que a maioria dos Pais da Igreja também acreditasse que Paulo estivesse adotando e adaptando a máscara de um indivíduo não regenerado, e não suas lutas internas como cristão. Muitos deles acreditavam que a conversão pudesse libertar a pessoa do dilema descrito aqui, desobrigando-a das amarras do pecado ou da lei do pecado e da morte, como temos em Romanos 8,1-2[46]. Mas e o que dizer a respeito da referência feita à luta travada com a "lei da mente"? Ela não sugeriria uma pessoa, talvez um judeu, sob o jugo da lei mosaica? Ainda que não seja uma interpretação impossível desta luta que descrevemos, ainda há uma visão mais provável, desde que nos atentemos para os sinais retóricos do documento como um todo. Em Romanos 2,15, Paulo é bem explícito ao dizer que os pagãos não dependentes do pacto mosaico ou de suas leis possuem, contudo, os preceitos gerais de Deus gravados em seus corações, podendo, assim, realizar, de tempos em tempos, o que Deus espera deles.

Observe que a luta descrita em Romanos 7,14-25 é entre a lei que reside na mente de um indivíduo e um princípio governante bem diferente que reside na "carne" ou em suas inclinações pecaminosas. Nada é dito a respeito de uma possível rebelião contra um código de leis externo e conhecido por todos, e sequer há menção ao livro da Lei ou a Moisés. É preciso lembrar, entretanto, que até mesmo o próprio Adão possuiu um único mandamento com o qual precisava lidar, bem antes de Moisés, de forma tal que, quando Adão violou aquela lei única, o pecado e a morte reinaram de Adão a Moisés, mesmo anteriormente ao código mosaico (Rm 5,14). Note a diferença entre Romanos 7,14-25 e os debates contidos em Romanos 2-3 com o instrutor judeu sobre o significado de um código externo de leis. É mais provável, assim, que tenhamos, aqui, uma descrição mais genérica da condição daqueles que estão "em

---

[45] Kasemann, *op. cit.*, p. 200.
[46] BRAY, Gerald. (ed.) *Romans*. Downers Grove, Ill.: InterVarsity, 1998, p. 189-190.

Adão" e que, embora lutem, estejam perdendo a batalha por terem o pecado em suas vidas. A libertação surge como a única saída para este dilema. Paulo está falando da forma mais abrangente possível nesta passagem, abordando o suplício humano geral daqueles que estão fora de Cristo, e não apontando os judeus para que sejam analisados à parte – algo que seria retoricamente inútil, uma vez que a vasta maioria do público era pagã (ver Rm 11,13). Precisamos, também, ter em mente que estamos lidando com uma interpretação cristã de uma condição pré-cristã. Paulo não diz que esta é a forma pela qual os próprios judeus ou pagãos veriam a questão se não fossem, também, cristãos. Mas os pagãos podiam compreender claramente esta discussão. Por exemplo, Ovídio, em sua famosa Metamorfose, narra esta luta com o pecado de uma forma bem similar: "A razão chama de um lado, o desejo, de outro. Vejo as coisas que são boas, mas mesmo assim acabo seguindo as más" (7.19-20). Próximas também são as palavras de Epíteto: "O que desejo, não faço, e o que não desejo, faço" (2.26.4, tradução nossa). Paulo não teria trilhado um caminho desconhecido do vasto público pagão, muito pelo contrário: estava utilizando uma estrada muito familiar. Para ele, o efeito da lei em um ser humano caído – fosse a lei do coração ou a lei de um código – seria previsivelmente o mesmo efeito.

Nas partes anteriores de Romanos, especialmente em Romanos 2–3, Paulo recorre ao recurso retórico da diatribe: um debate retórico com um interlocutor imaginário. Romanos 7,7-25 apresenta um exemplo disso em Romanos 7,24-25, no qual o próprio Paulo responde ao brado da pessoa perdida com sua voz mais pastoral: "Quem me livrará desse corpo destinado à morte?" E sua resposta é mansa, porém firme: "Graças sejam dadas a Deus por Jesus Cristo, nosso Senhor!" O que Lutero parece ter perdido, aqui, é que a voz da primeira parte do versículo 25 não é a mesma voz do versículo que a precede, tampouco a voz que se segue no mesmo versículo.

Paulo está seguindo uma técnica retórica bem conhecida, a da construção entrelaçada ou em cadeia, cuja utilização no NT fora detalhadamente descrita por B. Longenecker[47]. Para que esta técnica funcione, introduz-se resumidamente o tema do próximo argumento ou parte do argumento retórico de alguém antes da conclusão do argumento que está

---

[47] LONGENECKER, Bruce. *Rhetoric at the Boundaries*. Waco, Tex.: Baylor University Press, 2005.

sendo apresentado. Assim, neste caso, Romanos 7,25a seria a introdução de Romanos 8,1, e, a seguir, Paulo falará mais uma vez com sua própria voz, em primeira pessoa. Quintiliano teria discorrido sobre a necessidade de utilizarmos uma técnica como essa em um argumento complexo de muitas partes. Para ele, este tipo de estrutura ABAB é efetiva quando alguém precisa falar com pathos, força, energia e combatividade (*Institutio Oratoria* 9.4.129-30). E acrescenta: "Podemos comparar o movimento desta estrutura com a de homens cujas mãos se dão para estabilizar os passos, prestando apoio uns aos outros" (9.4.129, tradução nossa). A falha ao reconhecer este recurso retórico pelo qual alguém introduz o próximo argumento antes de concluir o anterior tem conduzido a todos os tipos de equívocos na interpretação de Romanos 7,14-25[48].

Segundo Longenecker, esta leitura de Romanos 7,7-25a encaixa-se perfeitamente com a força do que havia aparecido imediatamente antes de Romanos 7,7-25 e com o que viria logo a seguir. Nas palavras do autor:

> Paulo é extremamente cuidadoso ao sinalizar a transição de Romanos 7 para Romanos 8: primeiramente, ao contrastar as expressões "quando vivíamos conforme nossos caprichos" e "mas agora (...) podemos servir na novidade do espírito" em 7,5-6 – dois versículos que fornecem a base estrutural para o movimento a partir de 7,7 e 8,1; e, em segundo lugar, ao introduzir a expressão "nossa vida no Espírito" em 8,1 com o enfático "portanto, agora" (αρα ουν). Estes indicadores estruturais são reforçados pela inclusão intencional de uma sobreposição temática em 7,25. (...) Dado o fato de que o uso das construções em cadeia não era incomum à época de Paulo, (...) o posicionamento de 7,25 dentro do contexto que o cerca não teria sido incomum nem confuso. Não se tratava de uma estrutura que demandasse uma reconstrução textual (...) ou algum tipo de explicação psicológica. Pelo contrário: este recurso era compreendido como um marcador de transição utilizado para o bem do público paulino[49].

---

[48] Longenecker, p. 88-93, demonstra com riqueza de detalhes o funcionamento desta técnica em Romanos 7,14-25, e seus argumentos respondem a todas as possíveis questões ou objeções que possam ser feitas em relação a esta passagem.
[49] Longenecker, p. 92. Para mais informações sobre o uso e a popularidade desse recurso retórico, consultar as páginas 11-42 desse mesmo estudo.

E então?

Para que a interpretação de uma passagem complexa ou controversa seja considerada boa ou correta, é necessário que ela explique não somente o texto em questão, mas que possa esclarecer também seus enigmas. Um destes enigmas para os que haviam visto, como Agostinho e Lutero, o texto de Romanos 7,7-25 como um tipo de relato agonizante sobre a experiência de vida do próprio Paulo em vez de estudar o texto à luz da retórica, seria a clara contradição na leitura desta passagem quando analisamos o material de Filipenses 3,4-6. Aqui temos, mais uma vez, um exemplo de síncrise, na qual Paulo contrasta seu passado com sua atual condição e estado de espírito. Para compreendermos esta passagem, observemos: se por um lado, Paulo afirma ter muito do que se gabar sobre o período "na carne", por outro, ele declara que, por melhores que tenham sido essas experiências, para ele, hoje, elas seriam consideradas "lixo" perante a glória e grande alegria de conhecer a Cristo.

Cuidemos para que este tipo de linguagem retórica não nos conduza a uma conclusão errada sobre Filipenses 3,4-6. Paulo fora um exemplo notável de judeu piedoso. Em sua própria descrição, em Gálatas 1,14, Paulo confirma seu melhor desempenho como judeu, quando comparado aos outros de mesma idade, e sua conduta ilibada em relação à própria fé. Neste quesito, Paulo fora extremamente zeloso.

Assim, não nos surpreende que Paulo descreva seu rico legado judeu, tampouco que ele se gabe por ter seguido à risca a lei mosaica quando fora um judeu fariseu! Em suas próprias palavras, "quanto à justiça que a lei pode dar, um homem irrepreensível" (Fl 3,6). Concluo, assim, que uma pessoa que dissesse isso como um cristão que olha para seu passado judeu não poderia, de forma alguma, estar descrevendo sua própria experiência de vida em Romanos 7,7-25 – a menos que Paulo estivesse contradizendo-se deliberadamente ao falar sobre algo que ele conhecia mais do que qualquer outra pessoa: sua própria peregrinação espiritual. O único fato do passado pelo qual Paulo parece, de fato, ressentir-se é a perseguição – por vezes levando até a morte – de alguns cristãos, à época em que era um fariseu. Como podemos ver em Gálatas 1, 1Coríntios 15 e o texto tardio de 1Timóteo 1,13-15, tal experiência ter-lhe-ia valido profundo arrependimento e angústia. Esta situação, entretanto, difere radicalmente do estado descrito em Romanos 7,14-25, na qual o indivíduo, apesar de saber o caminho correto, é incapaz de percorrê-lo e clama pela libertação destas amarras.

Conforme Stendahl bem aconselha, Paulo não deve, pois, ser psicologizado ou ter sua própria história lida sob a ótica das histórias atormentadas de um Agostinho ou Lutero, tampouco deva ser entendido como o reflexo da "consciência introspectiva ocidental"[50]. Sinto-me um felizardo por ter acompanhado o estudo de Romanos juntamente de Stendahl no final da década de 1970 e ouvi-lo discorrer, em primeira mão, sobre estes pontos mais cruciais. Desnecessário dizer, fui convencido. O que considero notável, contudo, é que ele tenha conseguido chegar a esta conclusão sem reconhecer completamente o caráter retórico do material analisado e de seus elementos. Ao fazermos, porém, uma leitura de Paulo sob a luz da retórica, percebemos que as conclusões de Stendahl não são somente plausíveis, mas constituem, de longe, a leitura mais convincente que podemos fazer deste material em seu contexto social e retórico originais. Paulo, por sua vez, não fora um Luterano ou um Agostiniano à frente de seu tempo. Paulo fora, isso sim, um mestre da arte retórica, completamente convicto de que ao recebermos a liberdade de Cristo, estaríamos realmente livres das amarras, não mais dependentes do princípio governado pelo pecado e pela morte, pois teríamos o Espírito da vida em nosso interior, não havendo mais a necessidade de permanecermos presos ao passado: "(...) se alguém está em Cristo, é uma nova criatura; *as coisas antigas passaram*" (2Cor 5,17). Graças sejam dadas a Deus por Jesus Cristo.

---

[50] O artigo-chave de Stendahl para essa questão seria "Paul Among Jesus and Gentiles", originalmente escrito em 1963, causando furor em sua primeira impressão.

6 Por trás de um nome
Repensando a figura histórica do Discípulo Amado no quarto Evangelho

> Oh, chame-se outra coisa! O que há num nome? O que chamamos rosa teria o mesmo cheiro com outro nome.
> (William Shakespeare, *Romeu e Julieta*, Ato II, Cena II)

No início deste estudo, já ressaltamos o caráter oral e retórico do ambiente no qual o Novo Testamento fora escrito[1]. À ocasião, também apontamos para o fato de que os textos, especialmente religiosos, tinham um funcionamento diferente dentro de uma cultura cuja população era composta por 90% de analfabetos e na qual os textos eram elaborados para serem lidos em voz alta. Estas características, aliadas ao fato de que o discurso oral e retórico, bem como a narração de histórias, consistiam o cerne da cultura do primeiro século, deveriam ter-nos guiado, já há muito tempo, a uma nova maneira de ler os Evangelhos.

A narrativa da história de Jesus fora, desde o início, fundamental para o incipiente movimento cristão, tendo importância bem antes de ser escrita sob qualquer modelo. Segundo o excelente artigo de M. Mitchell, em vários pontos do corpus paulino, "Paulo fundamenta seus argumentos sobre uma narrativa evangélica subjacente, à qual ele acessa por meio de uma taquigrafia retórica: brevidade de discurso, sinédoque, metáfora. Ainda que seu parâmetro de referência seja consistente – a narrativa do

---
[1] Ver capítulo 1 deste.

Evangelho –, as referências feitas por Paulo são fluidas e flexíveis"[2]. Um bom exemplo deste tipo de citação retórica curta do Evangelho pode ser encontrado em 1Coríntios 15,3-8, no qual Paulo menciona o clímax da narrativa evangélica, a morte, o sepultamento, a ressurreição e a sequência imediata: a aparição de Jesus. Aparentemente, o Evangelho teria surgido em forma escrita nestes resumos, nos discursos altamente retóricos de Paulo, apresentados como cartas.

Isto significa que era permitido contar a história de uma maneira retoricamente efetiva e persuasiva, mesmo quando – e, talvez, especialmente quando – a história envolvesse as memórias de alguém que fora testemunha ocular dos ensinamentos e de uma parte da vida de Jesus. É dentro deste escopo que defendo, aqui, que o Evangelho de João seja a narrativa evangélica mais efetiva e afetiva – do ponto de vista retórico –, devidamente editada para que seu padrão resumido pudesse encaixar-se em modelos retóricos vigentes (cf. João 20,30 e 21,25). O que encontramos, de fato, neste Evangelho, não é uma história baseada em fragmentos informativos, mas uma ebulição de notas, lembretes e relatos testemunhais do Discípulo Amado, organizados segundo um modelo retoricamente efetivo e formatados por um editor final – sobre quem falaremos mais ao final deste capítulo. Defendo também que, quando analisamos o Evangelho de João como um documento oral elaborado para ser ouvido da forma como está organizado (e não para ser lido individualmente), depreendemos certas coisas a partir dele, incluindo algumas pistas sobre a identidade do Discípulo Amado[3].

---

[2] MITCHELL, M. M. Rhetorical Shorthand in Pauline Argumentation: The Function of the Gospel in the Corinthian Correspondence. In: JERVIS, L. Ann, RICHARDSON, Peter. (eds.). *Gospel in Paul:* Studies on Corinthians, Galatians and Romans for Richard N. Longenecker. Sheffield: Sheffield University Press, 1996, p. 63-88, aqui utilizada a p. 88.

[3] Um dos sinais mais claros de que estamos lidando com histórias orais que haviam sido escritas separadamente antes de serem agrupadas em uma narrativa evangélica completa, com vistas à proclamação oral, é a perícope da mulher adúltera. Esta passagem, apesar de ter ficado aparentemente fora da versão original, foi, sem dúvida, vista como uma parte válida do testemunho do Discípulo Amado, tornando-se um texto à procura de um lugar para si – daí sua inclusão em várias partes de João (incluindo 7,53–8,11) e até mesmo em um manuscrito de Lucas.

A questão da tradicional atribuição a João Zebedeu

M. Hengel e G. Stanton, dentre outros acadêmicos, já alertaram, em discussões recentes sobre o quarto Evangelho, que os quatro Evangelhos canônicos teriam, muito provavelmente, sido nomeados após existirem como documentos – podendo ter recebido essas identificações como apêndices aos rolos de papiro. O que salta ainda mais aos olhos é o fato de que esses sobrescritos possam ter sido acrescentados somente após a existência de vários Evangelhos familiares, pois a expressão "segundo João" é utilizada para diferenciar este Evangelho específico dos outros já conhecidos[4].

Se concluímos, a partir disto, que todos os quatro Evangelhos são formalmente anônimos, temos a seguinte questão: que peso deveremos dar às evidências internas de autoria (o chamado "autor inscrito") e às evidências externas? Para mim, no caso do Evangelho de João, deveremos dar preferência às evidências internas, uma vez que as evidências externas não são tão claras. Isto, contudo, não nos desobriga da necessidade de explicar por que o Evangelho viria a ser atribuído a alguém chamado João, embora deixemos esta questão para o final deste debate.

No tocante às evidências externas, sabemos que vários Pais da Igreja, no segundo século, acreditavam na autoria de João, filho de Zebedeu. Após a metade do século dois, a principal corrente da Igreja passou a ter uma urgência quanto a esta definição, pois o quarto Evangelho era, ao que parece, um dos favoritos dentre os gnósticos – assim, a autoria apostólica foi considerada crucial para que este Evangelho fosse resgatado de mãos heterodoxas. Observemos que a tendência para associar autenticidade/veracidade com apostolicidade e testemunho ocular é muito explícita durante toda esta crise da Igreja, embora a ênfase dada às testemunhas oculares já tivesse sido destaque em Lucas 1,1-4 e em outros pontos do corpus paulino.

---

[4] Ver nota 30, capítulo 11.

Irineu, o grande heresiarca, por volta de 180 d.C., afirmou que o quarto Evangelho teria sido escrito em Éfeso por um dos Doze – João. É curioso que esta conclusão não seja compartilhada por uma de nossas primeiras testemunhas, Papias de Hierápolis, cuja posição e localização geográfica permitia-lhe maior conhecimento sobre o cristianismo na Ásia no começo do segundo século de nossa era. Papias atribuía este Evangelho a um "ancião" João, com quem ele dizia ter mantido algum contato e de quem ele diferenciava outro João. Eusébio, ao referir-se ao prefácio da obra em cinco volumes de Papias, reforça que Papias havia tido contato com um "ancião" João e com um Aristão, não com João Zebedeu (*História eclesiástica* 3.39.3-7), de quem o próprio Eusébio distingue o João mencionado. É de se notar, também, que Eusébio relembra-nos que Papias reflete a mesma escatologia milenarista encontrada no livro do Apocalipse, algo que Eusébio não vê com bons olhos. Eusébio observa que Papias teria conhecido somente os "anciãos" que haviam tido contato com os "santos apóstolos", não os próprios apóstolos. Papias, assim, teria ouvido pessoalmente o que Aristão e o ancião João teriam dito, mas, em contrapartida, ele teria apenas *ouvido falar* a respeito do que os apóstolos teriam anunciado[5].

Conforme muitos acadêmicos já concluíram, Papias teria sido um adulto durante o reinado de Trajano e, talvez, também de Adriano, e a obra citada por Eusébio teria datado, provavelmente, de cerca de 100 d.C.[6] – pouco tempo após a tradicional data aceita para o quarto Evangelho. Isto é interessante sob diversos ângulos. Em primeiro lugar, Papias não tenta fazer muitas declarações a este respeito, apesar de ter demonstrado grande interesse em tudo que os apóstolos e os Doze tivessem dito. Ele limita-se a relatar o que teria ouvido de indivíduos que teriam tido contato com estas testemunhas. Em segundo lugar, dada sua localização e sua época, era de se supor que ele conhecesse, de fato, o responsável pela compilação do quarto Evangelho, assim como ele consegue destacar a influência da teologia milenar que nós só conseguimos

---
[5] Sobre esse assunto e a confiabilidade de Papias, consultar: BAUCKHAM, Richard. *Jesus e as testemunhas oculares*. [s.l.] Paulus, 2011.
[6] Ver, por exemplo, o artigo da *ABD* sobre Papias.

encontrar nitidamente no livro do Apocalipse e não, por exemplo, no quarto Evangelho. Isto nos sugere que o João de seu conhecimento e relacionamento fosse João de Patmos ou a mesma pessoa ligada à produção do quarto Evangelho. É significativo que Hengel, após detalhada análise, conclua que este Evangelho deva estar associado com o ancião João que, por sua vez, não seria o mesmo João, filho de Zebedeu[7] – falaremos mais a este respeito em um segundo momento. Conforme já salientei, embora o testemunho de Papias seja importante, também devemos dar o devido valor às evidências internas do próprio Evangelho – o que faremos logo a seguir. Um último acréscimo é válido, aqui: após a análise do Fragmento de Papias 10.17, M. Oberweis conclui (em minha opinião, corretamente) que Papias teria informado que João, filho de Zebedeu, morrera cedo como mártir, assim como seu irmão (Atos 12,2)[8]. Isto, por si só, contraria não só a teoria de que João de Patmos teria sido João de Zebedeu, como também a teoria de que este último escrevera o quarto Evangelho.

O crescente reconhecimento da Judeia como origem do quarto Evangelho

A. Lincoln, em seu mais novo comentário acerca do Evangelho de João, concluiu que o Discípulo Amado existira de fato, sendo "um seguidor menor de Jesus durante seu ministério em Jerusalém"[9]. Ainda que, para Lincoln, as tradições do Discípulo Amado sejam pequenos trechos de tradição histórica acrescidos a um núcleo mais amplo do Evangelho – que não se originou da mesma pessoa –, ele chega a esta conclusão sobre a origem do Discípulo Amado por uma única razão: ele não aparece em nenhuma parte do Evangelho quando este narra as histórias do

---
[7] HENGEL, Martin. *The Johannine Question*. Harrisburg, Penn.: Trinity International, 1990.
[8] OBERWEIS, M. Das Papias-Zeugnis vom Tode des Johannis Zebedai. In: *NovT* 38, 1996, p. 277-295.
[9] LINCOLN, Andrew T. *The Gospel According to Saint John*. Peabody, Mass.: Hendrickson, 2005, p. 22.

ministério na Galileia, ao passo que parece estar envolvido e ter presenciado o ministério de Jesus em Jerusalém e em seus arredores.

Um dos pontos que invalidariam a teoria de que João, filho de Zebedeu, seria o Discípulo Amado e também o autor de todo o documento é o de que *nenhuma* – nenhuma, *de fato* – das histórias especiais dos Zebedeus estão incluídas no quarto Evangelho (são exemplos: o chamado dos Zebedeus por Jesus, a presença deles na casa onde Jesus teria ressuscitado a filha de Jairo, a história da transfiguração, o pedido para que se sentassem a seu lado quando sobreviesse o Reino de Jesus, dentre outros). Tomando-se como pressuposto que este Evangelho reforça o papel do testemunho ocular (ver especialmente João 19-21), é estranho que estas histórias fossem omitidas caso este documento fosse de João de Zebedeu ou mesmo se ele fosse sua principal fonte. Também é igualmente estranho que os Zebedeus sejam tão pouco mencionados neste Evangelho (ver João 21,2), assim como João nunca é correlacionado com o Discípulo Amado nem mesmo no epílogo de João 21 (cf. versículos 2 e 7: o Discípulo Amado poderia certamente ser um dos dois discípulos anônimos mencionados no versículo 2).

É igualmente significativo o fato de que este Evangelho não inclua nenhum ou quase nenhum dos principais milagres da Galileia, encontrados nos Sinóticos, com exceção do milagre da alimentação dos cinco mil ou da caminhada sobre as águas. O autor deste documento inclui, por outro lado, histórias como as do encontro com Nicodemos e com a mulher samaritana, a cura do cego e a do paralítico na piscina e a ressurreição de Lázaro. Todas estas histórias compartilham uma característica: *nenhuma delas teria ocorrido na Galileia*.

Quando combinamos estas revelações com o fato de que o autor parece ter tido um conhecimento detalhado da topografia de Jerusalém e suas cercanias, bem como da última semana de vida de Jesus (compare, por exemplo, a história da unção de Jesus por Maria de Betânia, em João, com o relato mais genérico de Marcos), não nos surpreende quando Lincoln e outros manifestam uma tendência para reconhecer a Judeia como origem deste Evangelho. O reconhecimento desta fonte elimina várias incógnitas, principalmente a falta de histórias da Galileia em geral e, mais particularmente, a falta de histórias de exorcismo – das quais nenhuma, segundo os Sinóticos, teria ocorrido em Jerusalém ou na Judeia. Ademais, não há absolutamente nenhuma ênfase ou real interesse neste Evangelho a respeito dos Doze ou dos Doze como galileus. Se o autor for um seguidor de Jesus da Judeia, e não for um dos Doze, e esteja relatando o que saiba ou o que tenha ouvido diretamente das testemunhas, então isto é compreensível. Assim, somos levados à questão de quem poderia ter sido tal Discípulo Amado.

O discípulo a quem Jesus amava – mencionado pela primeira vez em João 13?

É lugar-comum nos comentários joaninos a aceitação de que o Discípulo Amado, como figura narrativa, só apareça sob este cognome a partir de João 13. Embora este argumento tenha sido amplamente utilizado, ele negligencia um aspecto muito importante. Este Evangelho fora escrito em uma cultura oral para ser utilizado com não cristãos como um tipo de ferramenta de ensino para conduzi-los à fé. O documento não fora criado como um tratado para ser lido por aqueles sem crença, pelo contrário: suas histórias deveriam ser oralmente contadas para evangelizar.

Em um documento oral e retoricamente delicado como este, a ordem das coisas mostra-se especialmente importante[10]. Uma vez que um indivíduo ou personagem é introduzido na narrativa por nome e título ou por nome e uma expressão identificadora, ele só poderá ser identificado desta forma, uma vez que a economia de palavras é fundamental na escrita de um documento deste tamanho em um pedaço de papiro (João 20,30-31). Isto nos leva à análise de João 11,3 e o termo *hon phileis*.

---

[10] Pense, por um instante, na natureza e no ordenamento altamente esquematizados do Evangelho, de forma que temos sete milagres que culminam com o clímax do maior deles, a ressurreição de Lázaro; sete proclamações com "Eu sou" e sete discursos ligados a estas proclamações de alguma forma. Fica evidente, assim, que a esquematização e os sinais internos por expressão ou palavra-chave é uma característica retórica deste Evangelho.

6. Por trás de um nome

Comparando-se 11,1 com 11,3, fica evidente que a pessoa doente em questão – e que primeiro é chamada "Lázaro de Betânia" e, depois, de "aquele que amas" – é a mesma pessoa. Esta é a primeira vez, em todo o Evangelho, que uma pessoa específica é denominada como "aquela a quem Jesus ama". Poder-se-ia dizer, contudo, que esta é a única pessoa de todo Evangelho para a qual utilizamos esta expressão diretamente. De minha parte, defendo que em um ambiente retoricamente saturado, o público estaria bem consciente e atento ao fato de que a primeira menção de ideias, pessoas e eventos importantes seria crucial para a compreensão do que estava sendo sugerido e de como esta sugestão pretendia convencer os ouvintes. Isto nos leva diretamente para João 13,23.

Em João 13,23, temos a referência bem familiar de um discípulo "a quem Jesus amava" (*hon agapa* desta vez), reclinado bem perto de Jesus. Este discípulo não tem nome, e observe que em nenhum lugar de João 13 encontramos uma referência de que esta refeição tenha ocorrido em Jerusalém. De fato, tal evento poderia ter-se dado na cidade vizinha de Betânia, sem a necessidade de ser uma refeição pascal. Aliás, como João 13,1 bem o corrobora, estamos falando de uma refeição que teria ocorrido *antes* da festa da Páscoa. Isto nos leva a um ponto extremamente importante. Em João 11, temos a referência a um indivíduo, a quem Jesus amava, de nome Lázaro. Em João 12, há uma menção a uma refeição na casa de Lázaro. Imaginando que alguém ouvisse essas histórias nesta ordem e sem ter acesso aos Evangelhos Sinóticos, seria natural concluir que a pessoa reclinando bem perto de Jesus, em João 13, fosse Lázaro. Há, ainda, outra boa razão para chegarmos a essa conclusão. Era o costume, nesta época, que, em refeições como esta, o anfitrião se reclinasse próximo ao principal convidado. A história narrada em João 13 sugere, assim, que o Discípulo Amado fosse o anfitrião – o que pressupõe, por sua vez, que ele tivesse uma casa nas proximidades de Jerusalém. Com isto, eliminamos *todos* os discípulos galileus.

Esta identificação do Discípulo Amado com Lázaro não somente esclarece uma série de enigmas sobre esta história, como também outras incógnitas na narrativa da Paixão joanina. Como exemplo, podemos citar a problemática envolvendo o acesso direto do Discípulo Amado à casa do sumo sacerdote. Quem poderia ter sido esse indivíduo para ter esse tipo de acesso? Com certeza, não se tratava de um pescador galileu. O trecho de João 11,36-47 sugere-nos que alguns dos oficiais judeus que relataram o milagre ao sumo sacerdote teriam conhecido Lázaro e estariam presentes durante seu período de luto na Betânia. Este fato, por sua vez, leva-nos a crer que Lázaro provavelmente possuía um tipo de relacionamento com eles. Ele poderia, assim, ter tido acesso à casa de Caifás, tomando-se por pressuposto sua alta posição social, conhecido do séquito de Caifás[11]. Se Lázaro da Betânia é, assim, o Discípulo Amado, então isto também explicaria a omissão, neste Evangelho, da história em que Jesus reza no horto de Getsêmani. À ocasião, estavam presentes Pedro, Tiago e João, mas não o Discípulo Amado. Isto também explicaria João 19,27. Se o Discípulo Amado acolheu a mãe de Jesus "em sua (própria) casa" (está implícito), isto sugere um local muito mais próximo do que a Galileia, pois o Discípulo Amado aparecerá logo a seguir em Jerusalém, em João 20, e Maria, segundo Atos 1,14, ainda encontra-se lá, logo após a crucificação e ressurreição do filho. Como o Discípulo Amado poderia ter chegado ao túmulo de Jesus antes de Pedro, em João 20? Talvez porque conhecesse o local e pessoas como José de Arimateia e Nicodemos, tendo morado nas proximidades e passado muito tempo em Jerusalém e convivido com vários anciãos. Outra particularidade de João 20,2, gentilmente identificada por T. Thatcher, é: há uma dupla denominação para o homem que buscamos: ele seria chamado tanto de "o outro discípulo", como de "aquele a quem Jesus amava", mas o verbo, aqui, seria o *phileō*. Por que nosso autor utilizaria outro título, se, de fato, já havia um título preexistente? Em se tratando de um título preexistente, suporíamos que fosse fixo. Observe, agora, a cadeia de eventos: Lázaro é identificado, em

---

[11] Quando ministrei esta palestra, foi-me perguntado: Lázaro não estaria ciente da ameaça à sua vida, por parte dessas pessoas, e isso não poderia tê-lo feito recuar da aproximação com o sumo sacerdote? Trata-se de uma boa pergunta, mas há de se convir que Lázaro havia acabado de ser ressuscitado. Teria ele medo de outras ameaças de morte? Ele estava, isso sim, preocupado com o perigo que se acercava de seu amigo Jesus. Outra pergunta que me fora feita: se Lázaro havia estado doente e morrido em seguida, não estaria impuro para ter sua entrada permitida na casa do sumo sacerdote? O texto de João 18,15 realmente nos diz apenas que ele teria adentrado o pátio, mas provavelmente Lázaro teria passado pelos rituais da mikvá, prescritos pelo sumo sacerdote após sua ressurreição, tornando-o puro novamente. Veja, por exemplo, o que Jesus diz em Marcos 1,44: "Mas vai e apresenta-te ao sacerdote e oferece por tua purificação o que Moisés mandou para lhes servir de testemunho".

João 11, como aquele a quem Jesus ama e, aqui, "o outro discípulo" (ver João 20,1-2) é identificado como "aquele que Jesus amava", permitindo que ele seja chamado de "o outro discípulo" pelo resto da história. Em 21,2, contudo, retornamos à sua principal denominação – aquele a quem Jesus amava é Lázaro. Isso faz total sentido se lermos ou ouvirmos João 11-21 na sequência atual. Com isto, a velha questão de que, segundo os Sinóticos, todos os Doze teriam desertado Jesus assim que ele fora levado para a execução não estaria mais em contraposição com o relato de João 19 – caso o Discípulo Amado (embora se tratasse claramente de um homem, em João 19,26, chamado de "filho" de Maria e, assim, não Maria Madalena!) fosse Lázaro e não um dos Doze. Há, ainda, outro ponto a ressaltar: se o Discípulo Amado realmente acolheu Maria em sua própria casa, então sabemos de onde ele tirou a história das bodas de Caná: da própria Maria. Eu poderia continuar enumerando particularidades do texto que são melhor explicadas pela teoria de Lázaro como sendo o Discípulo Amado, mas creio que as apresentadas já bastem. Gostaria de tratar de outros assuntos de maior monta em relação a este Evangelho e que também podem ser explicadas com esta teoria, especialmente o apêndice de João 21. Há, contudo, uma última hipótese a ser levantada antes disso.

Os acadêmicos têm observado a diferença existente no relato da unção de Jesus na Betânia quando comparamos Marcos 14,3-11 com João 12,1-11, embora sejam muito provavelmente a mesma história ou tradição. A diferença mais marcante talvez seja que, segundo Marcos, o evento aconteça na casa de Simão, o leproso, na Betânia, ao passo que, para João 12, temos a indicação de que o fato tenha ocorrido na casa de Maria, Marta e Lázaro, na Betânia. Suponha entretanto, por um instante, que Simão, o leproso, fosse o pai daqueles três personagens. Suponha, também, que o próprio Lázaro tivesse contraído a doença e sucumbido devido a ela (e hoje sabemos – graças ao trabalho médico e arqueológico em fósseis daquela região – que realmente tivemos a forma letal da hanseníase no primeiro século de nossa era). Isto explicaria por que todos os filhos fossem solteiros. Poucos observaram a estranheza deste trio de adultos não ter suas próprias famílias e viverem juntos – o que somente não seria estranho caso os três estivessem infetados por uma doença mortal que os mantivesse constantemente impuros. Isto também explicaria por que esses indivíduos nunca peregrinavam com Jesus e os outros discípulos e por que estes nunca se aproximavam desta família até o fatídico dia, registrado em João 11, da cura e ressurreição de Lázaro por Jesus. Jesus, por sua vez, não se intimidava pela doença e já havia visitado sozinho a casa anteriormente (Lucas 10,38-42). Outros judeus, contudo, certamente não desejariam estabelecer contratos matrimoniais com uma família que carregava o bacilo da lepra.

Como Lázaro, o Discípulo Amado, explica uma série de enigmas

A maioria dos acadêmicos concorda que João 21 diz claramente que, embora o Discípulo Amado tenha escrito algumas das tradições evangélicas, ele já não mais estaria vivo – ao menos quando o final deste capítulo fora escrito. A parte que diz "sabemos que seu testemunho é verdadeiro" é uma prova clara de que uma ou mais pessoas, que não o Discípulo Amado, deu o formato final a este Evangelho, acrescentando este apêndice ou, no mais, a história sobre a morte do Discípulo Amado e a conclusão do apêndice. Gosto pessoalmente da força desta linha de raciocínio, e ela nos ajuda a explicar ainda um outro ponto. Podemos imaginar que o responsável pela compilação das memórias do Discípulo Amado fosse, provavelmente, alguém que insistisse em chamá-lo assim.

Em outras palavras, é provável que o Discípulo Amado fossem chamado desta forma pela própria comunidade, mas é certo que o fora por seu editor final. Não se trata, porém, aqui, de uma autodesignação – seria totalmente improvável alguém nomear-se assim em uma subcultura religiosa na qual a humildade fazia-se imprescindível, e na qual o exemplo de autossacrifício e anulação de Jesus era inculcado como o modelo a seguir. Isto explicaria, pois, uma das flagrantes diferenças entre 2-3 João e o Evangelho de João. O autor daquelas pequenas cartas chama a si próprio como "ancião" ou "o homem velho", dependendo da acepção que se faz do termo

6. Por trás de um nome

presbyteros. Em nenhum momento ele identifica-se como Discípulo Amado nem mesmo no sermão que chamamos de 1João, no qual ele afirma ter contemplado e tocado pessoalmente o Verbo da vida – o que, em meu ponto de vista, significa que ele tenha visto e tocado Jesus. Devemos evocar, assim, ao menos duas pessoas responsáveis pela forma final do quarto Evangelho, ao passo que uma é suficiente para explicar o epifenômeno das epístolas joaninas. Somos conduzidos, assim, à história de João 21,20-24.

Por que o editor final deste material estaria tão angustiado ao negar que Jesus predissera que o Discípulo Amado viveria até o retorno de Jesus? Teria sido pela existência de uma tradição, na igreja do Discípulo Amado, de que ele viveria tanto? Em caso afirmativo, o que teria originado essa tradição? Ao que nos parece, não fora o próprio Discípulo. Mas agora que ele já morreu, permanece a ansiedade, entre os tementes a Deus, em relação ao que teria acontecido, de fato, com o Discípulo Amado e o que Jesus realmente dissera sobre seu futuro em 30 d.C. Sugiro, de minha parte, que a única hipótese que poderia dar conta da explicação de todos os fatores interessantes em jogo, aqui, seria a de que, após o Discípulo Amado ter sido ressuscitado, uma crença natural originou-se de que ele certamente não morreria novamente antes do retorno de Jesus. Esta linha de raciocínio faz total sentido, uma vez que o Discípulo Amado já havia morrido uma vez, e a segunda vinda era algo profundamente esperado quando ele morreu. Desta forma, reafirmo que a teoria de Lázaro como sendo o Discípulo Amado e o autor da maioria das tradições deste Evangelho é a teoria que melhor esclarece os meandros do final do epílogo, escrito após seu falecimento.

Por fim, resta-me uma coisa a dizer. É fato que este quarto Evangelho possui uma abordagem própria da vida de Jesus e da tradição evangélica. Não estou convencido pelas tentativas de Lincoln e outros estudiosos quando estes sugerem que o autor tenha se utilizado de Evangelhos anteriores, especialmente Marcos. Penso que ele deva, sim, ter conhecido tais Evangelhos e possa até ter lido Marcos, mas com certeza ele não se mostra dependente do material Sinótico para elaborar seu próprio Evangelho. Pelo contrário: utiliza-se de seu próprio método de abordagem e demonstra uma profusão de informações que é incapaz de utilizar neste Evangelho – incluindo muito material não Sinótico (ver João 20,30 e 21,25) – pelas limitações da escrita em um único papiro. Ele não precisou de fragmentos e trechos dos Sinóticos para criar seu próprio Evangelho; precisou, sim, condensar seu próprio material durante toda a narrativa – algo que ocorre somente em casos de relatos testemunhais ricos em detalhe e conteúdo. Relembrar sua origem testemunhal, entretanto, não é o suficiente para dar conta do caráter independente e das diferenças deste Evangelho em relação aos Sinóticos. Há outros fatores em jogo.

Conforme já ressaltara há mais de uma década, este Evangelho fora escrito de uma forma que reflete uma tentativa de apresentar a tradição de Jesus à luz do material sapiencial judaico[12]. Jesus é apresentado como a Sabedoria divina em carne, oferecendo discursos como aqueles da Sabedoria na literatura sapiencial judaica que lhe antecedera, e não com aforismos e parábolas como os do Sinóticos. Para mim, este seria o *modus operandi* interno de Jesus para seus ensinamentos particulares, em seu círculo interno de discípulos. Não é necessário escolher entre a forma pública do discurso da Sabedoria, encontrado nos Sinóticos (isto é, parábolas e aforismos), ou a forma particular do discurso sapiencial (como, por exemplo, João 14-17) em João para decidirmos qual deles nos guiaria de volta ao Jesus histórico. Ambos são capazes disso, embora possuam funções diferente e um *Sitz im Leben* distinto. Cheguei à conclusão, contudo, de que mesmo esta linha de raciocínio é insuficiente para explicar as diferenças relativas aos Sinóticos que podemos encontrar no quarto Evangelho. Há, ainda, um outro fator em jogo.

Nosso autor, o Discípulo Amado, fora ressuscitado não somente dos portais da morte, mas da morte total e plena – por Jesus! Este fato, por si só, viria a mudar sua própria cosmovisão. Seria quase impossível o autor elaborar um retrato velado do Messias, tal qual encontramos em Marcos. Não. Nosso autor queria e precisava bradar desde o cume das montanhas que Jesus era a ressurreição – não que ele somente executava ressurreições, mas que ele era,

---

[12] WITHERINGTON III, Ben. *John's Wisdom:* A Commentary on the Fourth Gospel. Louisville: Westminster John Knox, 1995.

como E. Kasemann uma vez dissera sobre a apresentação de Jesus no quarto Evangelho, um Deus dominando o palco da história. Nosso autor não hesita em reforçar essa linha mestra de várias formas neste Evangelho, mas principalmente demonstrando que tudo que anteriormente dizia-se vir apenas de Deus ou dos planos e mente de Deus – a conhecida Sabedoria –, dir-se-ia, agora, vir de Jesus. Ele seria, portanto, a encarnação do "Eu sou".

O Discípulo Amado não se contentaria com os modernos retratos minimalistas do Jesus histórico. Ele havia tido um encontro profundo e pessoal tanto com a figura histórica, quanto com o Jesus ressuscitado e sabia, em primeira mão, que ambos eram a mesma pessoa. Sua visão de mundo seria, portanto, pautada por estes fatos. Não é ocasional, assim, que o livro dos Sinais, no quarto Evangelho, culmine em João 11 com a história da própria transformação de Lázaro; assim como o livro da Glorificação tem seu clímax em João 20 com a transformação do próprio Jesus. Lázaro havia se tornado o que ele próprio admirava – havia se transformado, em um grau menor, assim como Jesus, e não pouparia palavras a respeito de seu Salvador e Senhor ressuscitado. Faria suas proclamações a peito aberto, acrescentando uma exortação ao Verbo logo no início do Evangelho: tratava-se, pois, do Jesus que ele havia conhecido, tocado, e com o qual ceara antes e depois da Páscoa, e o qual ele não poderia admirar menos.

Feitas todas estas análises, ainda nos resta uma última peça do quebra-cabeças: por que este Evangelho teria sido creditado a João? Minha resposta é simples: porque João de Patmos fora o editor final deste Evangelho após a morte de Lázaro. Após a morte de Domiciano, João deixou a ilha de Patmos, retornou para Éfeso e ali viveu até o final de seus dias. Uma de suas atribuições teria sido editar e promulgar o quarto Evangelho em nome do Discípulo Amado. Próximo à morte de João, Papias teria tido um breve contato com este ancião e não nos surpreende que ele tenha entendido que não se tratava de João Zebedeu, e que este ancião João possuía alguma relação com a produção do quarto Evangelho. Assim, os vários enigmas parecem dissolver-se. Pode até ser que o próprio Papias tenha sido responsável pela maior circulação deste Evangelho sob o título "segundo João". Não é difícil de imaginar, também, que Irineu, esmagando gnósticos ruidosos como se fossem moscas, viria, posteriormente, a concluir que o quarto Evangelho deveria ser creditado a um apóstolo ou um dos Doze.

Se estiver correto em minhas suposições, então concluiremos que a figura histórica de Lázaro seja mais importante do que poderíamos inicialmente imaginar, dado seu papel na fundação de igrejas em Éfeso e seus arredores e sua importância na vida de Jesus e da mãe de Jesus. Era preciso confiar-lhe implicitamente para que Jesus entregasse a guarda de sua mãe no momento da morte. Lázaro seria, assim, muito mais do que um simples recipiente no qual mais um sinal milagroso de Jesus pudesse operar. Ele era o indivíduo "a quem Jesus amava", conforme nos diz a primeira referência a ele em João 11. Resta-nos, ainda, compreender este homem em sua totalidade: felizmente, agora, podemos dar início a esta empreitada.

7 Por trás de uma palavra
Parte um: Eidolothuton

"No princípio, era o verbo" – e alguns estudantes da Bíblia ainda acreditam que, ao se tratar das palavras do Novo Testamento, "no princípio, era o dicionário". As palavras, vale lembrar, mesmo as que constam do NT, somente fazem sentido quando analisadas dentro de um contexto. Os dicionários não definem as palavras, apenas registram significados, resultando de um estudo cuidadoso da abrangência semântica dos termos em vários contextos.

A história social da linguagem é um assunto deveras interessante, especialmente quando se trata de uma linguagem bíblica vista como o veículo para a comunicação de revelações divinas. Esta história adquire um caráter ainda mais importante quando observamos que o NT fora escrito dentro de um contexto de uma cultura oral e retórica, que acreditava que as palavras sacras possuíam um poder e ressonância especiais – incluindo, aqui, a linguagem polêmica, termos pejorativos e até mesmo fórmulas de maldição. O estudo da invectiva e seus usos retóricos não pôde avançar muito devido ao fato de que a invectiva encontrada no NT sempre foi analisada sob a luz da literatura judaica anterior, sem uma compreensão das várias funções da invectiva em um cenário retórico greco-romano.

Uma das coisas que aprendemos imediatamente ao fazermos uma leitura atenta de experts em retórica, como Aristóteles, Menandro ou Quintiliano, é que eles não só acreditavam no poder das palavras, incluindo os termos pejorativos, como também acreditavam que uma das maneiras mais eficientes de estigmatizar algo ou alguém – afastando o público do alvo pretendido – era justamente cunhando novas palavras.

Uma destas palavras seria *eidolothuton*, cuja origem é aceita como uma polêmica judaica geral contra a idolatria. Se fizermos uma análise detalhada, contudo, veremos que o caso é outro. O termo em questão parece ter sido cunhado por Paulo, Tiago ou talvez por algum outro cristão-judeu primitivo (e falante de grego) em resposta ao crescente número de pagãos que se tornavam seguidores de Jesus. A inovação de uma palavra nova – que representasse um termo polêmico condutor que trouxesse consigo a ideia do erro ao frequentar templos pagãos – poderia ser uma ferramenta retoricamente efetiva na luta pela formação da identidade do cristianismo primitivo. Se pegarmos, por exemplo, a homilia intitulada "Tiago" como uma amostra da habilidade retórica do próprio Tiago (incluindo sua destreza na arte da polêmica), assumimos que ele seja totalmente capaz de criar um *juste mot*, um termo ou frase memorável que se infiltrasse nas lembranças do público[1]. O estudo das origens, significado e uso retórico desta palavra-chave irá nos recompensar na busca pela compreensão do ambiente e das estratégias sociorretóricas dos primeiros cristãos[2].

As origens semânticas e a abrangência de *Eidolothuton*

Os acadêmicos do NT têm compartilhado da premissa que o termo *eidolothuton*, geralmente traduzido como "carne de ídolo", seja um termo judaico cunhado para opor-se polemicamente ao termo grego *hierothuton*, que significa simplesmente "coisa" ou, neste caso, a "carne" que vem ou é encontrada em um templo. O último termo não possui a força polêmica do primeiro, uma vez que os pagãos não chamavam seus deuses de "ídolos". É curioso como os estudiosos do NT tenham simplesmente passado por esta conceituação, sem deter-se na análise cuidadosa das evidências

---
[1] Ver mais em: Witherington. *Letter and Homilies for Jewish Christians*.
[2] O que vem a seguir é uma expansão de um estudo anterior: WITHERINGTON, Ben. Not So Idle Thoughts about *Eidolothuton*. In: TynBul 44, n. 2, 1993, p. 237-254.

de que *eidolothuton* é um termo que se origina de uma polêmica judaica helenística[3]. Fiquei surpreso ao constatar que aparentemente ninguém havia se dado ao trabalho de checar todos os dados quando resolvi, na década de 1990, realizar uma busca completa por todas as ocorrências deste termo na base do *Ibycus Thesaurus Linguae Graecae* (TLG). De fato, quando analisamos todas as evidências relevantes do período, nas fontes gregas anteriores à carta de Paulo que chamamos de 1Coríntios, *não há quaisquer exemplos do uso do termo* eidolothuton, *com exceção de* 4Macabeus *5,2 ou nos* Oráculos Sibilinos *2,96! Ademais, estes mesmos exemplos são os únicos que possivelmente se originam de fontes não cristãs.* No tocante aos *Oráculos Sibilinos*, o termo é encontrado em apenas um manuscrito e que dependeria, segundo os expertos no assunto, da *Sententiae* 31 de Pseudo-Phocylides – que, por sua vez, é dependente de Atos 15,29[4]. Em outras palavras, este texto não fornece, assim, nenhuma evidência de seu uso não cristão. Como é amplamente reconhecido pelos acadêmicos, há várias interpolações cristãs nos *Oráculos Sibilinos*, sendo este um desses casos. Mas e o que dizer a respeito da referência em 4Macabeus?

Tradicionalmente, 4Macabeus fora creditado a Josefo. Hoje, contudo, após várias análises deste documento, sabemos que esta autoria seria improvável, pois o estilo retórico do documento difere do estilo característico de Josefo, além de incluir visões que Josefo não adotaria. Mais claro e certo é que 4Macabeus seja provavelmente dependente de 2Macabeus – o que, por sua vez, significa que haja uma pequena chance de datar de cerca de 63 a.C., embora muitos acadêmicos da atualidade acreditem que ele não tenha sido escrito antes de 63-70 d.C. e, outros ainda o datem da época das perseguições de Adriano, no segundo século[5]. Para dificultar a questão, há, ainda, a possibilidade de o documento

---

[3] Ver, por exemplo: CONZELMANN, Hans. *1 Corinthians*. Philadelphia: Augsburg Fortress, 1975, p. 139; FEE, Gordon D. *The First Epistle to the Corinthians*. Grand Rapids: Eerdmans, 1987, p. 357, n. 1.
[4] Ver, a esse respeito, HORST, Pieter van der. *The Sentences of Pseudo-Phocylides*. Leiden: Brill Academic, 1978, p. 135-136; YOUNG, Douglas (ed.). *Theognis, Ps-Pythagoras, Ps-Phocylides*. Leipzig: Teubner, 1961.
[5] Cf. ANDERSON, H. 4 Maccabees. In: CHARLESWORTH, James H. (ed.). *The Old Testament Pseudoepigrapha*, v. 2. New Haven: Yale University Press, 1985, p. 533-534.

ter sofrido interpolações cristãs[6]. Podemos datar o material em torno da década de 60 d.C. ou mais, o que, de fato, o posicionaria em um período muito tardio para servir de fonte do termo *eidolothuton* por Paulo e Tiago – tomando-se por pressuposto, como eu o faço, que Atos 15 e 21 reflitam o verdadeiro decreto de Tiago aos gentios[7].

Ademais, não temos outros exemplos do uso deste termo em papiros, inscrições ou quaisquer fontes coptas. Isto significa que o termo fora utilizado exclusivamente em círculos cristãos, com uma única exceção – exceção esta que não pode ser atestada como a origem do termo para Paulo, tampouco do uso que se faz dele em Atos ou em qualquer outra passagem da literatura cristã. Em resumo, temos o seguinte cenário: de todas as 112 referências encontradas para o termo *eidolothuton* geradas pela base de dados do TLG, apenas uma teria vindo de fontes cristãs, sendo esta muito tardia para dar conta de explicar as origens do termo. Podemos concluir, assim, que não há base para sugerirmos que este termo tenha advindo do judaísmo helenístico para o cristianismo. Pelo contrário: é muito mais provável que o termo tenha sido cunhado como parte da retórica do cristianismo primitivo para lidar com o paganismo em voga. De fato, é parte mesmo de toda uma polêmica cristã-judaica contra o paganismo, assunto recorrente do NT, sob várias formas e em inúmeras fontes, tão variadas quanto as cartas de Paulo, 1Pedro, Judas e Apocalipse.

Em relação ao significado específico de *eidolothuton*, muitos acadêmicos têm razão ao estabelecer um paralelo com o termo mais comum *hierothuton* ("oferecido em um templo") ou com *theothuton* ("oferecido a um deus"), concluindo, assim, que o termo significaria "oferecido a um ídolo", denotando que algo fora sacrificado a um ou mais ídolos. A simples ausência do primeiro termo e a frequente presença dos outros dois em inscrições e textos literários são um testemunho eloquente de que os pagãos não teriam cunhado, tampouco utilizado este termo. Trata-se de uma linguagem estranha e deliberadamente polêmica – mas de onde teria vindo, então?

---

[6] *Ibidem*, p. 539-541. Ver, também, deSILVA, David A. *4 Maccabees*. Leiden: Brill, 2006, p. xlv-xv.
[7] Ver Witherington, *Acts of Apostles*.

Sugiro, aqui, que possamos ver este termo como a contrapartida negativa do termo judaico *Corban* (ver Marcos 7,11), com o significado de algo dedicado ao verdadeiro Deus – assunto comentado (negativamente) por Jesus e do qual Tiago poderia ter obtido os ensinamentos sobre o assunto. Observe que o termo *Corban* não se refere somente a algo dedicado a Deus: refere-se, também, ao ato de colocar tal oferenda no templo[8].

Neste ponto, ressalto que, no tocante aos termos pagãos correlatos, o sentido literal nos diz tudo: fosse oferecido a um deus ou oferecido em um templo, o contexto social está implícito no próprio termo. Os sacrifícios ocorriam nos templos. Temos boas razões para acreditar que, sob circunstâncias normais, o termo *eidolothuton* teria sido utilizado para referir-se a algo que ocorria em um templo, e não somente a "carne de ídolo" em geral, independentemente de onde esta fosse consumida. A seguir, defendo que, nas ocorrências encontradas no NT, o termo *eidolothuton* não conota simplesmente algo (como uma oferenda a um deus), mas denota também, ou ao menos traz implícito, o lugar em que ocorriam essas coisas – o recinto de um templo pagão. *Ele não se refere, assim, a um sacrifício que é retirado do templo e comido em outro lugar pela simples razão de que as estátuas dos deuses para os quais as oferendas eram feitas e os quais se acreditava que participavam efetivamente das festas do templo encontravam-se nos próprios templos.* O termo *hierothuton* poderia, por contraste, referir-se ocasionalmente a algo oferecido no templo, mas comido em outro lugar (como em uma residência particular, por exemplo), no qual o deus não habitava e onde seria muito improvável encontrar uma estátua do deus em questão – nestas ocasiões, pensava-se que o deus não participaria das festividades naquela casa. Os pormenores desta questão serão discutidos em detalhes em um outro momento. Por ora, fiquemos com o seguinte resumo: por todo o primeiro século de nossa era, nas referências ao termo *eidolothuton* (incluindo as cristãs), a associação entre este termo e o que acontecia em um contexto social específico como o do templo pagão mostra-se absolutamente inequívoca pelo contexto maior no qual este novo termo retórico fora utilizado.

---

[8] Sobre esse assunto específico da *Corban*, ver WITHERINGTON III, Ben. *Women in the Ministry of Jesus.* Cambridge: Cambridge University Press, 1984, p. 12-13.

Utilização do termo *Eidolothuton* fora do Novo Testamento

A referência a *eidolothuton* em 4Macabeus 5,2 descreve os desmandos do tirano Antíoco. Por este documento, sabemos que ele ordenou a suas tropas que "levassem todos os judeus a um certo lugar alto", onde o rei, ao lado de seus conselheiros e cortesãos, obrigavam-nos a comer carne de porco e *eidolothuton*. O que mais nos interessa neste relato é o local: "um certo lugar alto", significando um lugar em que sacrifícios eram oferecidos a um deus. É evidente que o judeu que escreveu 4Macabeus fora profundamente influenciado pelas Escrituras Hebraicas e pelas conotações sociais e religiosas da expressão "lugar alto" (*bamah* em hebraico). Esta palavra tinha uma associação muito clara com o culto pagão na literatura judaica, especialmente na polêmica de profetas posteriores, como Ezequiel (cf., por exemplo, Ezequiel 6,3; 16,24-39; Oseias 10,8; Amós 7,9; mas também Números 33,52; 1Reis 12,28-33 [adoração ao bezerro de ouro]; 2Reis 17,7-29; 2Crônicas 21,11; 31,1; Isaías 15,21; 16,12; Jeremias 48,35). Antíoco não estava somente tentando forçar os hebreus a comer comidas impróprias. Ele estava tentando fazer isso em um cenário no qual ficasse implícita a participação em um culto pagão. A questão aqui não é só o menu, mas o lugar social.

Voltando-nos à referência nos *Oráculos Sibilinos* 2.96, encontramo-la, assim como em outras muitas passagens, execrando os atos de idolatria. A proibição específica, lá encontrada, de "comer sangue", combinada com o termo *eidolothuton*, faz-nos crer que o autor tivesse imaginado o ato de comer dentro de um templo onde esse sangue fora jorrado e consumido – ou, pelo menos, que ainda estivesse contido na carne, em doses suficientes para ser consumido juntamente à oferenda ao ídolo. As carnes que eram sacrificadas no templo e tinham o sangue escoado antes de serem levadas ao *macellum* (ou mercado de carne), provavelmente não possuíam esta associação tão clara entre o ato de consumir sangue e o de consumir carne. Ao relacionarmos este ensinamento com o trecho de 2.95 – em que somos alertados contra a bebida em excesso (algo que certamente ocorria em festividades pagãs dentro dos templos) –, teremos, então, mais uma indicação do que o autor supunha ocorrer no interior dos templos[9].

Faz-se necessário observar que, embora o ato de beber sangue não fizesse parte do tradicional ritual grego da refeição (hábito visto, pelos gregos, como uma prática bárbara e de outros grupos marginalizados)[10], os romanos não seguiam todas as restrições alimentares dos gregos, chegando estes últimos a afirmar que os romanos alimentavam-se como bárbaros. Paulo, em 1Coríntios, e provavelmente Tiago, em Atos, estavam lidando com um mundo social no qual havia uma sobreposição romana na cultura grega, e muitas cidades gregas haviam sido reconstituídas como colônias romanas, com as próprias práticas sendo assimiladas nos cultos dessas regiões, especialmente nos templos do Culto Imperial.

Há uma última referência ao termo *eidolothuton*, fora do NT, que poderia advir do primeiro século, encontrada no documento cristão primitivo denominado *Didaqué*. A passagem encontrada em *Didaqué* 6.3 merece ser transcrita na íntegra: "Quanto à comida, observe o que você puder comer. Não coma nada do que é sacrificado aos ídolos, porque esse é um culto a deuses mortos". Temos, aqui, um nítido contraste entre comer o que conseguir e encontrar no mercado de carnes (quando o problema for meramente alimentar-se), mas abster-se de *eidolothuton*, por tratar-se de *adoração a deuses mortos*. A problemática não reside somente na questão da comida, mas, de forma mais específica, na comida que é consumida dentro de um contexto que signifique idolatria (isto é, um templo pagão). Os três textos, assim, corroboram a tese de que *eidolothuton* refira-se à carne consumida na presença de um deus no interior de um templo, local no qual se acreditava que o poder e a presença deste deus podiam residir. Para a religião romana, embora a imagem de um deus não fosse vista como a própria divindade, cria-se que fosse um

---

[9] Sugiro a leitura das observações de John Collins em: CHARLESWORTH, James H. (ed.). *Old Testament Pseudoepigrapha*. v. 1. New York: Doubleday, 1983, p. 347. A forma pela qual ele divide o texto pressupõe que 2.95 seja o encerramento da seção anterior, embora não pareça haver um bom impedimento para relacioná-la com o que vem depois dela.
[10] Ver BURKETT, W. *Greek Religion*. Cambridge: Mass.: Harvard University Press, 1985, p. 55-60.

veículo pelo qual se poderia estabelecer contato; tanto que comer diante da imagem significava comer na presença da divindade. Desta forma, para um judeu primitivo como Paulo ou Tiago, isto era entendido claramente como um ato de idolatria. Para Paulo, em 1Coríntios 10, os demônios estariam presentes durante as refeições em templos pagãos. Os deuses, ao que consta, não eram vistos, pelos primeiros cristãos-judeus, como fantasmas frutos da imaginação humana, mas como seres espirituais perigosos – espíritos maus. Somos levados, então, à questão do que ocorreria, de fato, dentro dos templos pagãos, especialmente no tocante aos sacrifícios. Por que tanta polêmica em torno deste assunto?

Sacrifícios – estilo greco-romano

Embora tenha existido variações de um templo greco-romano para outro e da adoração de um deus para outro, sabemos o suficiente sobre os sacrifícios antigos para podermos estabelecer um padrão geral ou as características comuns envolvidas na adoração romana[11].

Os templos antigos eram, em muitos aspectos, diferentes das igrejas e sinagogas modernas, principalmente se atentarmos para o fato de que as atividades relacionadas à religião, de fato, aconteciam fora do edifício. Dentro de um templo pagão havia uma sala murada (a *cella*), que abrigava geralmente uma grande estátua da divindade (um bom exemplo seria o Partenon, com a grande estátua de Atena). A estátua era geralmente adornada com flores, joias e outros presentes dos devotos. No geral, não havia mais nada nesta sala, a não ser um altar de incenso – nenhuma cadeira, nenhum altar.

Quando um romano desejava assegurar a boa vontade de um deus, ele ou ela fazia um voto, geralmente escrito em uma tábua de chumbo ou cera, e dirigia-se ao templo para marcar um horário, com o guardião, a fim de que pudesse entrar e oferecer um sacrifício em seu nome. Ha-

---

[11] Ver OGILVIE, R. M. *The Romans and Their Gods in the Age of Augustus*. New York: Norton, 1969, p. 44 (e a partir desta).

via, inclusive, oficiais profissionais para cortar as gargantas dos animais e, geralmente, um tocador de flauta também presente, assim como taxas definidas e uma lista de animais aceitos para sacrifício de acordo com cada divindade (CIL 6.820). A única regra fixa era que deuses masculinos exigiam animais do mesmo sexo, e deusas, animais fêmeas.

Quando chegava o dia do sacrifício, o devoto entrava na *cella*, colocava a tábua na estátua da divindade e rezava defronte à imagem, com as mãos para o alto e a cabeça coberta. Embora estes sacrifícios oferecidos no interior do templo fossem raros (ver *Festus* 356L), havia uma grande maioria de sacrifícios sendo oferecidos do lado de fora do edifício, geralmente diante do templo, e que podiam ser acompanhados por qualquer um que passasse por ali, incluindo judeus ou cristãos. O sacrifício dava-se em um altar de pedra, caso envolvesse sacrifício de sangue. O animal era levado ao altar, onde um fogo já havia sido previamente aceso. Todo cuidado era tomado para que pessoas estranhas não se aproximassem muito, de modo a não poluir ou atrapalhar as atividades (cf. Plutarco, *Quaestiones Romanae* 10, sobre a exclusão de cachorros e mulheres dos sacrifícios a Hércules ou Marte – i.e., divindades masculinas; cf. Servius, *Commentarii in Vergilii Aeneidos* 8.172 – *Comentários sobre a Eneida*, de Virgílio, tradução nossa).

É possível, assim, que ao menos Paulo – Tiago talvez não – tenha visto um sacrifício pagão, mas à distância. É certo que nenhum deles deva ter presenciado o que acontecia depois do sacrifício, quando todos os participantes entravam no templo ou dirigiam-se a uma área adjacente fechada, destinada a refeições. Era de praxe o devoto convidar família e amigos para a refeição, não só pela grande quantidade de carne, mas também porque o consumo deveria ocorrer de maneira rápida em um ambiente sem refrigeração. Ademais, como normalmente só os ricos possuíam carne para comer (com exceção dos festivais) (Tácito, *Annales*. 14.24), fazer uma refeição no templo era visto como uma ocasião especial e raramente declinada.

Em termos de preparação para o sacrifício, tanto o devoto quanto o sacerdote deveriam apresentar-se com mãos e roupas limpas. A questão da limpeza era enfocada com rigor, pois esta característica aproximava os homens do divino. Tito Lívio (45.5.4) assim descreve: "Todo sacrifício é pautado na premissa de que todos aqueles de mãos sujas devem retirar-se" (tradução nossa). Chegado o momento do sacrifício, os presentes recebiam a ordem de manter absoluto silêncio (*favete linguis* ou "chequem suas línguas", em latim). Ninguém mais falava neste momento, e podia-se ouvir o som da flauta começando a tocar, encobrindo qualquer tipo de barulho que ainda pudesse se fazer ouvir no recinto. O sacerdote, então, cobria sua cabeça com a própria toga (ver 1Coríntios 11) e salpicava farinha entre os chifres do animal e na faca que seria utilizada na imolação. Às vezes, derramava vinho sobre a cabeça do animal, retirando eventuais fitas ou guirlandas que lhe tivessem sido atadas. Uma oração cuidadosamente escrita e ensaiada era proclamada, seguida de um duro golpe de martelo na cabeça do animal para atordoá-lo. Após o golpe desferido pelo *popa* (ou assistente do sacerdote), seguia-se o corte da garganta do animal pelo *cultrarius*, ou homem da faca. Possuímos algumas referências ocasionais, na literatura, do sacerdote provando o sangue do animal – o que, mais uma vez, podia ser testemunhado por curiosos, uma vez que todos estes procedimentos ocorriam fora do templo[12].

Tendo tudo transcorrido dentro da normalidade até este ponto, o animal, então, era desmembrado e estripado, e suas entranhas eram cuidadosamente inspecionadas. Qualquer mancha ou falta notada poderia invalidar todo o ritual, que deveria ser reiniciado em outra ocasião. Na sequência, cortar-se-ia os órgãos internos, os quais seriam oferecidos no altar para o consumo da divindade – trabalho que seria executado, de fato, pelo fogo em chamas. Era raro queimar a carcaça completa do animal. Normalmente, a maior parte da carne era cozida na cozinha do templo, e os sacerdotes, os funcionários, os convidados e os familiares do devoto recebiam sua porção para alimentar-se. Esta comida era consumida no *cenaculum* adjacente, ou sala de jantar do templo, onde os convivas reclinavam-se em sofás.

Desnecessário dizer que a pessoa que tivesse tomado parte de todo este ritual estaria consumindo a carne em um ambiente distinto, um cenário com um ethos religioso e um impacto social muito particulares, diferentemente de alguém que simplesmente comprasse a carne em um

---
[12] Ogilvie, *op. cit.*, p. 49.

mercado para consumi-la em casa. Fazer a refeição em um templo era o clímax bem sucedido de um culto de adoração, não apenas mais uma refeição. As salas de jantar dos templos consistiam nos restaurantes da antiguidade destinados a grandes celebrações – não devendo ser confundidas com as *tabernas*, locais em que se podia adquirir bebidas ou petiscos. No caso dos mais ricos, fazer uma refeição no templo poderia muito bem ter consistido em uma ocasião regular e, quem sabe, mesmo semanal. É necessário ressaltar, aqui, que, mesmo em casos como este, a pessoa convidada para uma refeição no templo jamais enxergava a ocasião como mundana ou secular. Temos, ainda, evidências históricas de pequenas estátuas da divindade sendo acomodadas no sofá, juntamente com os comensais, e também inscrições que relatam que o próprio deus teria enviado os convites para a celebração: "o deus lhe chama para um banquete no Thoreion a partir da nona hora" (P. Koln, p. 57). Além disso, temos evidências de Alexandria, no Egito, de moedas que foram cunhadas ilustrando Serápis reclinado em um sofá com os demais convidados[13]. Mesmo quando uma guilda comercial ou *collegium* reunia-se no recinto do templo para uma refeição, era necessário que tivessem passado por um ato de adoração como o que acabamos de descrever, de modo que esses banquetes possuíam uma função e dimensão religiosa absolutamente imprescindíveis[14]. Embora seja possível que alguns funcionários do templo pudessem fornecer uma quantia de carne que houvesse sobrado para o mercado e lucrar com isso, não há registros que comprovem que os templos mantivessem carnes em quantidade para tais refeições. O consumo dessas carnes estaria sempre ligado a um sacrifício religioso. Um ato de adoração culminaria em uma ceia ou, colocando de uma outra forma, a ceia sempre seria precedida da maior parte de um ato de adoração como pré-requisito. Com estas coisas em mente, passemos, então, às evidências neotestamentárias.

---

[13] HORSLEY, G. H. R. (ed.). *New Documents Illustrating Early Christianity*, v. 1. Grand Rapids: Eerdmans, 2001, p. 5-8.
[14] Isso contraria o que encontramos em: WILLIS, Wendell. *Idol Meat in Corinth:* The Pauline Argument in 1 Corinthians 8 and 10. Chico: Scholars Press, 1985, p. 63.

O Novo Testamento e *Eidolothuton*

Devemos considerar as evidências neotestamentárias em ordem cronológica, começando, assim, por 1Coríntios 8-10, passando por Atos 15 e 21 para, finalmente, analisarmos Apocalipse 2. A passagem de 1Coríntios 8-10 traz um assunto à baila que já havia sido levantado pela carta dos Coríntios, conforme podemos perceber claramente pela citação da carta que encontramos em 1Coríntios 8,1[15]. O cerne do argumento aparece em 1Coríntios 8,10, trecho em que Paulo declara: "Se, com efeito, alguém te vê a ti, que tens a ciência, à mesa num templo de ídolos, a consciência dele, que é fraca, não vai se julgar autorizada a comer carnes imoladas aos ídolos [*eidolothuton*]?"

O cenário em questão aborda os cristãos-gentios de camadas mais altas que continuam participando de tais celebrações e que tentariam os cristãos-judeus por seu respectivo escrúpulo em relação a participarem dessas refeições. Os fortes aparentemente acreditavam que estavam demonstrando sua força e conhecimento da existência de um deus único ao comparecerem a tais refeições, ao mesmo tempo que proclamavam a nulidade dos ídolos. Sob este ponto de vista, se um indivíduo fosse monoteísta, esta refeição seria vista simplesmente como uma outra refeição qualquer. É interessante notar que, na literatura grega, o termo *eidolothuton* tinha, originalmente, a acepção de um fantasma (ver Ilíada 5.451 e Odisseia 4.794, de Homero; e Heródoto 5.92). É possível, assim, que Paulo, sabendo disto, tenha cunhado este termo para indicar que os sacrifícios feitos a deuses pagãos fossem endereçados a algum tipo de entidade real ou espiritual, mas não para deuses de fato. Ou seja, o termo *eidolothuton* pode ter invocado a ideia de sacrifícios oferecidos a espíritos ou demônios dentro de um templo, mas consumidos na sala de jantar do templo. Observe a referência à expressão "mesa dos demônios", em 1Coríntios 10,20-21, uma referência claramente não vinculada ao altar sacrifical.

---

[15] Ainda que o termo "*peri de*" possa ser apenas um marcador de assunto (ver MITCHELL, Margaret M. *Paul and the Rhetoric of Reconciliation*. Tübingen: Mohr, 1991, p. 3, n. 7; e IBID. Concerning PERI DE in 1 Corinthians. In: *NovT* 31, 1989, p. 229-256), aqui, este marcador está apenas introduzindo um assunto levantado pelos Coríntios com Paulo, à luz do que vem a seguir, onde podemos encontrar mais citações a respeito.

A explicação sugerida acima faz total sentido quando correlacionada com a tipologia que Paulo realiza em 1Coríntios 10. Lá, Paulo cita Êxodo 32,6 (ver 1Cor 10,7) como um protótipo do comportamento em voga em Corinto, envolvendo a participação em cultos pagãos, o consumo de carnes imoladas dentro dos templos pagãos e atos de fornicação, provavelmente decorrentes da embriaguez completa. A citação do Êxodo brada claramente contra a idolatria e a imoralidade irrestritas. O versículo de 1Coríntios 10,14 também é explícito, uma vez que não só nos recomenda não nos alimentarmos em áreas adjacentes ao templo pagão, como exorta para que fujamos à idolatria de ídolos (*eidololatria*). A partir deste ponto, Paulo nos fala do ato do sacrifício pagão (versículo 20), seguido da referência a tomar parte do cálice e da mesa de demônios (versículo 21)[16].

E o que dizer a respeito da referência ao termo *hierothuton* em 1Coríntios 10,28? Observe que, nesta passagem, Paulo está versando sobre um contexto social muito diferente: o de uma refeição em casa. Esta discussão fora precedida de uma referência à compra da carne no mercado de carnes e seu consumo domiciliar. A seguir, Paulo aconselha sobre o que deve ser feito quando alguém é convidado para cear na casa de outra pessoa. E o que deveria ser feito caso alguém (o anfitrião?) afirmasse que a carne era "*hierothuton*"? Segundo a resposta de Paulo, a pessoa não deveria, neste caso, comer a carne por conta "de quem avisou". Note que Paulo não diz "não comais, por sua causa", mas "por causa daquele que vos avisou". Trata-se, aqui, do mesmo Paulo que havia dito que poderíamos comer este tipo de carne sem quaisquer problemas de consciência. Assim, vejo somente duas possibilidades. Por um lado, o "daquele" remeteria ao anfitrião e sua respectiva família, que teriam oferecido uma interpretação religiosa pagã da carne, chamando-a de "imolação aos ídolos" - por essa visão, o cristão abster-se-ia da carne, pois não queria ser visto endossando uma religião pagã. Por outro lado, há a possibilidade de que houvesse cristãos fracos e fortes presentes à mesma refeição, indivíduos

---

[16] Para mais a esse respeito, consultar: WITHERINTON III, Ben. *Conflict and Community in Corinth*: A Socio-Rethorical Commentary on 1 and 2 Corinthians. Grand Rapids: Eerdmans, 1995.

com muitos escrúpulos em relação à carne e, outros, sem escrúpulo algum. Por este ângulo, Paulo pediria aos fortes que se abstivessem da comida para evitar que os fracos sucumbissem ao comer as "oferendas do templo". Reforço, mais uma vez, aqui, o fato de que a carne constituía um artigo de luxo para os indivíduos pobres e não pertencentes à elite e que, para essas pessoas, estava associada com o aspecto religioso, pois advinha do templo – algo duvidoso de se afirmar em relação aos judeus ou cristãos-judeus[17]. Eu sugeriria, por fim, que a razão para encontrarmos o termo *hierothuton*, aqui, em vez de *eidolothuton*, está no fato de que o primeiro termo refere-se somente à carne que fora trazida do sacrifício de um templo pagão e que está sendo consumida fora dele, em vez de sê-lo na presença da própria divindade.

Com isto, somos conduzidos ao controverso material de Atos 15 e 21. Neste ponto, assumo simplesmente, da mesma forma que a maioria dos acadêmicos, que a forma original ou correta do texto do decreto seria: (1) *eidolothuton*, (2) sangue, (3) carnes sufocadas e (4) *porneia*[18]. Geralmente deixa-se passar, nesta discussão sobre o decreto, o que é dito em Atos 15,20: a primeira referência à regra de Tiago, ou seja, que os gentios deveriam abster-se da "imundície dos ídolos", fornicação, carnes sufocadas e sangue. A primeira frase (*ton alisgematon ton eidolon*) é estranha se a questão tratar-se apenas de evitar a carne que fora sacrificada em um templo pagão e consumida em outro lugar. Decerto a forma mais natural de interpretar esta frase-chave que precede e nos ajuda a fazer a exegese do significado do decreto é que Tiago esteja referindo-se ao que acontece quando alguém está em presença de ídolos: torna-se espiritualmente poluído. Assim, seriam os ídolos e sua adoração os poluentes em questão, infectando a carne, como atesta o versículo 29, e, por extensão, a todos que venham a consumir a carne que fora ofertada a um deus pagão. Para Gregório de Nissa, não havia dúvidas do alvo de Atos 15,20: a poluição envolvendo os ídolos, o cheiro e a fumaça repugnantes dos sacrifícios, o sangue manchado ao redor do altar (*Vita Thaumaturg* PG 46.944).

---

[17] Sobre a carne ser um artigo de luxo, ver MacMULLEN, Ramsay. *Paganism in the Roman Empire*. New Haven: Yale University Press, 1981, p. 34-42 e notas.
[18] Sobre as questões textuais: Witherington, *Acts of the Apostles*, p. 455-468.

Quanto mais nos debruçamos sobre as origens e o uso do termo *eidolothuton* no cristianismo primitivo, mais claro fica que é errado buscarmos uma regra, no Antigo Testamento, sobre este ou aquele item do decreto. O termo *eidolothuton* realmente não aparece em Gênesis 9,4 ("não comereis a carne com sua vida") ou em Levítico 3,17 ("não comereis gordura nem sangue"; cf. Lv 17,10-14). Estes textos não tratam, em absoluto, da questão específica da carne que é consumida no âmbito de um culto de idolatria; no ponto em que estamos, não se faz menção de carnes sufocadas ou de *porneia*. As regras a serem seguidas por Noé não são idênticas, em conteúdo ou intenção, ao Decreto Apostólico. Para mim, o que deveria ser investigado em relação ao decreto é onde poderíamos encontrar todas estas quatro coisas juntas. E, como resposta, temos: em um culto pagão dentro do complexo de um templo pagão. Embora possamos supor que atos de fornicação não tenham ocorrido diariamente em festividades do templo pagão, o fato é que os cristãos-judeus primitivos acreditavam na regularidade destes acontecimentos, de forma suficiente a fazer um alerta contra eles. Antes de interpretarmos o decreto por si só, deveríamos prestar mais atenção aos detalhes fornecidos em Atos 15,20. Tiago está insurgindo-se contra a imundície dos ídolos e, por extensão, contra o culto aos ídolos e suas várias atividades correlatas. Com relação à proibição das "carnes sufocadas", trata-se de uma referência ao estrangulamento de aves de forma a retirar-lhes o sangue da vida e transferi-lo para a estátua, animando a divindade[19]. Esta seria uma prática pagã, e não judia, e nos fornece uma pista de que Tiago não esteja impondo restrições alimentares aos gentios. Não há quaisquer referências a essa prática judia no AT.

Em minha opinião, esta interpretação faz total sentido quando pensamos em Atos 15,21, passagem na qual Tiago relembra seu público que Moisés tem seus pregadores nas sinagogas de todo o império. Se inquirirmos sobre a base da lei mosaica, recaímos sobre os dez mandamentos e, se tentarmos resumir o cerne desta porção central, teremos: "evitar idolatria e imoralidade", o que vem a ser o fundamento do próprio decreto. Tiago

---

[19] A esse respeito, ver Witherington, *Conflict and Community in Corinth*, p. 186-230.

não desejava que as sinagogas da diáspora viessem a queixar-se do comportamento dos cristãos-gentios; desta forma, os gentios deveriam, por bem, manter-se longe das atividades que ocorriam nos templos pagãos – a saber, idolatria e imoralidade. O trecho de Atos 21,25 não contradiz, em absoluto, esta nossa conclusão. Nele temos, mais uma vez, o comportamento gentio estereotipado como assunto principal, não leis alimentares judaicas. Em outras palavras, *não há nenhuma indicação, no decreto, que o assunto principal seja o companheirismo à mesa entre judeus e gentios*, mas o comportamento gentio em particular. Observe que Atos 15,29 explicita que esses gentios estão voltando-se *para* Deus, indicando *a quem* eles estão se voltando, ao passo que o decreto indica *de quem* estão voltando. Tiago exorta – assim como fizera Paulo em 1Coríntios 8-10 – uma interrupção total com o culto pagão e as refeições do templo. Em 1Tessalonicenses 1,9, Paulo assim resume: "(...) vos convertestes a Deus, abandonando os ídolos para servir ao Deus vivo e verdadeiro (...)". Concluímos, assim, que Paulo não age diferentemente de Tiago em relação ao decreto apostólico e sua aplicação – de fato, vemo-lo implementando-o especialmente em 1Coríntios 8–10.

Voltemo-nos, por fim, a Apocalipse 2,14–20. Aqui, o profeta faz um alerta contra a doutrina de Balaão e a profetisa Jezabel – esta última associada com "as profundezas de Satanás". Os alertas estão direcionados contra duas coisas: *eidolothuton* e *porneia*. Observe, também, que João associa essas coisas com os ensinamentos de Balaão e, por extensão, com a queda ou apostasia (v. 14), as mesmas coisas utilizadas por Paulo em sua tipologia de 1Coríntios 10. E, mais uma vez, nos defrontamos com a questão de onde poderíamos encontrar todas essas coisas juntas. A passagem de Apocalipse 2,13, ao falar do trono de Satanás, é geralmente vista como uma referência ao templo pagão – possivelmente o que fora construído para Augusto em Pérgamo, em 29 a.C. Para João, um imperador que exigisse adoração seria, de fato, "o Grande Satanás"[20], sendo o culto ao imperador, dentro dos templos, a pior forma de idolatria. Em suma, Apocalipse

---

[20] Ver WITHERINGTON III, Ben. *Revelation*. Cambridge: Cambridge University Press, 2003, p. 103-104.

2,14-15 deve ser interpretado da mesma maneira que outras referências neotestamentárias a *eidolothuton*: como um alerta contra a participação em cultos pagãos, nos quais idolatria e imoralidade eram culminadas com sacrifícios e refeições, compondo um ritual de adoração.

Haveria evidências de que os Pais da Igreja tivessem compreendido esses textos desta mesma forma? Já tivemos a oportunidade de citar Gregório de Nissa e seu entendimento acerca de Atos 15, ao qual poderíamos acrescentar Clemente de Roma (7.8.1-2) - e sua declaração de que *eidolothuton* significasse tomar parte à mesa dos ídolos. Ainda mais clara é a observação de João Crisóstomo (Homilia 20 sobre 1Coríntios), ao fazer uma distinção entre a carne consumida em um contexto não idólatra e a carne comida como parte de um sacrifício a um ídolo, algo que, para ele, constituía idolatria (ver, também, seus comentários a respeito de 1Cor 8,4-8; 10,10 e de Atos 15). Ainda que haja mais a ser dito a este respeito, acredito que o exposto seja suficiente. Faz-se o tempo de elencarmos as notáveis implicações que isto traz para os estudos do NT, especialmente no tocante à avaliação do relacionamento entre Tiago e Paulo e seus ensinamentos direcionados aos gentios.

Uma resposta para uma refeição

Atos 15,21 oferece um resumo dos requisitos básicos impostos aos gentios que desejavam tornar-se cristãos. A questão principal desta passagem não é (ou pelo menos não é toda) sobre refeições compartilhadas entre judeus e gentios em Cristo, mas sobre o efeito deletério no testemunho dos judeus na diáspora, caso os cristãos-gentios continuassem frequentando templos pagãos e festividades idólatras. Era uma necessidade, da Igreja, deixar extremamente claro que não sancionava a idolatria e a imoralidade, conforme mantinha seu testemunho em relação a judeus e gentios. Este era um assunto caro a Tiago[21]. Se já não lhe bas-

---

[21] Mais em: WITHERINGTON III, Ben. *What Have They Done with Jesus?* Beyond Strange Theories and Bad History – Why We Can Trust the Bible. San Francisco: HarperOne, 2006.

tasse ter de explicar a difícil questão de como idolatrar Jesus não constituía idolatria, era-lhe necessário explicar, também, por que alguns cristãos ainda frequentavam templos pagãos ao mesmo tempo que proclamavam adorar apenas o Deus bíblico. Assim, Tiago não seria o judaizante conservador e linha dura em conflito com Paulo, como fora frequentemente descrito pelos estudos do NT. Pelo contrário: suas visões eram mais próximas das paulinas do que aquelas compartilhadas pelos judaizantes, e Paulo, por sua vez, teria envidado máximo esforço para implementar o decreto de Tiago com seu público composto majoritariamente de cristãos-gentios. Note, também, que João parece ter implementado o decreto em suas igrejas da Ásia Menor, conforme revelado em Apocalipse 2. Assim, o Concílio descrito em Atos 15 não teria como principal função impor regras alimentares aos gentios, nem mesmo uma ínfima parte delas. Isto, por sua vez, leva-nos a concluir que as coisas estavam provavelmente em gestação quando Paulo escrevera Gálatas – o que, por seu turno, significa que ele deva ter escrito o documento antes do Concílio de Atos 15[22].

Iniciamos este capítulo questionando o que estaria por trás de uma palavra. E descobrimos que há muito a se descobrir se a palavra em questão for um termo carregado de sentidos, como *eidolothuton*. Teorias inteiras sobre o cristianismo primitivo e sua unidade ou diversidade teriam se pautado em certas interpretações desta palavra. Assim, *eidolothuton* não é uma palavra judaica helenística, mas um termo cunhado no incipiente cristianismo por Paulo, Tiago ou outro cristão-judeu, oferecendo-nos um termo de poder retórico capaz de alertar os gentios convertidos contra os atos de idolatria e imoralidade presentes no contexto de um culto e de uma refeição pagãos.

Embora Paulo, Tiago e João compartilhassem da ideia de que os deuses pagãos não eram, de fato, deuses, eles não concordavam com a noção de que a idolatria pagã ou suas festividades fossem espiritualmente inofensivas. Pelo contrário: eles acreditavam que tais lugares fossem

---
[22] *Idem. Grace in Galatia:* A Commentary on Paul's Letter to the Galatians. Grand Rapids: Eerdmans, 1998.

espiritualmente poluídos, como se alguém se sentasse para cear com demônios sem ser capaz de degustar o bolo do diabo, especialmente se esse alguém fosse um cristão-judeu com muitos escrúpulos em relação à comida. Pode não ser uma coincidência que, no próximo capítulo, 1Coríntios 11, após o longo debate acerca da comida oferecida aos ídolos, Paulo volta-se para outro alerta: o da possibilidade de adoecer e até mesmo morrer caso participemos da Ceia do Senhor de uma maneira indigna. Os passos em falso tinham consequências espirituais (fossem em um culto pagão ou segundo as regras cristãs) e consistiam na grande necessidade para uma resposta a uma refeição: Fujam à idolatria e à imoralidade. Ao que nos parece, os fios condutores do cristianismo paulino, joanino ou jamesiano tocavam-se neste exato ponto – e esta concordância não era superficial nem meramente retórica.

8 Por trás de uma palavra
Parte dois: Porneia

Em Mateus 5, *porneia* e *moicheia* encontram-se lado a lado e são claramente diferenciadas. Esta última seria o termo comum utilizado para adultério ou infidelidade conjugal – mas o que significaria, então, *porneia*, ao ser usado por Jesus ou Paulo?

No último capítulo, discutimos os termos *eidolothuton* e *porneia*, apesar de termos focado claramente no primeiro[1]. Aqui, concentraremos nossos esforços na análise do segundo termo, especialmente em sua utilização em uma fonte cristã-judaica primitiva: o Evangelho de Mateus. Caso ainda haja dúvidas de que o lugar e o contexto social possam afetar os significados de certas palavras em seus usos conotativo e denotativo, o estudo deste termo complexo, *porneia*, desfará rapidamente quaisquer incertezas. Para este fim, temos especial interesse no sentido de Mateus 5,32 e 19,9, particularmente das cláusulas de exceção.

É fato que alguns intérpretes das cláusulas de exceção acreditam saber exatamente a que essas exceções se referem (não se divorciar a não ser por conta de infidelidade conjugal ou adultério), mas este tipo de raciocínio simplório traz, consigo, inúmeros problemas. De um lado, nem Marcos, nem Paulo acreditavam que Jesus permitiria exceções à proibição do divórcio. Isto se torna patente mesmo se deitarmos rapidamente os olhos

---

[1] É possível que o termo *porneia* tenha suas raízes em Atos 15, o que significaria que suas referências seriam às prostitutas do templo e não a libertinagens sexuais com funcionárias.

em trechos como Marcos 10,9-12 ou 1Coríntios 7,10-11. Sendo assim, como encaixar estas exceções no quadro geral? Teria o primeiro evangelista simplesmente reposicionado o rígido ensinamento de Jesus para uma direção mais tolerante? Apesar de ser uma hipótese possível, não devemos tomá-la rapidamente por nossa conclusão, uma vez que Mateus utiliza-se de 95% do material de Marcos, seguindo-o de perto em muitos pontos. Ademais, *porneia* não é o termo utilizado em Mateus 5 para adultério e infidelidade conjugal, mas, sim, *moixeia* (ver Mt 5,27-28). Haveria algo nas origens deste termo ou no contexto social de Jesus (ou do primeiro evangelista) que no ajudasse a compreender este material?

O significado original da palavra porneia é "sexo com uma prostituta". De fato, *porn*ē é o termo básico, em grego, para "prostituta", constituindo-se, por extensão, na origem da palavra portuguesa *pornografia*. Estariam Jesus ou o primeiro evangelista criticando a prostituição? Ainda que seja uma suposição plausível, a discussão torna-se ainda mais interessante pelo fato de que sabemos que Jesus mantinha uma atitude de perdão em relação às mulheres envolvidas nesta atividade. Além da clássica perícope da "mulher adúltera" em João 7,53–8,11, ainda temos a história do perdão de Jesus à pecadora anônima de Lucas 7,36-50 (que parece ter sido uma prostituta) e a história da samaritana em João 4. Em suma, temos muitos exemplos, de diversas fontes, que atestam a tolerância de Jesus em relação às mulheres que teriam cometido adultério ou que estivessem envolvidas em prostituição. Teria ele, então, permitido que os judeus se divorciassem de suas esposas em caso de prostituição? É uma pergunta que ao menos vale a pena fazermos. Convido-os, entretanto, a olhar a situação por outro ângulo: o do contexto social na Galileia sob o reinado de Herodes Antipas.

Uma das interpretações que possuímos acerca do que acontecia na Galileia durante os dias de Jesus no tocante às questões de casamento e divórcio foi-nos oferecida por D. Instone-Brewer. Com base em Mateus 19,3, ele argumenta que Jesus opunha-se à prática popular – em voga àquela época – do divórcio por "qualquer causa". Segundo ele, havia rabinos hilelitas que interpretavam o cerne de Deuteronômio 24,1 de modo a indicar que um homem poderia divorciar-se de uma mulher "por uma causa" – o que costumava significar, basicamente, qualquer causa. Os judeus shamaítas, por outro lado, entendiam *erwat dabar* como "adultério" ou "infidelidade conjugal"[2]. Ainda que Instone-Brewer tenha executado bem suas análises a respeito desta questão complexa, devo admitir que considero suas formulações pouco convincentes por várias razões.

Em primeiro lugar, nossa primeira evidência sobre a visão de Jesus do divórcio vem de Paulo e, no caso dos Evangelhos, de Marcos, não de Mateus. Tanto Marcos quanto Paulo concordavam que, para Jesus, "não haveria divórcio" para aqueles que Deus havia unido[3]. Em segundo lugar, embora Instone-Brewer tenha sugerido que a reação dos discípulos à visão de Jesus ("Se é essa a situação do homem com referência à mulher, não vale a pena casar-se") seja causada pela reação à visão pautada no "qualquer causa" (e, ao que parece, ele considerava-a como a visão e a forma de divórcio prevalecentes à época do judaísmo primitivo), considero-a muito improvável do ponto de vista histórico. Até mesmo os fariseus dividiam-se quanto a este assunto, sendo a visão de Hilel a mais tolerante. A partir do que já sabemos sobre as mais variadas formas no judaísmo primitivo, incluindo Qumran, não podemos assumir que a forma mais liberal de divórcio do incipiente judaísmo tenha sido a prevalecente. Em terceiro lugar, se Jesus concordava com a visão shamaíta – sugestão feita por Instone-Brewer – torna-se extremamente difícil explicar a enorme reação à declaração de Jesus, como se eles estivessem ouvindo algo muito mais restritivo do que eles estavam acostumados a ouvir. Com certeza, eles já haviam ouvido algo como "o divórcio não é permitido, exceto em caso de adultério". Há, ainda, outro problema: em Mateus 5, a palavra utilizada não é *porneia*, e, sim, *moixeia*, que invalidaria a tese de porneia ser utilizada, na cláusula de exceção, para referir-se especificamente ao adultério. Fica claro, assim, que devemos procurar a solução para este enigma em algum outro lugar e com uma outra explicação lexical e sócio-histórica.

---

[2] INSTONE-BREWER, David. *Divorce and Remarriage in the Bible: The* Social and Literary Context. Grand Rapids: Eerdmans, 2002.
[3] Ver WITHERINGTON III, Ben. *Women in the Earliest Churches*. Cambridge: Cambridge University Press, 1988.

Ambientação galileia do Evangelho de Mateus

Tenho defendido à exaustão, em outros trabalhos, que o Evangelho de Mateus tenha, provavelmente, ambientado-se na Galileia – ainda que a tese da Antioquia não seja descartada. A razão pela qual não compartilho da hipótese da Antioquia é que podemos encontrar evidências claras, tanto em Gálatas quanto em Atos, da comunidade composta de judeus e de cristãos-gentios naquele lugar, compartilhando da mesma mesa até a aparição de certos judaizantes que se opuseram a este comportamento. De fato, havia tantos cristãos-gentios naquela comunidade que o fato chamava a atenção dos estrangeiros, que passaram a chamá-los de *christianoi*. O ethos do Evangelho de Mateus certamente não nos sugere que estejamos lidando com um público composto majoritariamente de gentios, pelo contrário: este é o Evangelho que mais trata de questões e debates judeus. Conforme descrevera minha colega A. J. Levine, Mateus "parece estar tão impregnado de questões 'judaicas' que não me espantaria que os cinco mil tivessem sido alimentados com picles de arenque e *challah*"[4][5]. A Galileia seria, assim, uma localidade muito mais provável para encontrarmos um público cristão em consonância com o conteúdo deste Evangelho e que lidasse, diariamente, com seus companheiros judeus cristãos (que perfaziam a presença religiosa dominante na região). Na Antioquia, uma cidade de mais de meio milhão de habitantes no primeiro século, um pequeno grupo de cristãos-judeus poderia facilmente se perder e, com certeza, não teriam visto a sinagoga como a presença religiosa dominante da cidade. Também é nossa função questionarmos que tipo de público seria o mais receptivo para Jesus, um líder enviado apenas para as ovelhas desgarradas de Israel. Minha sugestão é os cristãos-judeus da Galileia, que não possuíam um número significativo de convertidos gentios em seu meio. Pode-se mesmo dizer, por evidências arqueológicas, que não havia uma presença gentia significativa na Galileia

---

[4] N.T.: Um tipo de pão consumido no Sabá e em algumas festas judaicas.
[5] LEVINE, A. J. Anti-Judaism and the Gospel of Matthew. In: FARMER, William R. (ed.) *Anti-Judaism and the Gospels*. Harrisburg, Penn.: Trinity International, 1999, p. 9-34, citada, aqui, a p. 21, tradução nossa.

durante a era de Jesus[6]. Este público lembraria muito provavelmente e estaria relacionado com o período em que Herodes Antipas teria reinado Cafarnaum e outras cidades e vilarejos ao sul da Galileia[7].

O contexto social torna-se especialmente importante quando lidamos com uma *crux interpretum*, tais como as cláusulas de exceção de Mateus 5 e 19. E a primeira questão que devemos fazer é se havia casos conjugais, famosos ou infames, durante o período da vida adulta de Jesus na Galileia, que lhe teriam provocado os comentários sobre as exceções possíveis em caso de divórcio. De pronto, dois fatos vem à tona: (1) João Batista fora preso e decapitado por criticar o casamento de Herodes Antipas com a esposa de seu irmão (ver Josefo, *Antiguidades*, 18.136, 18.240); e (2) João era, aparentemente, parente de Jesus (ver Lucas 1-2). Ademais, ao referir-se a Herodes, Jesus não teria nada de bom para dizer a seu respeito, chamando-o de "aquela raposa" (Lucas 13,31-33). Teria Jesus também criticado o casamento de Herodes e Herodias? Teria isso a ver com as cláusulas de exceção[8]? É nesta linha investigativa que deveremos permanecer.

Incesto e *porneia*

As palavras possuem significados apenas em certos contextos. Isoladas, são desprovidas de sentido e, neste caso, o ambiente social e histórico têm enorme importância. Em primeiro lugar, teremos de descobrir se existem evidências neotestamentárias de que a palavra *porneia* possa referir-se a incesto em determinados contextos. E a resposta afirmativa a esta indagação encontra guarida, por exemplo, em 1Coríntios 5,1, em que o termo é utilizado com esta acepção. Um bom exemplo, retirado da literatura judaica primitiva de um período um pouco anterior a esse, seria Tobias 8.7. Ademais, J. Fitzmyer apresentou-nos evidências do primeiro século, oriundas

---

[6] Ver CHANCEY, Mark A. *The Myth of a Gentile Galilee:* The Population of Galilee and New Testament Studies. Cambridge: Cambridge University Press, 2002.
[7] Consultar a discussão a este respeito em Witherington, *Matthew*, p. 1-34.
[8] Ver WITHERINGTON III, Ben. Matthew 5:32 and 19:9 – Exception or Exceptional Situation? In: *NTS* 31, 1985, p. 571-576.

de Qumran, que corroboram a ideia de que o termo *porneia*, em Mateus 5,32 e 19,9, refira-se especificamente a um casamento *zenut*, ou seja, a um casamento nulo e inválido desde o início e, portanto, um casamento ilegítimo e imoral[9]. É curioso que o termo técnico que parece ter sido utilizado para designar o casamento incestuoso, a união dentro de graus proibidos de parentesco, 'erwa, fosse também um termo que poderia ser usado para "fornicação". *'Erwa*, como deveremos lembrar, é o termo encontrado em Deuteronômio 24,1 – a base para a permissão mosaica ao divórcio. Entraremos em detalhes a este respeito posteriormente.

A meu ver, A. Mahoney conseguiu fazer uma avaliação acurada do contexto social desta discussão sobre o divórcio entre Jesus e os fariseus. Muito provavelmente, estes últimos estariam tentando pegar Jesus com suas próprias palavras. Para Mahoney,

> a pergunta insidiosa deles [fariseus] dirigia-se, provavelmente, à causa famosa da época e que causava cisões: o *affaire* Antipas-Herodias. Em meio à multidão, haveria discípulos de João Batista, a vítima do ódio de Herodias; herodianos, defensores de Herodes Antipas; judeus devotos zangados pela violação flagrante da lei; e, especialmente se a questão enfocar a região da Pereia, os nabateus, cujo rei Aretas havia presenciado o repúdio da filha em favor de Herodias[10].

Caso Mahoney esteja certo sobre o contexto da Pereia, o restante de sua afirmação não é afetado por essa conjectura, acertando quanto ao alvo. É difícil imaginar o escândalo causado na Galileia por aquele tipo de união. É de supor-se que judeus devotos tenham permanecido irritados por um longo tempo, às voltas com a flagrante violação da Lei pelo governante de uma terra que pertencia aos judeus e era composta majoritariamente de judeus.

Com relação ao que diria a Lei sobre casamentos incestuosos, não é necessário olhar além de Levítico 18,6-16 para encontrar os níveis de parentesco nos quais o relacionamento sexual e o casamento fossem proibidos. Este assunto era, de fato, muito debatido no judaísmo primitivo, incluindo a história

---

[9] FITZMYER, J. A. The Matthean Divorce Texts and Some New Palestinian Evidence. In: *TS* 37, 1976, p. 197-226.
[10] MAHONEY, A. A New Look at the Divorce Clauses in Mt 5,32 and 19,9. In: *CBQ* 30, 1968, p. 33.

de Gênesis sobre o primeiro "casamento" entre Adão e Eva. R. Akiba fez a seguinte exegese sobre esta passagem: "'Por isso o homem deixará pai e mãe' faria referência ao fato de que não é permitido casar-se com a irmã do próprio pai ou da esposa, ou a mãe ou irmã deste pai". Ao que ele acrescenta: "Para unir-se a sua mulher" proibiria a pederastia (B. T. San. 58a). A razão de estarmos mencionando esta discussão encontra-se no fato de que Jesus teria citado este mesmo texto ao discutir casamento e divórcio em Mateus 19. Assim, tanto a escolha do texto sobre casamento e divórcio e o contexto social da morte recente de João favorecem a hipótese de que as cláusulas de exceção estejam fazendo alusão a uma situação incestuosa. Ainda há mais por vir.

Os próprios fariseus, ao aproximarem-se de Jesus, teriam feito a referência a Deuteronômio 24,1, contendo a famosa cláusula *erwat dabar*. Assim, eles aparentemente queriam ouvir a interpretação de Jesus para esta frase controversa, que pode ser lida e traduzida de diversas formas. Por exemplo, ela poderia ser traduzida como "algo de nudez" ou "algo indecoroso" (observe como, em Deuteronômio 23,13-14, ela refere-se a excremento não coberto) – ainda que já tenhamos observado como o termo '*erwa*, em Qumran, fora utilizado para designar casamentos *zenut* (uniões nulas ou inválidas *ab initio*, incluindo casamentos incestuosos). Observe que, na Septuaginta, a frase-chave hebraica, em Deuteronômio 24,1 é traduzida como *aschēmon pragma*, "algo vergonhoso".

Sendo assim, defendo que temos todos os ingredientes históricos, sociais e linguísticos necessários para que Jesus tenha comentado – ou, pelo menos, para que Mateus tenha escrito na Galileia – a respeito do casamento incestuoso entre Herodes e Herodias. Mesmo se considerarmos as cláusulas de exceção como acréscimos feitos pelo próprio evangelista, o resultado é, basicamente, o mesmo. Assim, o que Jesus afirmou é que não poderia haver divórcios, a menos nos casos em que tais uniões não fossem apropriadas de início: a saber, em relacionamentos incestuosos tais como o protagonizado entre o rei e a esposa de seu irmão.

A cláusula de exceção em 19,9 fora preparada para o uso que Jesus faria de um texto de Gênesis que, aos olhos dos fariseus, versava sobre o incesto. Jesus utiliza o texto de uma maneira diferente para aludir ao casamento apropriado e o objetivo de Deus na criação, muito antes que

Moisés viesse a permitir o divórcio. A seguir, o evangelista adiciona a cláusula de exceção para deixar bem claro que um relacionamento incestuoso não seria visto como um casamento aos olhos de Deus e que, se Deus havia unido as pessoas, ninguém deveria separá-las.

Esta solução para o velho enigma do significado das cláusulas de exceção possui inúmeras vantagens:

(1) ela encaixa-se no contexto histórico específico da época correspondente ao ministério de Jesus na Galileia;

(2) apoia-se em interpretações já conhecidas do judaísmo primitivo sobre o texto-chave de Gênesis citado por Jesus e também no significado de termos como '*erwa* - que já haviam sido utilizados para aludir a casamentos ilegítimos e casos de incesto em Qumran;

(3) permite que as cláusulas de exceção de Mateus 5 e 19 sejam consideradas verdadeiras, pois, para Jesus, as relações incestuosas não poderiam ter sido unidas por Deus, devendo, deste modo, ter um fim;

(4) fundamenta-se em um significado específico do termo *porneia*, encontrado pelo menos mais uma vez em outra passagem do NT, bem como em outras fontes da incipiente literatura judaica;

(5) permite uma distinção entre *moixeia* (com o significado claro de "adultério" em Mateus 5,27-28) e *porneia*, indicando que Mateus tenha se confundido ou fundido os dois termos;

(6) é compatível com o contraste que já esperávamos entre o ensinamento de Jesus sobre o divórcio e outro tipo de ensinamento (a regra permissiva de Moisés, por exemplo) - explicando adequadamente a razão pela qual os discípulos teriam ficado zangados ao ouvirem a visão rígida de Jesus sobre o divórcio;

(7) a referência, feita por Jesus, à ordem original da criação para contrapô-la ao ensinamento de Moisés ("mas no começo não era assim") é melhor compreendida quando enxergamos o contraste entre a permissão mosaica e o esclarecimento de Jesus;

(8) os casamentos que violam as leis de Deus por sua configuração não seriam considerados casamentos verdadeiros na visão de Jesus, uma vez que Deus não teria unido essas pessoas; e

(9) a passagem de 1Coríntios 7,10-11 pressupõe um ensinamento de Jesus pautado na indissolubilidade do casamento para aqueles unidos por Deus.

O mesmo podemos aplicar ao ensinamento encontrado em Marcos 10. Em outras palavras, independentemente de atribuirmos as cláusulas de exceção a Jesus ou ao evangelista, o fato é que o Evangelho de Mateus não permite o que Marcos havia proibido. Não há contradição entre os dois relatos nem com o ensinamento paulino.

Por fim, uma última coisa a ser dita. Não deixa de ser importante inquirirmos sobre a forma com que os primeiros intérpretes teriam visto as cláusulas de exceção do Evangelho de Mateus. Em um estudo cuidadoso acerca do que os Pais da Igreja teriam afirmado acerca de Mateus 5 e 19, J. P. Arendzen deixou bem claro, há quase um século, que, apesar deste Evangelho ter sido o mais popular, mais copiado e mais utilizado a partir do segundo século, *não temos provas anteriores a Niceia (325 d.C.) que qualquer intérprete tenha entendido essas cláusulas como uma permissão à quebra de um casamento legítimo e ético entre um homem e uma mulher unidos por Deus*[11]. Devemos dar o devido valor a este fato. Ele sugere fortemente que essas cláusulas de exceção não teriam sido vistas como exceções verdadeiras pelos falantes nativos de grego – os quais eram capazes de compreender as nuances da gramática, sintaxe e uso das palavras por Mateus de uma forma muito mais acurada que nós. A leitura atenta destes textos à luz do contexto social e linguístico não só esclarece a discussão de assuntos controversos, como casamento e divórcio, mas também ajuda-nos a ver Jesus como uma pessoa que teria realmente lidado com questões complexas de sua época, da mesma forma que João Batista já fizera antes dele.

---

[11] ARENDZEN, J. P. Ante-Nicean Interpretations of the Sayings on Divorce. In: *JTS* 20, 1918-19, p. 230-241, tradução nossa.

Porneia e moicheia para Paulo

Encabeçando a lista de vícios encontrada em Gálatas 5,19-21, em contraste com o fruto do Espírito, temos o termo *porneia*. Muitos acadêmicos entendem o uso deste termo como sendo genérico, cobrindo uma variedade de pecados, traduzindo-o como "imoralidade", ao qual se seguiam dois outros também de caráter genérico: impureza e libertinagem[12]. Não duvidamos que o termo *porneia* possa ser utilizado de forma tão abrangente. Efésios 5,3 também apresenta um grupo de termos e, novamente, *porneia* lidera a lista, seguida da referência a "toda espécie de impureza". Assim, o uso parece ter um caráter mais genérico, sendo um termo guarda-chuva abrangendo todos os tipos de pecados sexuais. Seguindo a mesma linha, temos, ainda, Colossenses 3,5 que também começa com *porneia*, seguida de uma alusão a paixões impuras e desejos maléficos. Em 2Coríntios 12,21, mais um grupo de termos referindo-se à impureza sexual, *porneia* e atos vergonhosos. Já em 1Tessalonicenses 4,3, temos um nítido contraste entre a *santificação* – entendida como o desejo de Deus para nossos corpos – e a *porneia* – o contrário da santificação e da qual devemos nos abster. Mais uma vez, parece-nos claro que Paulo esteja utilizando a palavra como uma referência a todos os tipos de pecado sexuais. Em 1Coríntios 7,2, Paulo estabelece um contraste entre estar casado e ter esposa própria com o ato de evitarmos a *porneia*. Neste sentido, o termo poderia ser traduzido como "fornicação", ainda que possamos manter uma visão semântica mais ampla, entendendo-o como "imoralidade sexual". Podemos comparar esta passagem com 1Coríntios 6,13-18, na qual temos duas referências à *porneia*. O contexto maior, especialmente 1Coríntios 8-10, sugere que Paulo esteja aludindo, aqui, ao que, segundo ele, ocorreria dentro dos templos pagãos (observe a referência à "carne" – neste caso, carne de ídolo). A referência ao sexo com uma *pornē*, em 1Coríntios 6,15, aponta fortemente para a conclusão de que o termo, aqui, aluda ao sexo com uma prostituta – neste caso, uma

---

[12] Ver minha discussão sobre as listas antigas de vícios em: Witherington, *Grace in Galatia*, p. 403-406.

prostituta do templo. Em 1Coríntios 5,1, entretanto, temos um exemplo patente da utilização do termo *porneia* com a acepção de incesto – um significado que já sugerimos para Mateus 5 e 19.

Para nosso objetivo, os versículos paulinos mais importantes seriam os encontrados em 1Coríntios 6,9-10, nos quais Paulo fornece uma lista dos que serão excluídos do Reino de Deus caso persistam em seu comportamento pecaminoso. Paulo afirma: "Não vos enganeis! Nem impuros [*pornoi*], nem idólatras, nem adúlteros [*moichoi*], nem efeminados, nem sodomitas [*malakoi*] (...) herdarão o Reino de Deus". Aqui temos, finalmente, termos cognatos de *porneia* e *moicheia* no mesmo contexto, porém, observe que estes termos são diferenciados e, de modo curioso, separados pelo termo "*idólatras*". Com vistas na discussão subsequente (não somente sobre casamentos apropriados, em 1Coríntios 7, mas também sobre comportamento impróprio em templos pagãos, em 1Coríntios 8–10), é possível que, aqui, o termo *pornoi* tenha o sentido original de "prostituta" e, especialmente quando combinado com o termo "idólatra", tenha o sentido final de "prostitua do templo". Paulo teria agrupado, aqui, vários pecados relacionados ao sexo e certamente *moichoi* significaria "adúlteros". Isto poderia levar-nos à conclusão de que um *malakoi*, que significa literalmente "macio" e refere-se a um homossexual efeminado – e, talvez, a um michê –, também poderia ser encontrado em um templo pagão[13]. *De qualquer forma, não temos nada, no modo como Paulo se utiliza dos termos, que possa levar-nos a pensar que* moicheia *e* porneia, *especialmente quando agrupados juntos ou ocorrendo no mesmo contexto, aludam exatamente ao mesmo pecado sexual.* O termo *porneia*, nas cartas paulinas, refere-se ao pecado sexual como um todo ou, de forma mais específica, ao sexo com uma prostituta ou incesto. Ao aludir a um único pecado sexual, não temos provas, em todo o NT, de que faça referência ao adultério ou à infidelidade marital.

Se nos dispuséssemos a analisar as referências feitas em Apocalipse 2,21; 9,21; 14,8; 17,2; 17,4; 18,3 e 19,2, veríamos também a associação deste termo com a prostituição, mesmo quando utilizada em um sentido

---
[13] Sobre toda essa questão, rever o capítulo anterior.

mais figurado ou espiritual. Em Apocalipse, o termo *porneia* nunca é utilizado para referir-se ao adultério. Para este pecado específico, o NT reserva o termo *moicheia*.

Embora ainda exista muito a ser dito sobre este assunto, acredito que esta análise basta para garantirmos que estamos no caminho certo ao lidarmos com as cláusulas de exceção de Mateus 5 e 19. É muito improvável que estas passagens estejam fazendo uma menção ao adultério ou à infidelidade conjugal. Mais provável é que ambas refiram-se a um pecado sexual específico, como incesto ou prostituição, tornando o relacionamento impróprio para o casamento. Embora fosse possível o uso de *porneia* como um termo guarda-chuva, em Mateus 5 e 19, para uma ampla gama de pecados sexuais, o contexto não nos permite esta conclusão, especialmente a reação de surpresa dos discípulos em Mateus 19. Se esta tivesse sido a visão de Jesus, ela não diferiria do que a maioria dos instrutores judeus já havia sentenciado. Ademais, devemos ter em mente que Jesus trouxe esta discussão à tona em plena Galileia, dentro do contexto do relacionamento entre Herodes e Herodias e do que este rei fizera com João Batista, parente de Jesus. Uma passagem sem contextualização torna-se apenas um pretexto para qualquer sentido que o intérprete deseje fazer. Neste caso, o contexto social favorece fortemente a ideia de que o termo *porneia*, em Mateus 5 e 19, assim como em 1Coríntios 5,1, refira-se ao incesto e, portanto, a um tipo de relacionamento ilegal, imoral e não sancionado divinamente, desmerecendo a graça do título de *casamento*.

Por trás de uma frase
"Não existe mais homem nem mulher" (Gálatas 3,28)

> Gálatas 3,28 é a Magna Carta da humanidade.
> (Krister Stendahl)[1]

Infelizmente, Gálatas 3,28 tornou-se o exemplo perfeito dos problemas gerados com a estética da recepção, ou seja, de que leitores muito ativos poderiam encontrar seus próprios significados nos textos, às custas do sentido pretendido pelo autor. Para alguns acadêmicos, este texto seria uma espécie de declaração de emancipação feminina, ao passo que outros afirmariam que se trata apenas da condição do indivíduo aos olhos de Deus, e não da condição social dos indivíduos na Terra. Desta forma, a passagem de Gálatas 3,28 tem-se tornado uma arena de disputas nas discussões do NT quando o assunto é o papel da mulher de acordo com Paulo[2]. O texto servira, inclusive, de base para o argumento de que Paulo teria visto o Adão original como um ser andrógino ou, ainda, que estaria vislumbrando um Cristo andrógino nesta passagem[3]!

---

[1] STENDAHL, Krister. *The Bible and the Role of Women*. Philadelphia: Fortress, 1966. Esta foi uma frase que ouvi o autor pronunciar ao entrar na Harvard Divinity School sobre Romanos.
[2] Mais sobre essa discussão em: Witherington, *Grace in Galatia*, p. 270-277.
[3] Sobre o primeiro argumento, ver o artigo fascinante de: MEEKS, W. A. The Image of the Androgyne: Some Uses of a Symbol in Earliest Christianity. In: *HR* 13, 1974, p. 165-208. Sobre o segundo argumento, sugiro: MacDONALD, Dennis R. *There Is No Male and Female:* The Fate of a Dominical Saying in Paul and Gnosticism. Philadelphia: Fortress, 1987.

Os parâmetros do debate

Para mim, o que há de mais relevante neste texto – mais do que a história dos debates religiosos sobre um ancestral ou salvador andrógino – é o eco intertextual de Gênesis, detectado na frase "não existe mais homem nem mulher" e, também, os paralelos que podemos estabelecer entre a literatura paulina e esta fórmula textual – amplamente reconhecida como uma fórmula batismal pré-paulina. Existem, por exemplo, paralelos de sentido e estrutura entre 1Coríntios 12,13, Colossenses 3,10-11 e Gálatas 3,28, sugerindo que esta construção possa aludir a um tipo de ritual de passagem, envolvendo um contraste de opostos. Podemos observar os seguintes pontos em comum entre os três textos: (1) a linguagem do batismo ou seus rituais de acompanhamento (retirar a túnica, colocar a túnica); (2) pares contrastantes; e (3) unidade em Cristo a partir de então: seja esta expressa como fazer parte de um corpo, de uma pessoa ou, mesmo, sendo todos preenchidos por um só Cristo. Pode-se supor que a fórmula esteja indicando-nos o que um indivíduo deixa para trás ao tornar-se uma nova criatura em Cristo. Seria útil compararmos esta passagem com 2Coríntios 5,17: "Por conseguinte, se alguém está em Cristo, é uma nova criatura, as coisas antigas passaram, e surgiram novas". Aqui, Paulo alude ao fato de que nosso "eu" antigo já não existe ao tornarmo-nos uma nova pessoa em Cristo: observe que o tempo pretérito do verbo é extremamente claro. Paulo não diz que o "antigo" está em processo de desaparecimento, mas, sim, que já desapareceu. Da mesma forma, ele também não diz que o "novo" está em construção, mas que já existe. Isto possui uma relevância direta com o modo com que lemos a fórmula batismal nos textos paulinos mencionados acima. Compreendemos, assim, que, quando um indivíduo converte-se a Cristo e é batizado, acredita-se que essa pessoa deixe sua condição anterior para trás – o que implicaria desdobramentos espirituais e sociais (algo sobre o qual discorreremos em breve). Por ora, basta-nos observar que gênero, geração e geografia eram tidos como elementos determinantes de identidade na antiguidade. Para definirmos a identidade de alguém, bastava saber o sexo, a etnia a que pertencia e, de maneira mais particular, sua linhagem hereditária.

Ademais, considerava-se, também, a camada hierárquica de origem como determinante: se patrício, plebeu ou escravo. Aparentemente, poderíamos concluir que, segundo Paulo, a conversão a Cristo alterava o cerne da identidade individual: o renascimento suplantaria os aspectos e as consequências do nascimento físico e da camada hierárquica originais.

Sobre a imparcialidade

Ocasionalmente, durante os debates acerca de Gálatas 3,28, alguns textos (bíblicos ou não) são suscitados para demonstrar que Deus seria imparcial ou que "não fizesse diferença entre as pessoas". Por exemplo, o texto de *Seder Eliyahu Rabbah* 7 diz: "Convoco os céus e a terra para testemunharem que todos, gentio ou israelita, homem ou mulher, escravo ou servo leiam este versículo (...) o Santo seja abençoado, que possa recordar-se do sacrifício de Isaque". Esta passagem é especialmente significativa, porque utiliza a mesma tríade de opostos binários étnicos, sexuais e sociais que podemos encontrar em Gálatas 3,28. O tema central deste texto, contudo, é justamente o fato de Deus não fazer preferência entre as pessoas. O mesmo pode ser ressaltado no texto de R. Judah ben Shalom em *Exodus Rabbah Beshallah* 21.4: ao discutir quem seria ouvido na Terra, Judah afirma que poucos prestam atenção no que os pobres dizem, ao passo que os ricos sempre têm um público cativo. Por contraste, ele afirma que: "Perante Deus, entretanto, todos são iguais: mulheres, escravos, pobres e ricos". O ponto central, então, é que Deus é imparcial e está disposto a ouvir a todos da mesma forma. Yalkut Lek Leka s. 76 vai ainda mais diretamente ao ponto: "Deus disse a Moisés: Estará o respeito deles comigo? Seja israelita ou gentio, homem ou mulher, escravo ou servo; quem quer que pratique um bom ato encontrará a recompensa deste lado". Estas declarações não seriam, contudo, sobre a condição humana, mas sobre a atitude de Deus – uma atitude de imparcialidade –, sendo possível citar textos do NT com o mesmo efeito (Rm 2,11; At 10,34)[4].

---

[4] Sobre esse assunto, ver BASSLER, Jouette M. *Divine Impartiality*: Paul and a Theological Axiom. Missoula: Scholars Press, 1982.

Temos, também, um tipo bem diferente de texto – tanto judaico quanto greco-romano – que atesta para a felicidade de nascer sob uma determinada condição. É nessa linha que podemos citar a famosa (ou infame) bênção tripla em J. T. Ber. 13b, atribuída a Rabi Meir (mas, em B. T. Ber. 7.18 ao Rabi Judah b. Elai): "Bendito seja Ele que não me fez gentio; bendito seja Ele que não me fez escravo (ou camponês ignorante); bendito seja Ele que não me fez mulher". Este trecho vale ser comparado com a gratidão de Diógenes Laércio a Tales e Sócrates, por: "ter nascido um ser humano e não uma besta; um homem e não uma mulher e, por fim, um grego e não um bárbaro" (*De Clarorum Philosophorum Vitis, Dogmatibus et Apophthegmatibus 1.33 [Sobre a vida, as doutrinas e as declarações de filósofos ilustres]*). Assim, estes textos indicariam como definiríamos uma pessoa pelo nascimento e camada social de origem, ao passo que Gálatas 3,28 refere-se, certamente, à definição de um indivíduo por ocasião de seu renascimento e reinserção na sociedade, assunto completamente distinto.

Estes textos também servem para enfatizar que Gálatas esteja, provavelmente, descrevendo uma real mudança de caráter social, envolvida nesta mudança espiritual que ocorreria com a conversão e o batismo. Pressupomos, assim, que as divisões sociais da sociedade, fossem vistas aos olhos de um grego ou de um judeu, seriam suplantadas de certa forma pela aceitação de Cristo. Isto explica por que, em uma versão do texto paulino, ele parecia aproximar-se da tríade judaica de opostos binários, ao passo que, em um contexto social em que a prévia declaração de Diógenes Laércio pudesse ser muito bem conhecida, Colossenses 3,11 referir-se-ia também aos bárbaros e aos citas. O pressuposto de que a biologia ou a condição de nascimento fizessem parte do destino está refletido nos textos gregos e judaicos, porém, parece ser rejeitado por Paulo em todos os três textos citados acima. Sugiro, de minha parte, que Paulo pudesse estar utilizando-se dessas declarações para construir o que hoje chamamos de *seita conversionista*, ou uma seita criada pela conversão, com a convicção de que a conversão fosse uma possibilidade por meio da obra do Espírito de Deus. O cristianismo paulino fora uma seita com seus próprios ritos, regras, rotinas, crenças e definições de quem pudesse ser ou não ser o povo de Deus, baseado em seu relacionamento com Cristo. Conforme ressaltado por J. Dunn, Gálatas 3,28 "implicaria um mundo social radicalmente redefinido, sob uma perspectiva cristã"[5]. O que Paulo certamente *não* está fazendo aqui é uma alusão a um Cristo andrógino, corpo de Cristo ou a indivíduos andróginos no interior do corpo de Cristo – como deve ficar bem claro a partir do uso do termo masculino *eis* para referir-se a este "corpo", bem como ao fato de que Paulo diz, aqui, "não existe mais homem *nem* mulher" para afirmar, em seguida, que todos são apenas um (*eis*) em Cristo (cf. Efésios 2,15; Justin *Dial.* 116).

A mensagem básica sectária de Paulo, resumida nesta fórmula e de modo particular em Gálatas, é muito clara: (1) os limites da comunidade seriam atravessados pela conversão e pela iniciação, sendo desnecessário atravessar quaisquer outros limiares (por exemplo, a necessidade da circuncisão para o judaísmo) – os gálatas já estariam "incluídos"; (2) os gálatas já haviam conquistado os benefícios da salvação pela fé, incluindo a herança ou a bênção prometida a Abraão; (3) a época da submissão à lei mosaica havia chegado ao fim; e (4) o corpo de Cristo é igualitário, com um escopo universal que não permite que diferenças sociais, sexuais e étnicas possam determinar a entrada ou a condição ou que possam servir de base para a união e coesão do grupo. Podemos comparar isto com a inscrição do templo de Artemis, em Éfeso, recitada por Filostrato: "Seu templo está aberto a todos que oferecem sacrifícios, ou orações, ou entoe hinos aos suplicantes, aos helenos, bárbaros, pessoas livres, escravos". (*Vida de Apolonio de Tiana*, carta 67, tradução nossa).

A lógica retórica de Gálatas 3,26-28

Em Gálatas 3,26-27, que precede imediatamente nosso versículo-chave, temos o impulso para o que virá a seguir: "Pois vós todos sois filhos de Deus pela fé em Cristo Jesus. Todos os que fostes batizados em Cristo vos revestistes de Cristo". Aqui, podemos estabelecer um paralelo próximo

---

[5] DUNN, James D. G. *The Epistle to the Galatians*. Peabody, Mass.: Hendrickson, 1993, p. 207.

com 1Coríntios 12,13, no qual vemos o Espírito, e não um apóstolo, batizar uma pessoa no corpo de Cristo. Paulo não esclarece, em Gálatas 3,26-27, se ele está referindo-se ao batismo das águas, ao batismo pelo Espírito (como em 1Cor 12,13) ou algum tipo de combinação entre estes dois. Antes que possamos assumir, rapidamente, que Paulo esteja sugerindo algum tipo de visão mágica a ponto de insinuar a "salvação" pelo rito do batismo, devemos ter em mente o trecho de 1Coríntios 1,14, no qual Paulo mostra-se feliz por não ter batizado mais coríntios (mesmo sendo muitos deles já convertidos), a fim de que não tivessem uma visão mágica do batismo[6]. Por certo, Paulo nunca deve ter dito: "Agradeço a Deus por não haver convertido mais de vocês", embora ele o diga a respeito do batismo das águas. Isto deve servir-nos de pausa antes que possamos concluir, de modo apressado, que Gálatas 3,27 seja uma descrição do que acontece espiritualmente quando alguém recebe o batismo cristão na iniciação. Sendo assim, conversão e iniciação seriam distinguíveis para Paulo, sendo a primeira evidentemente mais importante. A conversão aconteceria por meio da graça e da fé, ao passo que o batismo ilustraria e forneceria uma maneira formal de reconhecer quem "fosse da comunidade" – a própria função de um rito de passagem. Em Gálatas, Paulo não contrasta os méritos do batismo das águas com a circuncisão, mas, sim, a conversão a Cristo com os benefícios da circuncisão e da manutenção da Lei; desta forma, deveríamos ver Gálatas 3,27-28 como uma referência à transformação espiritual, no versículo 27, e suas consequências sociais no versículo 28. Aqueles que tivessem sido verdadeiramente convertidos a Cristo estariam unidos, de fato, não só a Ele, mas a seu povo – seu corpo. A isto sobreviriam consequências sociais, caso os convertidos estivessem mesmo renunciando ao passado e mantendo-se convictos do que estaria por vir. Somos, assim, levados a Gálatas 3,28.

Definido neste contexto, o trecho de Gálatas 3,28 prevê claramente as implicações de estar em Cristo e em seu corpo. Devemos enfatizar, ainda, que Paulo não está somente falando sobre como Deus vê os assuntos – como nas citações de imparcialidade, acima. O que Paulo está

---

[6] Sobre este assunto, consultar: WITHERINGTON III, Ben. *Troubled Waters*: Rethinking the Theology of Baptism. Waco, Tex.: Baylor University Press, 2007.

tentando fazer com seus mais novos convertidos, em Galácia, é convencê--los a não dar ouvidos à retórica dos judaizantes sobre a necessidade de serem circuncidados e manter a lei mosaica a fim de poderem ser cristãos por completo. O argumento paulino para a harmonia no corpo de Cristo é baseado na forte crença de que a unidade em Cristo transcenda e transforme as categorias étnicas, sociais e sexuais que separam e distinguem os seres humanos. O que realmente interessa para Paulo (e ele ressalta isso em 2Coríntios 5 e em todo Gálatas), podemos encontrar explícito em Gálatas 6,15, quando ele diz: "Circuncisão ou incircuncisão de nada valem, mas o que importa é a nova criatura". Paulo era, sem dúvidas, um indivíduo extremamente sectário, estabelecendo limites claros ao redor do povo de Deus. A conversão era o que realmente importava. Há, entretanto, algo que não abordamos ainda: por que Paulo teria quebrado o belo paralelismo com a tríade de opostos binários em Gálatas 3,28? Por que o trecho sobre "homens e mulheres" possui uma leitura diferente em grego, a despeito das tentativas de várias traduções modernas de obscurecer esta diferença? É isso que devemos investigar, agora.

Por que "não existe mais homem nem mulher"?

Talvez a primeira pergunta que possamos fazer acerca de Gálatas 3,28 seja: por que Paulo menciona "homem" e "mulher" apenas nesta passagem, mas não na fórmula paralela de 1Coríntios 12,13 e Colossenses 3,10-11? O que haveria de especial sobre a situação dos gálatas que levasse a este tipo de discussão? Uma sugestão plausível estabelece uma conexão com a fórmula batismal preexistente de modo a lidar com uma questão específica da Galácia. Mas que questão seria essa? Alguns acadêmicos tentaram desviar o assunto afirmando que Paulo estaria simplesmente aludindo ao texto de Gênesis 1,27 do Antigo Testamento em grego, citando-o "como em"[7]. Como sabemos que, em outras passa-

---

[7] LONGENECKER, Richard N. *Galatians*. Word Biblical Commentary. Waco, Tex.: Thomas Nelson, 1990, p. 157.

gens, Paulo não se esquiva a engendrar citações para adequá-las a seus objetivos, é difícil acreditar que ele não se sentisse compelido a fazer o mesmo aqui. Afinal, ele não utiliza os ecos intertextuais desta passagem em outro lugar e não expande ou explica o significado de Gálatas 3,28 no que vem a seguir. De um ponto de vista retórico, isto pareceria uma forma ineficaz de citação, caso ele realmente desejasse utilizar este texto como uma prova autêntica e abalizada para auxiliá-lo em sua exposição.

Neste ponto, gostaria de ressaltar que *arsen* e *thēlu* não são palavras gregas para "homem" e "mulher"; focam, porém, especificamente na distinção de gênero entre os sexos. Isto sugere que Paulo esteja dizendo algo fundamental sobre como a combinação de homem e mulher seria, de certa forma, suplantada em Cristo. Mas de que forma? Sugiro darmos mais atenção ao fato de que os gálatas estavam aparentemente na iminência de serem circuncidados e manterem a totalidade das leis mosaicas. Era, portanto, uma maneira tradicional de ler a história da criação de Gênesis 1-2, chegando à conclusão de que "ser fecundo e multiplicar" (e ter um relacionamento homem/mulher) era um ato obrigatório, não uma simples opção, para o povo de Deus. Isto pode ser chamado de mandamento reprodutivo ou outra expressão que o valha, mas o fato incontestável é que a incipiente doutrina judaica reforçava esta ideia, considerando, como exceções, os casos daqueles que fossem incapazes de cumprir este mandamento ou possuíssem algum tipo de deficiência[8].

Devemos observar, contudo, que Mateus 19,10-12 indica-nos que Jesus teria sugerido algo diferente a este respeito: ser solteiro por amor ao Reino dos Céus seria uma segunda opção legítima para os seguidores. Além disso, sabemos, por 1Coríntios 7, que o próprio Paulo seguira esta linha de conduta. Nesta passagem, ele afirma haver dois tipos de chamado ou, como ele mesmo coloca, dois *charismas* ou dons: estar casado no Senhor ou ser solteiro no Senhor, sendo este último a preferência de Paulo pela circunstância da fase de vida em que ele se encontrava, desejando o mesmo para boa parte de seu público[9]. Desta forma, é perfei-

---
[8] Veja a discussão detalhada a este respeito em: Witherington. Rite and Rights for Women. In: *Women in the Ministry of Jesus*, p. 595-596, e as notas correspondentes.
[9] Ver Witherington, *Conflict and Community in Corinth*.

tamente possível que Paulo tenha ensinado aos gálatas convertidos que não havia a necessidade de casamento para estarem em Cristo. A frase relevante de Gálatas 3,28 significaria, então, que embora os cristãos conhecessem o mandamento da criação a partir de Gênesis (ao qual a frase faz referência), estar em Cristo não implicaria apenas uma recapitulação da ordem criacionista, mas, como Paulo afirmava repetidamente, ser "uma nova criatura". Isto posto, nem os homens nem as mulheres em Cristo precisavam sentir-se obrigados a casar-se e ter filhos. Apesar de ser uma opção abençoada, não seria uma obrigação à luz de Cristo e da nova configuração escatológica. Mas ainda temos reflexões adicionais a fazer.

Como explicar a ferrenha oposição de Paulo à circuncisão de seu público? A circuncisão era um sinal de aliança, um sinal de comprometimento total e irrestrito ao pacto de Moisés, e o público já havia passado por um pacto diferente e inclusivo quanto ao gênero: o batismo cristão. Os sinais dos respectivos pactos atestam as diferenças entre as alianças e as características de cada comunidade. O judaísmo era uma religião patriarcal, e apenas os homens podiam exibir um sinal deste pacto; a fé, para eles, propagar-se-ia, em linhas gerais, por simples procriação, não pela propaganda evangelizante. O cristianismo, por sua vez, consistia num movimento evangelizador e numa seita de conversão, possuindo um ethos e características muito diferentes em seus elementos-chave. O fato de os gálatas serem circuncidados e levar a lei ao pé da letra seria como dar um passo atrás, um repúdio à nova criatura e suas implicações, como fora resumido em Gálatas 3,28.

É possível (embora não possamos ter certeza) que a retórica judaizante na Galácia proclamasse algo assim: "Como a mulher não pode ostentar o sinal do pacto com Moisés, e para que possa ser um participante ativo na nova fé judaica messiânica em Jesus, será necessário que elas cumpram com o outro mandamento obrigatório aos judeus: o da criação. Isto significa que as mulheres precisam estar casadas com cristãos circuncisos para estarem em conformidade com a lei mosaica". Isto funcionaria como uma releitura da ordem patriarcal das coisas, mas iria contra o desejo de Paulo, que veria esta releitura como uma negação da nova criatura, colocando a mulher e o homem de volta ao jugo do velho sistema patriarcal. Para contrapor-se a este movimento, é que Paulo afirmaria, então, não existir nem homem nem mulher em Cristo – querendo dizer, em verdade, que não havia necessidade de relacionamento entre homem e mulher. Tanto a mulher quanto o homem em Cristo poderiam permanecer solteiros pelo bem do Reino de Deus. Tenhamos em mente que o mandamento criacionista sobre a reprodução vem imediatamente após a definição divina em torná-los homem e mulher (ver Gn 1,27-28).

Este impulso social seria a base da afirmação paulina em Gálatas 3,28, pois sabemos que Paulo teria reafirmado, em outras passagens, as implicações sociais de o público não precisar ser judeu ou gentio em Cristo. De fato, o próprio Paulo afirmara ser capaz de ser judeu para os judeus e, gentio, para os gentios, enxergando a si mesmo com base em um paradigma cristão, não étnico (ver, por exemplo, 1Coríntios 9; Filipenses 3,4-9)[10]. Ademais, vale notar que Paulo não só tentava amenizar os vários efeitos sociais negativos da escravidão para seus convertidos (Colossenses 3-4; Efésios 5-6), mas também, assim que ele encontrou oportunidade, apelou a Filêmon para alforriar seu escravo foragido, Onésimo, tratando-o "não mais como escravo, mas (...) como um irmão muito caríssimo (...) no Senhor"[11]. Há níveis no discurso social de Paulo, e ele tenta abordar as fraquezas humanas de um modo que reconheça os pontos de progresso do público em seu crescimento em Cristo, porém há de se atentar para o fato de que as observações paulinas sobre judeus e gentios, escravos e homens livres, possuem implicações sociais muito nítidas. Não poderíamos esperar outra coisa quando ele menciona homem e mulher à luz do que é ser uno em Cristo e sob a ótica da nova criação – algo que ele acreditava piamente já existir em parte. Há muito tempo, R. Loewe fez uma observação muito acurada acerca do cristianismo primitivo:

> A base sociológica na qual o cristianismo se fundamenta não é a dos laços de parentesco, como no judaísmo, mas nos laços de fraternidade – a comunhão em Cristo. (...) Tal fraternidade pode reconhecer, no parentesco, um aliado potencial; pode tomá-lo de forma indiferente, como se consistisse uma

---

[10] WITHERINGTON III, Ben. *Friendship and Finances in Philippi:* The Letter of Paul to the Philippians. Harrisburg, Penn.: Trinity, 1994.
[11] Ver Witherington. *Letters to Philemon, the Colossians, and the Ephesians.*

força ambígua, ou pode repudiá-lo, como se fosse um ônus que desvia nossa atenção. Seja lá qual for o posicionamento adotado, os laços de parentesco são, para o cristianismo, em último caso, dispensáveis[12].

Devo acrescentar que Paulo não está sugerindo que esses três tipos de distinções simplesmente desapareçam em Cristo. Homens e mulheres não deixam de ser homens e mulheres, entretanto, ele acredita que, na nova criatura, o velho seja transformado e transfigurado. As diferenças étnicas, sociais e sexuais continuariam existindo, mas já não seriam capazes de determinar a posição social, espiritual e soteriológica de um indivíduo no corpo de Cristo, nem os papéis ministeriais que alguém poderia exercer em Cristo. Isto seria muito mais uma questão de quem é chamado ou de quem recebera um dom do Espírito para cumprir determinadas tarefas na Igreja.

Bem aqui, em Gálatas 3,28, no coração deste debate e em meio a uma série de argumentos retóricos, Paulo elabora uma visão da humanidade e da unidade humana que ainda nos desafia nos dias de hoje. Isto ajuda muito a explicar o caráter franco e aberto com que Paulo rejeita o apelo da aceitação total da lei mosaica por seus convertidos. Por que eles deveriam fazer isso se o próprio texto de Gálatas 3,29 afirma que eles teriam herdado o legado e as bênçãos de Abraão simplesmente por estarem "em Cristo"? Os gentios não precisariam tornar-se judeus para serem cristãos. Os escravos não precisariam tornar-se homens livres (apesar disso ser considerado algo bom, como em 1Coríntios 7) para estarem em Cristo. E as mulheres não precisariam ligar-se a homens para serem de Cristo ou executar papéis importantes em Cristo. O que todos os cristãos deveriam, sim, compartilhar seria o fato de fazerem parte de uma nova criatura em Cristo por meio da graça e da fé. Quaisquer outras categorias diferentes desta identidade única e nova deveriam ser consideradas subcategorias a serviço do corpo de Cristo – e não motivo de rompimento com o Cristo. A nova criatura enfim nascera e há, portanto, novas criaturas em Cristo: talvez seja por isso mesmo que Gálatas 3,28 seja a Magna Carta não somente da verdadeira humanidade, mas da mais pura liberdade cristã.

---

[12] LOEWE, R. *The Position of Women in Judaism*. London: SPCK, 1966, p. 52-53, tradução nossa.

10 "Cristianismo em formação" Mistério oral ou história testemunhal?

> Quando tiveres feito, Tu não o terás concluído, Pois eu tenho mais.
> (John Donne, "Um Hino para Deus Pai")

A longa e notável tradição da Universidade de Durham, na Inglaterra, de possuir acadêmicos do Novo Testamento de renome internacional, já remonta há cerca de cento e cinquenta anos e inclui nomes como: J. B. Lightfoot, B. F. Westcott, A. Plummer, H. E. W. Turner, C. Cranfield, C. K. Barrett, J. D. G. Dunn e, agora, J. Barclay, F. Watson, L. Stuckenbroeck, dentre outros. Trata-se de uma herança rica e significativa e, no início da década de 1980, Dunn sucedeu Barrett (meu próprio mentor) na Cadeira Lightfoot.

Quando olhamos para o conjunto da obra de Dunn, desde que ele assumiu a Cadeira Lightfoot, fica claro que, apesar de sua obra pré 1980 ser considerada importante, era apenas o prenúncio de trabalhos mais significativos que estariam por vir. Quem poderia ter previsto a publicação de obras tão avassaladoras quanto *A teologia do apóstolo Paulo* e, agora, *Jesus Remembered*? Aquele outro Donne, John Donne (o clérigo inglês), teria feito uma observação extremamente cabível aqui: "quando tiveres feito, tu não o terás concluído, pois eu tenho mais". E, de fato, muito mais, se julgarmos pelo fato de que *Christianity in the Making* inclui dois outros volumes além das novecentas páginas de *Jesus Remembered*!

Neste capítulo, gostaria de abordar justamente a questão das testemunhas – um tópico negligenciado em *Jesus Remembered* em favor do desenvolvimento das tradições orais. Para cumprir meu objetivo, será importante esclarecer de que forma Dunn diferencia a metodologia de seu projeto dos esforços anteriores em analisar a tradição de Jesus, basicamente em termos de crítica da forma e da redação. Devo demonstrar, aqui, minha total concordância com boa parte da crítica que ele faz do uso dessas duas ferramentas no estudo de Jesus, suas palavras e feitos[1].

A quebra de paradigmas proposta por Dunn e baseada nos ganhos recentes com os estudos da oralidade é muito bem-vinda, porém, defenderei que os dados que estamos discutindo possam ser melhor explicados com uma versão da teoria da história oral e não com uma versão popular da tradição oral (à la K. Bailey).

Tradições orais ou história redacional?

O escopo do projeto de Dunn é de tirar o fôlego, mas igualmente impressionantes são o rigor crítico aplicado aos dados e a atraente lógica sequencial de seus argumentos. É preciso passar por mais de trezentas páginas para chegarmos, de fato, à discussão de *Jesus Remembered* e, ao contrário de alguns livros desta natureza e extensão, o debate preliminar não se mostra pro forma nem cansativo. Realmente, o texto é tão interessante e bem escrito que chegamos a esquecer nossa impaciência para ouvi-lo dissertar sobre o que seria lembrado acerca de Jesus: encontramos prazer nos exercícios iniciais para a limpeza do terreno e definição de cenário, por meio da eficiência e mestria de um acadêmico experiente e equilibrado. O que fica bem claro, nestas trezentas páginas iniciais, é o desejo de Dunn de quebrar alguns paradigmas e pressupostos metodológicos pelos quais avaliamos a tradição de Jesus e os Evangelhos. Não;

---

[1] Para aqueles que anseiam por uma versão mais completa deste artigo, Robert Stewart, Broadman e Holman produziram um grande volume em resposta a *Jesus Remembered*, contendo uma versão ampliada deste capítulo. (HABERMAS, Gary; STEWART, Robert B. (eds.) *Memories of Jesus*: A Critical Appraisal of James D. G. Dunn's Jesus Remembered. Nasville, Tennessee: B&H, 2010.)

é preciso salientar que ele não rejeita, neste trabalho, a prioridade de Marcos ou mesmo a realidade da tradição de Q, tampouco desdenha o conceito de atividade redacional de um tipo literário aplicado a Mateus ou Lucas sobre os materiais precedentes de Marcos e Q, dentre outras fontes originais.

O que constitui, de fato, o cerne da argumentação de Dunn é que tais atividades redacionais não dão conta de tudo que podemos encontrar na tradição de Jesus – precisaríamos, assim, de uma forma mais "oral" e menos "literal" para avaliar essas coisas, incluindo o modo como analisamos o que teria acontecido entre a época na qual Jesus teria feito suas proclamações e tomado atitudes e a época na qual os Evangelhos foram redigidos. Consideremos, portanto, alguns detalhes de sua argumentação a este respeito.

Já no início de sua obra, Dunn informa-nos que:

> (...) a característica mais significativa do presente estudo será a tentativa de avaliar a importância da tradição oral da missão de Jesus e da hipótese de que os Evangelhos Sinóticos sejam um testemunho de modelo e técnica de transmissão oral que, por sua vez, caracterizaram-se por uma estabilidade e continuidade da tradição de Jesus muito maior do que é geralmente aceito[2].

Isto colocaria Dunn entre os críticos da forma e aqueles que enfatizam a estreita conexão da tradição com as testemunhas. Partindo de estudos recentes da oralidade de W. Kelber e, de modo mais importante, dos estudos (agora de certa forma datados) de Bailey, Dunn aponta as falhas das tentativas de estudar os Evangelhos e suas fontes como textos literários no sentido moderno, em vez de textos orais no sentido antigo. Dunn ressalta que tanto Jesus quanto os redatores dos Evangelhos teriam vivido em culturas predominantemente orais (argumento com o qual concordamos) e, portanto, ele argumenta que deveríamos examinar o grau com que as culturas orais teriam transmitido suas tradições sagradas e qual seria a função dos textos sacros neste contexto. Para mim, ele não poderia estar mais certo.

---

[2] Dunn, *Christianity in the Making*, v. 1, p. 6, tradução nossa.

Dunn acredita que as várias formas modernas de crítica literária, incluindo a de forma, redação e narrativa, fazem uma abordagem do texto não só moderna, mas também fora de contexto histórico. Como exemplo, observe o julgamento que ele faz da crítica narrativa:

> A análise crítica da narrativa tem feito tentativas de estreitar o cerco hermenêutico do todo e das partes, limitando o todo ao próprio texto. Por este tipo de análise, para obter o sentido de uma parte, versículo ou passagem do Evangelho, o círculo hermenêutico precisa abarcar somente o próprio Evangelho. (...) A realidade, contudo, é que o texto histórico parte do (e seu potencial comunicativo depende do) uso linguístico muito mais amplo da época; fazendo referências e alusões a personagens e costumes que não podem ser explicados dentro do "universo fechado" do texto e que não podem ser adequadamente compreendidos sem uma consciência da sociedade da época. Por exemplo: sem o conhecimento das tensões sociais extratextuais entre judeus e samaritanos, uma parte da parábola do bom samaritano (Lucas 10) fica perdida[3].

Dunn não é partidário daqueles que afirmam que "tudo que temos são textos". Em outras palavras, faz-se necessário uma abordagem mais histórica e menos anacrônica dos Evangelhos se desejarmos compreendê-los adequadamente. Neste sentido, Dunn soa muito mais como um historiador ou linguista tradicional. E é justamente por esta razão que Dunn adverte-nos contra a utilização de modelos de desenvolvimento da tradição que sejam muito modernos em sua totalidade, tais como analisar o folclore balcânico como uma ferramenta para explicar os arranjos e variações que podemos encontrar nas tradições dos Evangelhos.

Da mesma forma, ele também não parece satisfeito com o que poderíamos chamar de círculo vicioso da hermenêutica do *reader-response criticism*, outra das modernas formas de crítica literária. Deve haver interação entre o texto e o leitor de forma que:

> (...) o texto reaja em resposta a um pré-entendimento, moldando-o e exigindo dele uma ou outra revisão, permitindo, por fim, um novo olhar sobre o texto. (...) Conceber o proces-

---
[3] Dunn, *Christianity in the Making*, v. 1, p. 119, tradução nossa.

so hermenêutico como uma intertextualidade infinitamente regressiva é um conselho desesperador, que reduz rapidamente toda comunicação cheia de sentido a mera impossibilidade, ou a um jogo de *Trivial Pursuit*[4].

Até este ponto, Dunn consegue soar tanto tradicionalista no uso que faz do método histórico, quanto conservador. Mesmo assim, ele repete, incansavelmente, que não possuímos os "artigos de Jesus" nos Evangelhos: não temos Jesus falando diretamente conosco, tampouco suas próprias palavras nas coleções de histórias. Jesus, provavelmente, nem teria falado em grego com seus discípulos – que dirá o inglês do rei Jaime! Temos, desta forma, como o próprio subtítulo do livro indica, um Jesus mediado – Jesus conforme lembrado por vários discípulos. Isso não significa que Dunn acredite que não estejamos em contato com o Jesus histórico por meio desse material: o que ele deseja enfatizar é o caráter mediado dos retratos, refletindo tradições que teriam sido transmitidas oralmente por algumas gerações antes de atingirem um formato, de certa forma, fixo.

O interessante nisto tudo é que ele não aplica uma hermenêutica da suspeita a essas tradições da mesma forma que alguns fariam, como acontece no grupo *Jesus Seminar*. Segundo ele,

> a ideia de que um Jesus reconstruído a partir das tradições do Evangelho (o assim chamado Jesus histórico) – *ainda que significativamente diferente do Jesus dos Evangelhos* – seja o Jesus que pregou na Galileia (o Jesus de fato histórico!) é uma ilusão. A ideia de que possamos ver, por meio da perspectiva da fé dos escritos neotestamentários, um Jesus que *não* inspirou a fé ou que a tenha inspirado de um modo *diferente* é pura ilusão[5].

Qual seria o impulso original por trás do Evangelho? Na visão de Dunn, seriam os ditos e os feitos do próprio Jesus, conforme testemunhado, ouvido, visto e retido na memória dos discípulos. Temos, portanto, nos Evangelhos, a cratera, não o meteoro que causara o impacto; de maneira análoga, não temos o Jesus em sua totalidade, mas o Jesus que

---
[4] *Ibidem*, p. 121, tradução nossa.
[5] Dunn, *op. cit.*, p. 126, grifo do autor, tradução nossa.

é lembrado. Por exemplo, os ditos e feitos relatados acerca de Jesus são aqueles que puderam ser lembrados através do tempo e, eventualmente, registrados. Como diria João 20,30 e 21,25, há muitas outras coisas ditas e feitas por Jesus que não foram lembradas e não puderam ser transmitidas oralmente ou registradas para este fim.

Ao retratar o processo que teria levado aos Evangelhos, Dunn salienta que várias tradições do Evangelho refletem o impacto pré-Páscoa da criação de fé por Jesus. Pedro e os outros discípulos não se teriam tornado discípulos após a Páscoa, também não teriam começado a aprender, lembrar-se, refletir e apropriar-se em fé das palavras e feitos de Jesus apenas após a Páscoa.

> A tradição sinótica, com o registro das coisas que Jesus teria dito e feito, é o testemunho de uma continuidade entre a memória pré-Páscoa e a proclamação pós-Páscoa, uma continuidade de fé. Por maior que tenha sido o choque da Sexta Santa e da Páscoa para os primeiros discípulos, seria injustificável assumir que esses eventos marcariam uma descontinuidade com a resposta inicial dos discípulos[6].

Isso posto, poderíamos esperar que Dunn prosseguisse dissertando sobre se teríamos, ao menos em Marcos e Q, uma memória testemunhal, mas ele não se presta a isso. Por sua vez, em um extenso capítulo 8, Dunn mostra-nos suas teorias sobre a tradição oral do Evangelho, os textos orais e seu desenvolvimento ao longo do tempo. E é nesse material que devemos prestar muita atenção, sendo, aqui, muito aparente a dívida de Dunn em relação a Bailey.

Comecemos com o espectro de possibilidades que ele oferece para descobrirmos como a tradição de Jesus teria sido transmitida: tradição formal controlada (à la B. Gerhardsson), tradição informal controlada (à la Bailey) e tradição informal não controlada (à moda de vários críticos da forma, incluindo nomes recentes do grupo *Jesus Seminar* – R. Funk, J. D. Crossan e assim por diante).

Ao contrário de R. Bultmann, Dunn acredita que a visão da tradição de Jesus como uma tradição sagrada – ainda que diferente dos modelos rabínicos de memorização e de transmissão da tradição – seja

---

[6] *Ibidem*, p. 133, tradução nossa.

extremamente conservadora. Havia um controle comunitário de uma natureza pedagógica. Assim, Dunn estaria trabalhando sobre um modelo sociológico de controle comunitário e formação da tradição oral.

Dunn não parece convencido pelo argumento de E. Boring e outros estudiosos, quando afirmam que as novas proclamações do Jesus ressuscitado voltariam aos Evangelhos e ficariam lado a lado com as verdadeiras proclamações do Jesus histórico. Os profetas cristãos não são retratados como figuras que falam com a voz de Jesus ou por Jesus nas assembleias cristãs em Corinto e demais lugares, assim, é improvável que eles fossem os guardiões e modeladores da tradição: "Bultmann e Boring são ávidos por encontrar evidências de atividades proféticas na tradição sinótica. As maiores evidências que temos, contudo, apontam justamente para o fato de que tais ocorrências seriam muito mais exceções do que a própria regra"[7]. Dunn prossegue nesta linha, acrescentando que qualquer profecia que se declarasse vinda do Senhor teria sido confrontada com o que todos já conheciam, de fato, das palavras e ações de Jesus e, em uma conclusão surpreendente, ele afirma: "quanto menos uma frase ou tema coincidisse com o restante da tradição de Jesus, mais provável que essa frase ou tema pudesse encontrar guarida no próprio Jesus[8]!" Isto explica por que uma declaração supostamente profética do Senhor Jesus deveria submeter-se ao critério de coerência com a tradição anterior.

Segundo Bultmann, haveria "leis de estilo" para determinar como as tradições seriam transmitidas, em quais formatos e como seriam elaboradas. Em linhas gerais, ele advogaria um tipo que "partiria do simples e puro para o complexo e prolixo", elaborando um modelo de superposições, acréscimos e edições:

> "A imagem é retirada do próprio processo literário de edição, no qual cada sucessiva edição (camada) é uma versão editada [para Bultmann, uma versão elaborada e ampliada] a partir da edição anterior (camada). Mas seria essa conceituação realmente apropriada para um processo de retransmissões orais do material tradicional[9]?"

---

[7] Dunn, *op. cit.*, p. 188, tradução nossa.
[8] *Ibidem*, p. 192, tradução nossa.
[9] Dunn, *op. cit.*, p. 194-225, tradução nossa.

Quando alguém propõe a rejeição de uma teoria dominante, deve estar preparado para colocar uma nova teoria em seu lugar. Como já afirmamos, Dunn estaria disposto a partir das descobertas de Bailey, estando correto ao considerar surpreendente o fato de que os velhos críticos da forma (Bultmann e M. Dibelius) e até críticos mais recentes não tenham se preocupado em investigar, se possível, as originais técnicas de transmissão oral do primeiro século. Gerhardsson tentou remediar este lapso, propondo uma tradição formal controlada parecida ao modelo rabínico, tendo a memorização como técnica básica de toda a educação judaica primitiva. Com esta proposta, Gerhardsson estaria reagindo a Bultmann, insistindo na hipótese de que Jesus ensinava seus discípulos a memorizar os ensinamentos, de forma que os redatores dos Evangelhos sinóticos tivessem que trabalhar com uma tradição estanque ao escrever os respectivos Evangelhos[10].

Tivemos várias objeções a este ponto de vista: (1) os Evangelhos não retratam Jesus ensinando os discípulos a memorizar por repetição; (2) a situação pós 70 d.C. em Israel e outros lugares alterou o modo com que Jesus tratou a tradição, e o subsequente modelo de tradição da Mishná não deveria voltar-se aos dias de Jesus; e (3) de forma mais importante, todas as variantes que encontramos nas versões paralelas das palavras e ações de Jesus sugerem-nos um modo menos formal e rígido de uso das tradições evangélicas. Em outras palavras, Gehardsson seria, assim, acusado de anacronismo – apenas de uma forma um pouco menos sutil que Bultmann.

Qual seria, então, a ponte entre Jesus e os Evangelhos, ou entre os discípulos e os redatores evangélicos, e que tipo de transmissão da tradição haveria ali? Dunn opta pela transmissão oral, sendo um:

> (...) tipo intermediário entre o fixo e o livre. A transmissão oral exibe um "apelo conservativo insistente pela preservação" das informações essenciais, ao passo que beira o descuido quanto à predisposição de abandonar características que não estejam de acordo com a aprovação social. Variabilidade e estabilidade, conservantismo e criatividade, efemeridade e imprevisibilidade – o princípio oral da variação dentro do mesmo tipo[11].

---

[10] *Ibidem*, p. 198.
[11] Dunn, *op. cit.*, p. 200. Neste ponto, o autor está citando e seguindo W. Kelber, tradução nossa.

Por esta teoria, as variações de uma história ou de um discurso refletiriam, provavelmente, as múltiplas versões da tradição não redacional ou de outra obra literária à época em que os autores dos Evangelhos estivessem editando suas fontes.

Dunn está correto ao afirmar que os textos antigos eram criados para serem ouvidos, sendo, por natureza, "textos orais"[12]. Estes textos não se prestavam à leitura silenciosa, possuindo todos os recursos orais e sonoros esperados: ritmo, rima, aliteração, assonância, e assim por diante. O que Dunn não diz é que são, justamente, essas características orais que tornam o material memorável e memoriável, conforme C. F. Burney já teria ressaltado há muito tempo[13].

É interessante que Dunn não se detém para comentar ou refutar uma teoria alternativa à sua, de autoria de S. Byrskog (um pupilo de Gerhardsson): a teoria da história oral. Sobre o modelo de Byrskog, ele limita-se a dizer: "Mas este modelo assume que historiadores posteriores (como Lucas) iriam atrás de pessoas como Pedro, a mulher na cruz e no sepulcro, e da família de Jesus, para inquiri-los acerca de lembranças sobre os eventos originais (cf. Lucas 1,1-4). Assim, Byrskog não teria um conceito ou papel real da transmissão oral como um processo de ligação[14]", o que faz com que esta teoria seja descartada sem refutação – e mais: este comentário encerra-se em uma nota de rodapé.

Com isto, Dunn não se preocupa em negar a teoria da história oral; ele basicamente a ignora, praticando um tipo de omissão benigna em favor da noção de que existira uma ou mais gerações, em um período no qual a transmissão oral deste material evangélico envolvera grande flexibilidade, exceto pelas características ou declarações centrais da tradição. Este é um ponto problemático, uma vez que uma teoria alternativa viável é posta de lado sem ser totalmente refutada, e por não explicar alguns pontos cruciais da tradição sinótica. Como exemplo, podemos citar o fato de que a teoria de Dunn não consegue explicar por que podemos encontrar 95% do material de Marcos em Mateus (sendo 52% verbatim). Isto também não nos parece um caso de

---
[12] Sobre esse ponto, ver o próximo tópico deste capítulo: "Jesus, as testemunhas e a história oral".
[13] BURNEY, C. F. *The Poetry of Our Lord*. Oxford: Clarendon, 1925.
[14] Dunn, *op. cit.*, p. 198-199, n. 138, tradução nossa.

constantes variações, exceto de temas, declarações ou eventos centrais. As diferenças entre os materiais compartilhados de Marcos e Mateus, talvez dois de nossos primeiros Evangelhos, são mais facilmente explicadas em termos das tendências redacionais de Mateus do que em termos de variações sobre um tema. Por exemplo, nos pontos nos quais Marcos tende a levantar questões sobre o fato de os discípulos não terem fé, em Mateus, eles são geralmente tachados de homens "de pouca fé". Assim, as tendências consistentes de variação em Mateus, quando comparadas a Marcos, parecem-nos propositais, sendo resultado de um tipo de edição do material de origem.

A favor de Dunn, podemos ressaltar o fato de que ele não nega que tenha havido edições do material-fonte pelos autores evangélicos. Ele apenas deseja sustentar a tese de que uma boa parte das diferenças entre os relatos possa ser melhor explicada como um reflexo da oralidade e da transmissão oral. É uma pena que a obra-prima de Dunn tenha antecedido a publicação do trabalho igualmente magistral de R. Bauckham, intitulado *Jesus e as testemunhas oculares*[15], no qual o autor apoia-se no argumento de Byrskog para expandi-lo, lidando com a questão das testemunhas de uma forma mais séria e profunda. No próximo tópico deste capítulo, terei a oportunidade de utilizar os pressupostos de Bauckham para criticar a abordagem de Dunn.

Neste ponto, contudo, devemos chegar ao cerne da questão: a dependência da sugestão de Bailey sobre as "tradições informais controladas" nos Evangelhos, com base em uma analogia do que o próprio autor, Bailey, teria observado durante muitos anos em vilarejos do Oriente Médio no início do século 20. Em primeiro lugar, devemos notar que Bailey, diferentemente de Gerhardsson, parte de situações ilustrativas que raramente fazem parte da antiguidade. Neste quesito, Bailey poderia ser igualmente acusado do mesmo tipo de anacronismo com que Bultmann já fora acusado. A teoria basear-se-ia no pressuposto de que a vida dos vilarejos no século 20 fosse praticamente a mesma daquela vivenciada à época de Jesus no tocante à oralidade, tradição oral e, de maneira especial, da transmissão

---

[15] N.E.: BAUCKHAM, Richard. *Jesus e as testemunhas oculares:* Os Evangelhos como testemunhos de testemunhas oculares. Trad. Paulo Ferreira Valério. São Paulo: Paulus, 2011.

oral de tradições-chave ou sagradas[16]. Devo dizer que se trata de uma hipótese significativa, mas que carece de substancialidade.

Dunn toma a liberdade de afirmar que as evidências de Bailey são pautadas muito mais por experiências pessoais do que por pesquisas científicas ou sistematizadas[17]. E acrescenta: "o caráter da tradição oral que está sendo ilustrado ali combina bem com as descobertas de outras investigações da tradição oral *e estão, evidentemente, mais próximas do tipo de tradição oral que deve constituir a tradição de Jesus*"[18]. Tomem cuidado quando um acadêmico diz que algo é óbvio ou que uma dada teoria *deve* ser assumida como pertencente à tradição de Jesus. Esta última observação torna-se ainda mais surpreendente quando viramos a página e lemos: "Certamente não sabemos o suficiente da tradição oral no mundo antigo para podermos estabelecer, a partir dela, diretrizes para nossa compreensão de como a tradição de Jesus fora transmitida em seu estágio oral"[19].

Mas, se não sabemos tais coisas acerca da antiguidade, também *não* sabemos se é apropriada a analogia com a tradição oral da vida de vilarejo, no século 20, na Palestina e em suas cercanias. É necessário o conhecimento de ambos os lados da comparação. De um modo mais específico, eis a pergunta: deveríamos, realmente, pressupor que os nômades palestinos e suas tradições fossem um bom termo de comparação com o que poderia ser dito sobre Jesus e seus discípulos e os processos por ele utilizados na transmissão de tradições?

É preciso uma boa dose de fé e um bom salto sobre todos os tipos de diferenças culturais para aceitar esta analogia com muita confiança. Em primeiro lugar, Jesus e seus discípulos cresceram em cultura ou subcultura judaica como povo das escrituras hebraicas. Esses nômades, não. Em segundo lugar, a questão não é como qualquer tipo de tradição oral, histórias, parábolas ou provérbios fosse trabalhado ou transmitido, mas como aquelas tradições consideradas "sagradas" teriam sido trabalhadas.

---

[16] O trabalho mais importante de Bailey e que é utilizado como apoio seria: *Poet and Peasant: A Literary-Cultural Approach to the Parables in Luke*. Grand Rapids: Eerdmans, 1976. Vale notar que se trata basicamente de um estudo das parábolas de Lucas, não sendo uma comparação sistemática entre o que encontramos nos Evangelhos e o que Bailey teria observado no Oriente Médio.
[17] Dunn, *op. cit.*, p. 209.
[18] *Ibidem*, p. 209, grifo do autor, tradução nossa.
[19] *Ibidem*, p. 210, tradução nossa.

Para Bailey, entretanto, essa distinção não seria necessária: segundo ele, a oralidade teria o mesmo funcionamento, independentemente do tipo de história ou discurso que alguém esteja editando ou recontando.

Dunn procura refinar seu ponto de vista, fornecendo exemplos do NT de lugares nos quais a transmissão oral e o recontar de histórias parecem explicar melhor as coisas. De uma maneira muito estranha, o primeiro exemplo que ele utiliza é o da tripla narrativa sobre a conversão de Saulo em Atos – algo que não faz absolutamente parte da tradição evangélica! Se compararmos, lado a lado, os três relatos de Atos 9, 22 e 26 e, ao mesmo tempo, compararmos a forma com que Dunn analisa os dados ao modo com que, por exemplo, R. Tannehill analisa os três relatos como exemplos cumulativos de Lucas (acrescentando detalhes novos conforme o desenrolar da narrativa), vale notar que R. Tannehill é mais convincente ao explicar as diferenças entre as três passagens. Todos os elementos são propositais e refletem as várias tendências de Lucas na edição e apresentação geral do material em dois volumes, não tendências orais[20]. Lucas estava seguindo as regras retóricas que mandam variar um relato quando se repete, ampliando e acrescentando novos detalhes às versões mais recentes de modo a não termos uma simples redundância. Em outras palavras: as variações, neste caso, não refletiriam múltiplas versões orais; refletiriam, isto sim, em primeiro lugar, o fato de Lucas estar baseando-se em dois relatos em primeira pessoa (um dos quais ele mesmo teria ouvido), para só então compor um relato em terceira pessoa que podemos encontrar em Atos 9 – cada um deles sendo elaborado com a devida atenção às regras retóricas relativas a cada material discursivo. Já abordei este assunto em outros trabalhos e pude demonstrar quanto podemos aprender sobre o que acontece em Atos, a partir da forma com que Lucas edita o material-fonte de Marcos e de Q em seu Evangelho[21].

---

[20] Ver TANNEHILL, Robert. *The Narrative Unity of Luke-Acts: A Literary Interpretation*: The Acts of the Apostles. Minneapolis: Fortress, 1994. O trabalho influente de Tannehill curiosamente nem aparece na vasta bibliografia de Dunn. Podemos encontrar uma breve referência ao primeiro dos dois volumes de Tannehill (Dunn, *Christianity in the Making*, v. 1, p. 94, n. 143), mas Dunn parece desconhecer o segundo volume e sua importância.

[21] Ver WITHERINGTON III, Ben. (ed.) Editing the Good News: Some Synoptic Lessons from the Study of Acts. In: *History, Literature and Society in the Book of Acts*. Cambridge: Cambridge University Press, 1996, p. 324-347.

O que me salta aos olhos, em tudo isto, é que, apesar de toda a ênfase na oralidade, Dunn não se propõe a avaliar a questão retórica (a arte oral persuasiva no império greco-romano). Dunn não o faz nem mesmo após vários comentaristas terem ressaltado o uso da retórica por Lucas (principalmente na apresentação de seu material discursivo em Lucas-Atos[22]), nem mesmo sabendo da existência de uma escola de retórica em Jerusalém à época de Jesus, nem mesmo sendo o cristianismo um movimento em busca da evangelização das pessoas a respeito de Jesus.

A partir do momento que alguém se propõe a trabalhar com a oralidade dos primeiros seguidores de Jesus – incluindo os redatores dos Evangelhos que escreviam em grego, Paulo e outros – é preciso familiarizar-se com a natureza de uma cultura retoricamente saturada, compreendendo o funcionamento das tradições orais e sagradas dentro desta cultura retórica. Ao fazermos uma análise de dados à luz das convenções e tendências retóricas, as variações retoricamente propositais passam a explicar melhor as questões, do que a simples teoria de narrativas e tradições flexíveis.

Ao analisar brevemente os dois relatos da cura do empregado do centurião (Mateus 8,5-13; Lucas 7,1-10), Dunn afirmaria que as diferenças entre as duas versões da história (e também em relação a João 4,46-54) poderiam ser melhor explicadas pela teoria da transmissão oral e não pela hipótese de utilização de duas edições diferentes de Q (uma usada por Mateus e, outra, por Lucas). Sob este ângulo, as duas versões teriam estabilidade quanto ao tema principal e esqueleto narrativo, mas flexibilidade no restante da perícope. Ainda que eu concorde no tocante a Q, lanço a seguinte pergunta: seria esta explicação mais plausível do que assumir que Lucas tivesse ampliado consideravelmente a história ou que João a tivesse reformulado? Dunn acha que sim, e devo admitir que, neste ponto, sua argumentação parece ser mais forte. Sejam lá quais forem as diferenças entre estes três relatos, o fato é que elas precisam ser explicadas de alguma forma, não se submetendo facilmente à teoria da mera alteração redacional, argumentação ou reformulação. Devemos

---

[22] Ver Witherington, *Acts of the Apostles*.

deixar claro, entretanto, que pelo fato óbvio de não sabermos realmente como se deu a tradição oral, independentemente de sua forma estanque dos Evangelhos, haveria um menor controle ao sugerirmos esta teoria se comparado à explicação que podemos fornecer sobre as diferenças, com base na redação de tradições anteriores, ao menos quando trabalhamos com o uso que Mateus e Lucas fazem de Marcos. Em relação a Q, pelo fato de não possuirmos este material fora de Mateus e Lucas, obviamente teremos muito menos certeza sobre as formas primitivas de redação, a despeito da confiança demonstrada por aqueles que encontram múltiplas camadas em um documento de Q – o qual não temos em mãos para examinar. Existe, ainda, o problema adicional de que, em uma cultura oral, o que chamamos "Q" pode nem ter sido um ou mais documentos, mas fragmentos memorizados de tradição oral, aos quais Mateus e Lucas recorreriam em momentos e lugares diferentes.

Dunn também discute a tripla versão da história da tempestade acalmada (Marcos 4,35-41; Mateus 8,23-27; Lucas 8,22-25). E defende logo de início: "Temos aqui, mais uma vez, os elementos característicos de diferentes recontagens de uma mesma história sobre Jesus"[23]. Teria sido mais reconfortante se ele tivesse realmente analisado os detalhes dos três relatos e explicado por que sua teoria prestar-se-ia melhor para explicá-los do que uma teoria mais literária.

A única observação que Dunn faz, aqui, é sobre variações inconsequentes de verbos sinônimos e pequenas variações de detalhes sobre o ato de dormir de Jesus – elementos que poderiam ser melhor explicados por recontagens orais independentes da mesma história. Este argumento ignora o fato de que havia regras retóricas específicas que poderiam ter sido seguidas pelos escritores dos Evangelhos no tocante à repetição e ampliação de material-fonte escrito ou oral. Uma das regras-chave era justamente a utilização deliberada de termos diferentes, mas de mesmo significado, para apropriar-se da autoria de um material[24]. De qualquer forma, temos tendências editoriais evidentes ao compararmos a apresentação dos discípulos em Marcos e em

---
[23] Dunn, op. cit., p. 217, tradução nossa.
[24] Ver, por exemplo, minha análise sobre a repetição e ampliação em: *Letters and Homilies for Hellenized Christians*, v. 1.

Mateus. Na primeira apresentação, o discípulo pergunta: "Mestre, não te importas que pereçamos?", ao que Jesus responde: "Ainda não tendes fé?" Em Mateus, já não temos a parte "Mestre, não te importas" e a referência ao fato de não ter fé, cujo reflexo, nos discípulos, é desconcertante. Lucas também suaviza a aspereza do relato de Marcos, com Jesus limitando-se a perguntar: "Onde está vossa fé?" - sugerindo que, para Jesus, os discípulos teriam a fé, embora não a demonstrassem. Dunn prefere argumentar com base em variações múltiplas e espontâneas do mesmo tema, do que com base em diferentes versões ou edições da mesma história.

Após apresentar diversos outros exemplos, escolhendo principalmente aqueles nos quais podemos perceber uma grande variação entre as diferentes formas da mesma história/passagem, Dunn prossegue advertindo que deveríamos nos libertar da reflexão destas tradições de um modo puramente literário, como se as diferenças pudessem apenas ser explicadas em termos de textos-fonte ou redações diferentes. Nisto, concordo com ele. Dunn também advoga que muitas das diferenças podem ser explicadas com base na edição, feita por Mateus ou Lucas, do material de Marcos ou Q - argumento com o qual também concordo.

Em mais de uma ocasião, Dunn cita o material de Eusébio, no qual ele teria citado os trabalhos anteriores do presbítero Papias de Hierápolis sobre a redação de Marcos: "Pedro (...) o qual transmitia seus ensinamentos segundo as necessidades e não como quem faz uma composição das palavras do Senhor, mas de tal forma que Marcos em nada se enganou ao escrever algumas coisas tal como as recordava" (*História eclesiástica*, 3.39.15). Aqui, Dunn traduz *chreia* na acepção ordinária de "necessidades" (necessidades de quem?), sem considerar a possibilidade de que Papias estivesse contando que Marcos compôs seu trabalho seguindo as regras retóricas da formação de *chreia* (histórias curtas, geralmente culminando com uma declaração expressiva e memorável da figura central). Em outros trabalhos, pude demonstrar que esta é justamente a forma com que Papias deve ser lido e, também, o que Marcos estava fazendo[25].

---

[25] WITHERINGTON III, Ben. *The Gospel of Mark:* A Socio-Rhetorical Commentary. Grand Rapids: Eerdmans, 2001.

10. "Cristianismo em formação"

Marcos segue as regras elementares para a composição de narrativas curtas, de uma forma retoricamente efetiva. Lucas faz o mesmo. O que temos em jogo, aqui, não é a simples flexibilidade oral ou a variação sobre um tema, mas uma edição ou modificação proposital de uma tradição oral ou escrita, de modo a acrescentar mais elementos persuasivos ao material em grego. Mateus parece ser o único a possuir outras tendências e objetivos no tocante à maneira com que ele trabalha a tradição, de forma muito mais judaica. Assim, ainda que eu concorde com o fato de que as variações nas tradições compartilhadas não sejam um reflexo de uma atitude desdenhosa ou de uma falta de interesse em relação à história, é uma pena que Dunn tenha negligenciado a retórica como um dos aspectos-chave para analisarmos a forma com que a tradição teria sido trabalhada. Ele está correto, entretanto, no que diz respeito a essas tradições não serem livremente redigidas nem serem consideradas invioláveis e imutáveis, em uma espécie de texto morto[26]. As diferenças entre os relatos paralelos devem receber a merecida atenção, não sendo simplesmente ignoradas, e é neste momento que surge a questão: como, então, explicá-las adequadamente?

Dunn é enfático a este respeito, insistindo na formação coletiva da tradição por meio das recontagens, refutando, assim, a teoria da formação da tradição por meio de figuras apostólicas centrais. Em busca de um ponto de equilíbrio, Dunn faz a seguinte colocação após forte defesa da natureza comunitária e oral da tradição:

> Não devemos nos esquecer do papel das testemunhas formadoras de tradição, dos que foram reconhecidos, desde o início, como apóstolos ou mantenedores da tradição de Jesus. (...) As indicações que possuímos do período pré-paulino e início do paulino sugerem-nos um grande alcance por parte desses indivíduos, fundando e unindo novas igrejas, demonstrando grande zelo para que as bases da tradição fossem bem estabelecidas em cada caso. Ao darmos atenção especial ao caráter comunitário do incipiente processo de formação da tradição, não estamos refutando a ênfase mais tradicional às figuras individuais respeitadas por sua associação com Jesus durante seus dias missionários[27].

---

[26] Dunn, *op. cit.*, p. 223 e p. 238.
[27] Dunn, *op. cit.*, p. 243, tradução nossa.

E, aqui, chegamos ao ponto nevrálgico deste assunto. Dunn acredita haver a necessidade de estabelecermos uma ponte entre Jesus e os escritores dos Evangelhos, e sua teoria sobre um extenso estágio oral neste processo viria a calhar neste exato sentido. É por este motivo que ele rejeita a teoria de Byrskog sobre a história oral. Por essa teoria, as testemunhas não seriam um tipo de suplemento à formação comunitária da tradição ao longo do tempo, mas figuras centrais na definição de uma teoria que pudesse levar-nos de Jesus aos Evangelhos[28].

Assim, podemos dizer que Dunn está buscando um ponto de equilíbrio, um caminho intermediário entre a teoria da memorização e do contato íntimo dos escritores evangélicos com as testemunhas, e a tradição livremente ampliada de um modo literário que se baseia em fragmentos históricos informativos que se voltam, em última instância, a Jesus[29]. Ainda que Dunn mereça nosso elogio por isto, devemos questionar se não seria prudente darmos um pouco mais de crédito e atenção às evidências que possuímos: evidências de Papias, do prefácio de Lucas em Lucas 1,1-4 e do que Paulo nos diz sobre as tradições que lhe foram transmitidas, aparentemente por testemunhas. É possível que alguém pergunte, a este ponto, se Byrskog não teria a melhor argumentação. Sendo assim, julgamos necessário interagir primeiramente com Byrskog e, em seguida, com o uso que Bauckham faz de Byrskog para avaliarmos que tipo de esclarecimentos podemos obter para a abordagem de Dunn.

Jesus, as testemunhas e a história oral

Byrskog possui o mérito de não se desviar da teoria da história oral fundamentada na análise do testemunho e dos informantes orais na antiguidade – apesar deste assunto ser negligenciado pelos estudos recentes de oralidade por nomes como Kelber. Os estudos de Byrskog renderiam bons frutos na obra magistral de Bauckham, inclusive. Para Byrskog, a suposta polaridade entre a oralidade e os textos es-

---

[28] *Ibidem*, p. 244.
[29] *Ibidem*, p. 249.

critos – superestimada por Kelber e seus discípulos – teria distorcido, sob muitas formas, as tradições evangélicas, levando, até mesmo, a romantizar a oralidade e o desempenho oral sobre o "texto *rigor mortis*"[30]. O estudo de Byrskog fundamenta-se na análise das práticas reais e, também, no relato de historiadores antigos, de Heródoto a Lucas, sobre o trabalho com o testemunho ocular. Byrskog merece total crédito por ter ciência de como a retórica e a filosofia antigas afetariam estes assunto, assim, ele também leva em consideração o que devemos aprender a partir dos retóricos e dos filósofos a respeito do testemunho ocular e da história oral.

Byrskog enfatiza o trabalho dos historiadores, por terem sido eles quem tentaram investigar o passado de forma sistemática e consistente: "Eles foram os primeiros representantes do povo antigo a conseguir relatar eventos passados de uma forma mais ou menos consciente. Seus trabalhos são um reflexo claro da dinâmica da história e das histórias, do presente e do passado, dentro do contexto sociocultural da tradição evangélica"[31]. Segundo Byrskog, oralidade e escrita não deveriam ser contrapostas, como se a última fosse um meio morto e, a primeira, a forma viva, sob o pretexto de um tipo de contraste dramático. É verdade que existiu uma preferência pela voz viva sobre o registro escrito em muitos contextos, mas devemos lembrar que os textos do NT são, em linhas gerais, "textos orais": e, como tais, não são meramente oriundos de um ambiente oral, mas foram criados para serem lidos em voz alta e, em muitos casos, também para leituras performáticas, de uma maneira retoricamente efetiva. Sendo assim, quando os textos são substitutos ou transcrições do discurso oral, não há motivos para divisões estanques entre a oralidade e a escrita, ou para o contraponto de uma contra a outra.

Byrskog está correto ao ressaltar que, em uma cultura com cerca de 10 a 15% de alfabetizados, o que é mais notável nos documentos neotestamentários é justamente os níveis de educação formal, conhecimento e habilidades retóricas neles refletidos. Ele coloca desta forma:

---

[30] Ver BYRSKOG, S. *Story as History, History as Story*. Leiden: Brill, 2002, p. 33 *et seq.*
[31] *Ibidem*, p. 45, tradução nossa.

> A maioria dos autores do Novo Testamento, como podemos ver hoje em dia, possuía altos níveis de alfabetização e não relutava, de forma alguma, a utilizar formas refinadas de escrita como meio de comunicação. Assim, não só a rica "subestrutura bibliográfica", mas também o nível literário avançado do NT, contradizem nossa insistência em que a escrita, na antiguidade, fosse inferior ao meio oral[32].

Assim, podemos depreender que o cristianismo primitivo fora conduzido, em sua grande maioria, por um grupo social advindo da elite e composto por indivíduos que não só sabiam ler e escrever, como eram capazes de escrever sofisticadas biografias, monografias históricas, sermões ou cartas, sob formas efetivas e dentro de uma cultura imersa em retórica: tanto na forma de produtores quanto de consumidores ávidos por retórica.

Em seu ataque aos velhos críticos da forma e suas respectivas visões acerca da oralidade e aspectos auditivos, Byrskog faz observações muito pertinentes. Em primeiro lugar, eles assumiam que não importava quem transmitisse ou recebesse a tradição oral,

> (...) porque a individualidade de cada informante ou ouvinte era completamente suplantada pela identidade coletiva e pela recepção comum da comunidade, na qual estavam inseridos. O desafio da história oral em levar a sério a singularidade, assim como a representatividade de cada narração não pode ser encontrado na abordagem de Bultmann[33].

O que é irônico a respeito do estudo de Dunn é que, embora ele seja muito crítico a respeito da velha abordagem crítica da forma, ele chega a uma visão ainda mais coletivista da formação e transmissão da tradição oral, reforçando a dimensão oral em detrimento do testemunho ocular. Em segundo lugar, contudo, há uma ênfase, na tradição antiga, no fato de realmente ver e estar em contato com aqueles que, por sua vez, presenciaram os eventos e as proclamações orais de Jesus. Em outras palavras: o fator de "autópsia" não só encontra-se evidente por toda a velha abordagem crítica da forma, mas

---

[32] Byrskog, *op. cit.*, p. 109, tradução nossa.
[33] *Ibidem*, p. 102-103, tradução nossa.

também na obra de Dunn: "O discipulado foi sempre uma matriz de dupla atividade: era uma forma de aprendizado que envolvia a escuta e a visão"[34].

Quando João diz: "Quem viu isto é que está dando testemunho, e seu testemunho é digno de fé" (João 19,35), percebemos que a conexão entre a testemunha e o testemunho oral torna-se clara e é vista como muito importante, mesmo no último Evangelho canônico a ser produzido. Ou, no prefácio a 1João, quando lemos "O que era desde o começo, o que nós ouvimos, o que vimos com nossos olhos, o que contemplamos e o que nossas mãos tocaram" (1João 1,1), não somos encorajados a pensar o processo de transmissão da tradição como algo estritamente oral e anônimo. Como diria Lucas, a tradição foi repassada por "aqueles que, desde o início, foram testemunhas oculares e ministros da Palavra" (Lucas 1,2). Menosprezamos essas afirmações sobre as testemunhas oculares por nossa própria conta e risco quando intentamos compreender a ponte entre Jesus e os Evangelhos.

O que pode ser encontrado em Byrskog, mas falta em Dunn, é um debate sério sobre as testemunhas do ministério de Jesus. De acordo com Byrskog:

> O evento pautado no Jesus histórico pôde ser experimentado por seus olhos e ouvidos [i.e., os dos primeiros discípulos] e logo se tornou um fato histórico ao entrar no meio circulante presente e oral de observadores, como Pedro, as mulheres, Tiago e Maria; tornando-se as próprias histórias orais que cada um proclamava aos outros. Foi preciso, contudo, fazer uso de seus olhos e de seus ouvidos para tanto[35].

E tudo isto porque, nos feitos de Jesus, incluía-se o que ele também dizia. O ato da fala não era, portanto, separado de outras ações na memória das testemunhas oculares. As narrativas ou histórias contadas continham palavras e ações desde o início, não devendo nunca ser isoladas umas das outras, como se só fosse possível remontarmos ao Jesus histórico ao lidarmos com sua figura de orador.

---

[34] Byrskog, *op. cit.*, p. 105, tradução nossa.
[35] *Ibidem*, p. 106, tradução nossa.

A história oral é o depoimento por excelência das testemunhas oculares, constituindo-se a ponte entre o passado e o presente que é mencionada, de fato, no próprio NT e não uma mera transmissão anônima de tradições orais gerais entre inúmeras gerações e vozes. Quando um material é escrito, ele o é com vistas à performance oral (a *reoralização*, segundo Byrskog); os Evangelhos são textos orais fundamentados no depoimento das testemunhas oculares e não somente nos testemunhos auditivos posteriores da história. O modelo antigo pressupunha a História e as histórias em constante interação, de forma que uma história poderia ser corrigida pela História e pelas testemunhas, sendo a recontagem normalizada por aqueles que teriam sido as testemunhas oculares originais e os fiéis ministros da Palavra que as teriam ouvido.

Byrskog argumenta que não deveríamos tomar a memória das testemunhas antigas como uma espécie de coleção difusa e completamente fluida de reminiscências. E isto não somente porque a memorização era uma parte fundamental da educação – especialmente da educação daqueles que sabiam ler e escrever, indivíduos como os próprios escritores dos Evangelhos –, mas também porque, nas culturas orais, havia momentos, lugares e recompensas para a recitação do que era possível armazenar corretamente na memória. O sofista Hípias, por exemplo, teria mencionado a capacidade de Platão de repetir cinquenta nomes após ouvi-los apenas uma vez (*Hípias Maior* 285e), enquanto Sêneca conta que, em sua juventude, não só conseguia repetir dois mil nomes que ouvia alguém ler, como também era capaz de recitar, em ordem contrária, duzentos versos de um texto (*Contr.*1, V.2). Mesmo descontado o exagero retórico, é indiscutível a questão de que a memória oral fosse cultivada, reconhecida e valorizada na antiguidade. Em auxílio a este processo, podemos ressaltar o uso de recursos mnemônicos e retóricos a fim de que as informações ficassem retidas na memória.

"A abordagem da história oral leva muito a sério o fato de que uma memória acurada depende de interesse social e necessidade. Uma pessoa engajada recorda-se melhor do que um observador desinteressado[36]." Isto não significa que as testemunhas oculares não tivessem seus próprios pontos de vista – com certeza tinham. Mesmo assim, os historiadores e biógrafos

---

[36] Byrskog, *op. cit.*, p. 167, tradução nossa.

optavam corretamente pelo testemunho daqueles que estivessem verdadeira e ativamente envolvidos nos eventos, pelo simples fato de que essas pessoas estavam envolvidas mentalmente nos acontecimentos e apresentavam uma maior predisposição em recordar-se de detalhes importantes do que fora dito e feito – ainda que seus relatos necessitassem de acareação.

Observe, novamente, que Lucas diz ter-se informado cuidadosamente acerca das coisas por um período de tempo antes de sentar-se para redigir um relato ordenado dos fatos para Teófilo (Lucas 1,1-4). Nisto, Lucas não estaria agindo de modo diferente de outros historiadores antigos que valorizavam o testemunho ocular. Esses historiadores eram mais sábios que os modernos, ao compreenderem que:

> A confiabilidade histórica de uma testemunha ocular tem muito pouco ou nada a ver com a transmissão passiva ou desprendimento em relação a um evento. A interpretação engajada é parte do processo desde seu início: ver é interpretar com nosso próprio estado de espírito; o presente sempre constituindo uma parte do passado, mais como um trunfo do que como uma desvantagem, e isso até mesmo nos dias de hoje, em que estamos tão preocupados com a confiabilidade histórica[37].

Dessa forma, Byrskog apresentou-nos uma razão plausível e convincente para entendermos a história oral e a forma com que esta fora trabalhada pelos antigos como o modelo apropriado para lidarmos com as questões da oralidade e da alfabetização, que conduzem aos Evangelhos que temos hoje. Chegado a este ponto, é hora de entendermos a aplicação do modelo feito por Bauckham em *Jesus e as testemunhas oculares*.

Bauckham e a tradição evangélica

Tive o privilégio de ler *Jesus e as testemunhas oculares*, antes de sua publicação, em companhia de Bauckham em St. Andrews, no verão de 2006, e percebi, de imediato, que o estudo seria um verdadeiro marco,

---

[37] Byrskog, *op. cit.*, p. 175, tradução nossa.

tal como o é, hoje, *Jesus Remembered*. Logo no início, Bauckham argumenta que o modelo correto para a análise dos Evangelhos é o modelo do testemunho, pois eles seriam o tipo de historiografia melhor descrito pelo termo *testemunho*:

> Gostaria de lembrar que o testemunho nos oferece tanto uma categoria historiográfica altamente respeitável para a leitura dos Evangelhos como história, quanto um modelo teológico para a compreensão dos Evangelhos como meios inteiramente apropriados de acesso à realidade histórica de Jesus[38].

O que Bauckham está defendendo, aqui, é que os Evangelhos não são o resultado de um longo processo anônimo de transmissão oral das tradições, após passar por inúmeras alterações e combinações, pelo contrário: eles foram escritos enquanto ainda havia uma memória viva das testemunhas oculares que pudesse ser consultada sobre os eventos. Ademais, essas testemunhas não se retiraram simplesmente para uma cidade costeira e permaneceram em silêncio a esse respeito após terem feito o seu relato. Por "pelo menos uma geração, eles andaram pelas jovens comunidades palestinas e, por meio das pregações e da amizade, suas lembranças estavam à disposição daqueles que buscavam informações"[39].

E, assim, Bauckham enfatiza: "(...) o período entre o Jesus 'histórico' e os Evangelhos foi, de fato, coberto não por transmissão anônima de comunidade, mas pela presença e testemunho constante das testemunhas oculares, que permaneceram fontes autorizadas de suas tradições até a morte (...)"[40]. Isto não significa que muitos outros não tenham, também, contado essas histórias em cultos ou entre amigos; significa, sim, que os Evangelhos se pautaram nas informações das testemunhas oculares, não em indivíduos que teriam vindo depois. Aliás, o que favoreceu a redação dos Evangelhos foi justamente o fato de as testemunhas oculares estarem morrendo e de os testemunhos precisarem, assim, ser

---

[38] Bauckham, *Jesus e as testemunhas oculares*, p. 18.
[39] Isto é parte de uma citação memorável de: TAYLOR, Vincent. *The Formation of the Gospel Tradition*. London: Macmillan, 1953, p. 42.
[40] Bauckham, *Jesus e as testemunhas oculares*, p. 22.

preservados – neste caso, por escrito. O método utilizado pelos escritores evangélicos para reunir e editar o material-fonte era procurar as testemunhas (e as pessoas que haviam estado em contato com as testemunhas) e ouvir atentamente seus testemunhos. O testemunho oral destas pessoas era preferível aos anônimos registros escritos. Estes escritores antigos ouviram e atenderam ao chamado *ad fontes* – o *modus operandi* preferido dos historiadores e biógrafos antigos da época.

Bauckham, ciente de algumas críticas suscitadas contra o trabalho de Byrskog, assume, como sua tarefa, responder ou preencher as lacunas deixadas por Byrskog em relação a algumas objeções. Para tanto, Bauckham utiliza-se do registro do bispo Papias de Hierápolis, do século dois, e do que ele diz a respeito das origens da tradição evangélica. Além dos dados internos dos próprios Evangelhos, este registro, que data do início do segundo século e que é atribuído a alguém que mantivera contato real com ao menos uma testemunha (além de mais uma ou duas pessoas que também conheciam algumas testemunhas), é de extrema importância e, infelizmente, Dunn parece ser o único, de uma linhagem recente de acadêmicos, que evita interagir de maneira séria e detalhada com o trabalho de Papias. Bauckham compensa esta lacuna em seu estudo, estendendo-se por cerca de quinhentas páginas adicionais. Aqui, poderei apresentar apenas um resumo de seus pontos mais importantes.

Bauckham enfatiza que não devemos simplesmente obter de Papias a preferência pela voz viva sobre o livro escrito, uma vez que o que Papias está dizendo no relato de Eusébio, em *História Eclesiástica* (3.39.3-4), é que ele desejava ouvir das próprias testemunhas oculares ou daqueles que haviam estado em contato com elas[41]. Conforme salientado por Bauckham, nesta passagem, Aristião e João são chamados de os discípulos "anciãos" do Senhor, ou seja, testemunhas oculares de Jesus, com os quais Papias afirma ter mantido conversas pessoais, provavelmente não muito depois da década de 80 d.C[42]. O texto pode significar, contudo, que ele tenha se encontrado pessoalmente com indivíduos que

---
[41] Bauckham, *op. cit.*, p. 33 *et seq.*
[42] *Ibidem*, p. 36.

haviam tido contato com essas duas figuras. Papias também parece ter mantido contato direto com as filhas profetisas de Filipe, mencionadas em Atos 21,9 (*História eclesiástica* 3.39.9). De qualquer modo, este testemunho deve ser confrontado com o que diz Lucas 1,1-4: ambos parecem referir-se a um período, na década de 80, quando as testemunhas oculares ainda estavam vivas e podiam ser consultadas – o que, por sua vez, coincidiu com a época em que os Evangelhos sinóticos parecem ter sido escritos.

O que importa nesta parte do testemunho de Papias, como o próprio Bauckham enfatiza, é a alusão a um testemunho oral conectado com testemunhas oculares específicas e nomeadas, não com uma comunidade anônima. Ademais, quando Papias menciona sua preferência pela "voz viva", ele não está fazendo uma preferência pelo oralidade em detrimento da escrita, mas, como ele mesmo afirma, pela "voz viva *e sobrevivente*". Ele está fazendo uma referência à "(...) voz de um informante – alguém que tem memórias pessoais das palavras e dos feitos de Jesus e que ainda está vivo". O "dito acerca da superioridade da 'voz viva' em relação a livros refere-se não à tradição oral como sendo superior a livros, mas à experiência direta de um instrutor, informante ou orador como sendo mais excelente do que fontes vivas"[43]. Bauckham estabelece uma válida comparação entre isto e a passagem de 1Coríntios 15,6, na qual Paulo faz uma alusão a várias testemunhas do Cristo ressuscitado, "a maioria dos quais ainda vive, enquanto alguns já morreram"[44]. A questão torna-se simples: começando por Paulo, ou indo diretamente a Lucas e seguindo até o quarto Evangelho, ou finalmente chegando até Papias, notamos que todos esses escritores compartilham a mesma preocupação por estarem em contato não somente com a tradição oral, mas com a autópsia das testemunhas oculares. A distinção entre história oral e tradição oral torna-se clara: a primeira envolveria, necessariamente, o testemunho das testemunhas oculares, ao passo que a segunda, não. A tradição oral pode ter passado de boca

---

[43] *Ibidem*, p. 46.
[44] *Ibidem*, p. 47.

a boca inúmeras vezes, sendo tipicamente coletiva e anônima; a história oral, não. Papias não possuía nenhum interesse de refletir a memória coletiva das comunidades cristãs primitivas. Ele desejava ouvir – e se possível, diretamente – o relato das próprias testemunhas; caso isso não fosse possível, ele passava a confiar no relato daqueles que haviam ouvido, por sua vez, as testemunhas.

Em um artigo que sucedeu a publicação de *Jesus Remembered*, Dunn faz uma crítica específica e mais direta ao trabalho de Byrskog. Aqui, podemos notar o tom encarniçado de sua crítica:

> Eu simplesmente não acredito que Pedro, Maria Madalena e outros tenham armazenado tantas lembranças da missão de Jesus, que vinham à tona pelas investigações de "história oral" de um Lucas ou de um Mateus. Defendo que essas memórias já tinham alimentado a tradição viva das igrejas, como elementos de grande auxílio na formação daquela tradição. Não duvido que outras recordações tenham surgido pelas perguntas de um Lucas ou de um Mateus, mas seriam complementares àquelas já conhecidas e executadas semanalmente nas várias assembleias. Sugiro que o mesmo seja verdadeiro em relação a Papias e Irineu[45].

Como Bauckham lamenta, Dunn assume simplesmente, aqui, que os Evangelhos são o produto de uma tradição comunitária – o que contraria a afirmação de Lucas em Lucas 1,2 sobre seu *modus operandi* e sobre quem ele teria consultado. Bauckham também adverte, corretamente, que não se trata de um caso de extrair informações das testemunhas oculares que, até então, haviam mantido silêncio sobre a questão. Essas testemunhas já vinham compartilhando testemunhos, provavelmente por um longo tempo, e seus relatos já haviam se tornado moeda comum em várias comunidades. Este não é o ponto. O ponto é: *quem os escritores evangélicos teriam consultado para redigir os Evangelhos?* Lucas afirma ter consultado testemunhas oculares, e em seu texto subentendemos que

---

[45] DUNN, James. On History, Memory and Eyewitnesses: In Response to Bengt Holmberg and Samuel Byrskog. In: *JSNT* 26, 2004, p. 463-484, citadas, aqui, as páginas 483-484, tradução nossa.

ele sabia da existência de tentativas anteriores de redigir um relato dos eventos evangélicos. De modo similar, Paulo nos conta, em Gálatas 1, que estivera em Jerusalém a fim de aprender a história a partir de Pedro, Tiago e João, e podemos estar certos de que eles não passaram duas semanas discutindo sobre o tempo nas colinas de Sião. Assim, quando Paulo nos diz transmitir o que ele havia recebido em 1Coríntios 11 ou 15, devemos assumir que ele tenha obtido as informações de fontes seguras, e que tenha consultado as testemunhas oculares sempre que possível. Da mesma forma, devemos considerar com atenção o que fora dito em Atos 1 sobre o critério a ser utilizado na substituição de Judas dentre os Doze, a escolha deveria recair sobre alguém que teria participado do ministério de Jesus a partir do batismo de João. E por quê? Porque eles precisavam de uma testemunha ocular que conhecesse a história ministerial ao máximo, de forma que os Doze pudessem continuar a ser os agentes e representantes de Jesus em Israel.

E o que dizer a respeito do Evangelho de Marcos? Após analisar a interessante *inclusio* em Marcos 1 e Marcos 16 (em que Pedro torna-se o primeiro discípulo nomeado de Jesus), e lermos, em Marcos 16,7, que as mulheres deveriam ir contar aos discípulos e a Pedro que Jesus os havia precedido na Galileia, e também após notar que o Evangelho de Marcos possui o maior número de menções a Pedro de todos os Evangelhos canônicos (incluindo Mateus), Bauckham retorna mais uma vez à tradição de Papias sobre a redação do Evangelho de Marcos – nosso primeiro e, de certa forma, mais importante Evangelho para fins desta discussão[46]. Devo adiantar, aqui, que a explicação do porquê de Lucas ou o primeiro evangelista terem usado Marcos de forma tão extensiva (especialmente quando todos sabiam que Marcos não era uma testemunha ocular e que Lucas dizia consultar esse tipo de pessoa) será um mistério a menos a desvendar. Em resumo: a resposta está no testemunho de Pedro.

Aqui, temos a passagem crucial de autoria de Papias, conforme traduzida e ampliada (para o inglês) por Bauckham:

---

[46] Bauckham, *op. cit.*, p. 261.

> O Ancião costumava dizer: Marcos, na qualidade de intérprete de Pedro [*hermēneutēs*], registrou cuidadosamente por escrito tantas coisas quantas ele [Pedro?] relembrava de cor – embora não de forma ordenada [*ou mentoi taxei*] – das coisas feitas ou ditas pelo Senhor. Com efeito, ele [Marcos] nem ouviu o Senhor, nem o acompanhou; mais tarde, porém, como eu disse [ele ouviu e acompanhou] a Pedro, que costumava passar adiante seu ensinamento sob forma de *chreiai*, mas não tinha intenção alguma de apresentar uma composição [*suntaxin*] ordenada dos *logia* do Senhor. Consequentemente, Marcos nada fez de errado quando pôs por escrito alguns itens individuais tais como ele [Pedro?] relatou-os de memória. Efetivamente, sua única preocupação foi não omitir nem falsificar nada do que ouvira (Eusébio, *História eclesiástica*, 3.39.14-16, *apud* BAUCKHAM, 2011, p. 262).

Bauckham discorre extensamente sobre esta passagem, cujo significado histórico é geralmente negligenciado ou ignorado. Vejamos os pontos-chave deste debate. O termo *hermeneutes*, aqui, possui o duplo sentido de "intérprete" e "tradutor". Como Bauckham esclarece, pelas informações que Papias vai acrescentando ao texto, assumimos que ele deva estar utilizando a acepção de "tradutor" para este termo. O trabalho de Marcos consistia em não omitir nada nem fazer quaisquer acréscimos, de modo a evitar a falsificação do testemunho ocular de Pedro. Desta feita, Marcos nem mesmo assume a autoridade para ordenar o material de uma forma mais coerente: ele simplesmente reproduz com exatidão o que ouvira de Pedro e da forma exata com que se recorda. Em outras palavras, não se trata, aqui, de Marcos ser um intérprete de Pedro quando a palavra oral era compartilhada por Pedro. Esta é uma referência a como o Evangelho de Marcos fora redigido da maneira como o temos. E isto também deve servir de explicação para a ênfase de Lucas quando afirma que ele (ao contrário de Marcos) nos proporcionará uma organização retórica e historicamente efetiva do material.

Isto nos conduz a um terceiro ponto crucial. Em vários momentos de Marcos temos citações curtas de Jesus, em aramaico, que são transmitidas telegraficamente em grego. Isto pressupõe que o público de Marcos não soubesse aramaico, mas que o evangelista fosse, no mínimo, bilíngue (é possível que ele também tivesse algum conhecimento em latim). M. Casey teria demonstrado que uma porção considerável de nosso primeiro Evangelho pode encontrar seu reflexo no original em aramaico[47]. Ele sugere que algumas das inconsistências, que podemos encontrar na versão grega de Marcos, devem-se a questões de tradução, algo que iria além da simples questão da interferência semítica (um indivíduo pensando primeiramente em uma língua semítica para, depois, tentar redigir em grego, mas ainda carregando consigo as estruturas e marcas da língua de origem).

Chegamos, aqui, a um ponto importante. As observações de Casey favorecem a sugestão de Bauckham de que Marcos teria traduzido as recordações em aramaico de Pedro em seu Evangelho. Pedro teria narrado as falas e os feitos de Jesus em aramaico ou, talvez, em um grego muito rudimentar, e Marcos teria tomado notas de tudo, utilizando um grego mais apurado. Seguindo a argumentação de Bauckham, o segundo verbo utilizado para referir-se à memória, na passagem acima de Papias, significa "relatar ou lembrar-se de cor", entretanto, este verbo seria aplicado de uma forma mais natural a Pedro – cujo testemunho é do interesse de Papias – e não a Marcos. Sendo assim, podemos ver Marcos como o escriba de Pedro, tomando notas das recordações de Pedro. E, conforme Bauckham prossegue enfatizando, esta mesma língua seria a língua utilizada em grego pela *Memorabilia*, de Xenofonte, e, de maneira mais importante, por São Justino, ao referir-se aos Evangelhos como as "memórias dos apóstolos" (*1 Apologia* 66.3, 67.3; *Diálogos com o judeu Trifão*, 107-17)[48].

Bauckham prossegue, então, reivindicando que a tradução do termo *chreia*, aqui, como "de acordo com as necessidades" (defendida por Dunn) fora completamente abandonada pelos acadêmicos estudiosos de Marcos[49]. Como um termo retórico, faz total sentido em relação ao que podemos encontrar em nosso primeiro Evangelho: narrativas curtas contendo ações e declarações, ou ações e falas que culminam geralmente em uma observação memorável. A palavra inglesa *anecdote* é, talvez, o paralelo mais próximo. A

---

[47] CASEY, Maurice. *Aramaic Sources of Mark's Gospel*. Cambridge: Cambridge University Press, 2007.
[48] Bauckham, *op. cit.*, p. 274.
[49] Ver a discussão em Witherington, *Gospel of Mark*, p. 9-36.

chreia era uma forma de redação retórica encontrada em todos os níveis de educação e utilizada para ensinar a ler e escrever. Afirmar que Pedro teria relatado e, Marcos, redigido esses contos na forma de *chreia*, não é pressupor um conhecimento sofisticado de retórica (tal como encontramos em Paulo ou no autor de Hebreus), apenas um conhecimento básico desta arte.

Mas se este Evangelho fora escrito com vistas ao público de Roma, esta forma de redação teria sido não só valiosa, mas também praticamente exigida, pois Roma era o centro retórico em meados do primeiro século de nossa era, e não se concebia o convencimento de nenhum indivíduo educado sem sua utilização. O que o termo *chreia* pressupõe são as intenções evangelizadoras de Pedro, Marcos ou ambos. Eles almejavam a repercussão da tradição de Jesus para poder convencer as pessoas acerca "das Boas-novas de Jesus Cristo, o filho de Deus". Ainda que haja muito mais na rica análise de Bauckham sobre a teoria de Byrskog e em sua ampliação e justificativa da abordagem da história oral para a formação da tradição evangélica, isso deve bastar por ora – parece-nos que ele tenha preenchido todas as lacunas e detectado todos os pontos fracos da apresentação de Byrskog, fazendo uma atraente defesa deste tipo de abordagem para nossos Evangelhos canônicos. É chegada a hora de encerrarmos esta discussão, avaliando o significado de tudo isto na análise de *Jesus Remembered*, de Dunn.

E então?

Quais são as implicações deste estudo? As evidências históricas que podemos depreender dos Evangelhos e de outras passagens do NT, e do testemunho de Papias, sugere que o modelo adequado para a avaliação das tradições evangélicas é o da história oral, não o modelo proposto por Dunn da tradição oral informal controlada, que teria permeado as comunidades durante muito tempo, sujeitas ao controle coletivo anônimo de uma para outra. Isto não significa, porém, que Dunn esteja errado e, eu, certo. Significa, somente, que ele deveria ser mais claro ao defender que Bauckham esteja errado em pontos nevrálgicos. E, como isto ele ainda não fez, devo dizer que seu trabalho ainda não terminou.

Nas partes principais do trabalho de Dunn, nas quais ele lida com as fontes e tradições, fica faltando uma explicação mais detalhada quando ele defende que as tradições evangélicas (especialmente quando há muitas diferenças entre paralelos) sejam um reflexo de considerável flexibilidade na tradição oral, com, no máximo, um controle informal – em detrimento da visão de que seriam o resultado de um processo de edição e ampliação por parte dos escritores evangélicos. A própria flexibilidade contraria a visão de um controle mais formal, conforme idealizado pelo mentor de Byrskog, Gerhardsson. Dunn tem razão ao apontar a falta de evidências de algum tipo de controle rígido e formal (como a prática posterior da Mishná) nos dados que possuímos acerca dos Evangelhos quando examinados em detalhe.

A discussão metodológica de Dunn possui, contudo, o grande mérito de demonstrar os pontos fracos nas antigas abordagens críticas da forma, em relação aos dados evangélicos, baseadas em analogias antigas e pouco conhecidas a respeito da maneira com que a tradição oral era trabalhada. Como tivemos a oportunidade de ver neste capítulo, contudo, tenho minhas dúvidas de que os estudos modernos que se apoiaram em Bailey possam ser de grande valia ao lidarmos com este tipo de material. É aqui que o estudo detalhado de Byrskoh e Bauckham sobre historiadores, retóricos e biógrafos antigos vem em nosso auxílio, trazendo um tipo mais apropriado de analogias gregas antigas.

E é aqui que reside a própria ironia deste debate. Os relatos paralelos nos sinóticos dizem o que dizem, sejam lá quais forem as nossas teorias sobre a origem ou a transmissão dessas tradições. Qualquer teoria de origem e transmissão, inclusive, deve levar em consideração e permitir a existência dessas diferenças. Como Dunn ressaltou, já que elas não podem ser ignoradas, refinadas ou descartadas, é com elas que devemos trabalhar. E ainda que, ao fim e ao cabo, tenhamos certeza de que Mateus tenha utilizado muito do trabalho de Marcos e, Lucas, uma parte dele, ainda devemos considerar o fato inegável que houvera certa dose de flexibilidade com o manuseio dos dados – até mesmo dos ditos de Jesus, ainda que estes fossem transmitidos de uma forma mais conservadora do que o material narrativo, ao que parece.

A meu ver, ainda que esta flexibilidade possa, na minoria dos casos, refletir uma flexibilidade no estágio oral das coisas, os padrões repetitivos do uso de Marcos (e, talvez, de Q) por Mateus e Lucas sugerem um caráter proposital e importante para a maior parte das diferenças, sendo o resultado do manuseio do material pelos próprios evangelistas. De fato, a maioria delas pode ser explicada em termos da escolha do evangelista em seguir seus próprios objetivos e interesses ou em seguir as orientações de regras retóricas de como fazer de uma narrativa um ato efetivo de persuasão, mantendo o interesse do público, mesmo quando o material fosse repetitivo.

Permita-me enfatizar, mais uma vez, que as evidências tanto internas quanto externas acerca dos Evangelhos sugerem, para mim, que a teoria da história oral é a que melhor dá conta de explicar o que podemos encontrar nos Evangelhos canônicos – mais do que uma possível transmissão oral informal controlada e minimamente flexível. O que temos, nestes Evangelhos, é o "Jesus lembrado", não por qualquer um ou por todos, mas por aqueles que o teriam conhecido mais a fundo: as testemunhas oculares ou quem havia mantido contato com as testemunhas – os verdadeiros arautos do Verbo[50]. As comunidades, assim, não teriam criado essas tradições, mas as testemunhas oculares, sim.

O papel das comunidades fora o de validar a veracidade dessas tradições, utilizando seu conteúdo para transformarem muitos indivíduos em seguidores de Jesus. Este papel da comunidade e das testemunhas oculares teria sido muito bem resumido pelas palavras finais do quarto Evangelho. A comunidade diria, apontando para além de si mesma: "Este é o discípulo que dá testemunho dessas coisas e as escreveu, e sabemos que seu testemunho é verdadeiro" (João 21,24). Aqui, os dois papéis foram abertamente demonstrados, explicando por que, como Dunn reforça de maneira correta, o Jesus histórico é, de fato, o Jesus dos Evangelhos, o Jesus alojado nas mentes e corações de seus primeiros discípulos e testemunhas, e encapsulado em nossos Evangelhos canônicos.

---

[50] Ver Witherington, *What Have They Done with Jesus?*

O despertar da consciência canônica e a formação do Novo Testamento

> É a mais pura verdade quando dizemos que os livros do Novo Testamento tornaram-se canônicos justamente pelo fato de ninguém poder impedi-los de serem assim.
> (William Barclay)[1]

> Se colocarmos a questão de um modo diferente, em vez de sugerirmos que alguns livros tivessem sido acidentalmente incluídos e, outros, acidentalmente excluídos do cânone neotestamentário – fosse a exclusão definida em termos da atividade de indivíduos, sínodos ou conselhos –, seria correto afirmar que certos livros excluíram a si mesmos do cânone (...) em um típico caso de sobrevivência dos mais preparados.
> (Bruce M. Metzger)[2]

Uma das vertentes mais significativas nos estudos neotestamentários das últimas décadas é a revisão do conhecimento de muitos (ou talvez quase todos os) acadêmicos sobre o desenvolvimento e fechamento do cânone do NT. Esta brusca mudança de opinião encontra um reflexo claro naquele que talvez seja o melhor dos livros recentes sobre o cânone: *The Biblical Canon*[3], de L. McDonald. Como catalisador desta revisão – que declara, agora, a probabilidade de não ter existido listas canônicas no segundo século d.C., e que as atividades e tentativas

---
[1] BARCLAY, William. *The Making of the Bible*. London: SCM Press, 1961, p. 78.
[2] METZGER, Bruce M. *The Canon of the New Testament*: Its Origin, Development, and Significance. Oxford: Oxford University Press, 1987, p. 286.
[3] McDONALD, L. *The Biblical Canon*. Peabody, Mass.: Hendrickson, 2007. Temos esta terceira edição da obra consideravelmente ampliada em relação às edições anteriores. Ver resenha de David Chapman, na edição online de agosto de 2007 da *Review Biblical Literature*.

de delimitar o cânone do NT só teriam realmente surgido no século quatro – temos o trabalho de G. Hahneman, que, por sua vez, teria dado prosseguimento às sugestões anteriores de A. C. Sundberg[4], nas décadas de 1960 e 1970. Embora antes desses dois acadêmicos fazerem suas considerações sobre as listas canônicas (e particularmente sobre a lista muratoriana), a grande maioria dos acadêmicos do NT defendesse que a lista muratoriana datasse de fins do segundo século, hoje em dia, muitos indicam o século quatro como uma data mais provável para o Fragmento de Muratori.

É característica de uma boa tese conseguir mudar mentes e paradigmas, e o trabalho de Hahneman, elaborado como uma tese de doutorado sob a orientação de M. Wiles em Oxford, tem exercido uma influência de grandes proporções se comparada aos demais projetos apresentados. Parte deste problema é que um indivíduo precisa ser um polímata para conseguir analisar boa parte da obra de Hahneman adequadamente, e a maioria dos acadêmicos do NT, hoje em dia, são tão especializados em seus assuntos, que evitam trabalhar com argumentos que exijam uma grande dose de expertise – particularmente em campos como história da Igreja primitiva, latim e patrística, e não somente no NT. Mesmo assim, considero importante analisarmos a teoria de Hahneman mais a fundo, pois, a esta altura, já é geralmente considerada "aprovada", de forma a dispensar interpretações. Como não concordo com esta atitude, fornecerei, aqui, primeiramente uma crítica aos argumentos de Hahneman e, em um segundo momento, uma alternativa construtiva para o modelo por ele proposto, em um breve esboço, que carecerá de desenvolvimento em uma ocasião futura.

---

[4] Ver, especialmente, o artigo de A. C. Sundberg: Canon Muratori: A Fourth Century List. In: *HTR* 66, 1973, p. 1-41, no qual podemos encontrar a versão completa do argumento e o estudo ainda mais influente de HAHNEMAN, Geoffrey M. *The Muratorian Fragment and the Development of the Canon.* Oxford: Oxford University Press, 1992.

Pistas falsas - a teoria revisitada de Hahneman

Uma das coisas que costuma acontecer em trabalhos acadêmicos é que os acadêmicos, quase que naturalmente, tendem a demonstrar sua erudição de forma detalhada, enquanto o público, retoricamente maravilhado, silencia justamente por não compartilhar do mesmo nível de conhecimento sobre o assunto em questão. Observo isto com certa frequência, por exemplo, quando acadêmicos sem conhecimento de latim são confrontados com alguém que domina este idioma.

Um exemplo típico desses acadêmicos é Hahneman, cuja obra apresenta um primeiro capítulo intimidante justamente pelo nível de detalhamento na argumentação sobre o texto latino do Fragmento Muratoriano. O argumento tem seu mérito, pois demonstra que o longo formato do Fragmento Muratoriano encontrado em Milão apresenta um nível bem ruim de latim e péssima qualidade na cópia, feita por um escriba descuidado. Devo assumir, logo de início, que esta cópia específica do Fragmento pode muito bem datar do quarto ou quinto século, assim como também assumo que os fragmentos encontrados em Monte Cassino, com um latim mais apurado, demonstram o nível realmente ruim do primeiro texto em relação ao fragmento maior. Além disso, os estudos ortográficos do texto do Fragmento Muratoriano de Milão fornecem algumas evidências úteis para a hipótese do século quatro (ou posterior ao quatro) para esta cópia específica da lista.

Tudo isto, porém, é completamente irrelevante se considerarmos que até mesmo Hahneman reconhece prontamente o que fora defendido à época desta descoberta: que a lista fora concebida originalmente em grego, não em latim. Hahneman reafirma que alguns dos deslizes do texto latino do Fragmento Muratoriano podem ser rapidamente justificados quando reconhecemos que se tratam de traduções ruins do original em grego. Assim, ao final, percebemos que o mérito desta longa discussão sobre o latim da lista do Cânone Muratoriano é justamente o de demonstrar que muito provavelmente o texto original não fora escrito em latim. Tomando como base esse pressuposto, todos os argumentos ortográficos sobre a cópia datar do quarto ou quinto século são absolutamente irrelevantes para avaliarmos a data do original em grego – reconstruído já há mais de cento e vinte anos por J. B. Lightfoot, em um trabalho clássico reeditado em 2007[5].

A segunda grande pista falsa ou argumento irrelevante é a discussão de Hahneman a respeito do códice do século sete contendo o Cânone Muratoriano. Este códice abrigaria, também, uma variedade de documentos patrísticos, incluindo vários do século quatro. Sobre isto, não resta dúvidas. Hahneman, porém, ao encontrar uma maioria de documentos do século quatro copiados nesse códice, chega à conclusão de que isso seria um indício de que a lista muratoriana também pudesse datar do século quatro. Infelizmente, até mesmo uma rápida análise de outros códices cristãos conseguem demonstrar como este argumento pode ser capcioso. Consideremos, por exemplo, o Códice Claromontano: além de vários livros neotestamentários, temos o Apocalipse de Pedro nele incluído. Deveríamos concluir, a partir disto, que o Apocalipse de Pedro seria um documento do século um? Nenhum acadêmico que conheço pensaria que sim. Ou tomemos por base o Codex Sinaiticus (Códice Sinaítico), incluindo *O Pastor*, de Hermas, em meio a vários outros livros do NT. Isto seria, por si só, garantia para concluirmos que Hermas *fosse* ou *devesse ser* um documento do primeiro século? Certamente não, e a maioria dos acadêmicos julga que o texto de Hermas seja de algum período do século dois. Costumo chamar este argumento de "data por associação ou proximidade" – capcioso por natureza[6].

Os códices cristãos incluíam uma variedade de documentos e teriam sido elaborados segundo razões e propósitos diferentes. E, enquanto possamos discutir este assunto, vale dizer que *um índice de conteúdo de um códice vem a ser a mesma coisa que uma lista canônica*, estando ela aberta

---

[5] LIGHTFOOT, J. B. *The Apostolic Fathers*. London: Hodder & Stoughton, 1890 (agora publicado pela Digireads.com em 2007).
[6] Há uma crítica detalhada, ponto a ponto, de quase todas as teorias de Hahneman sobre a lista do Cânone Muratoriano, e que pode ser encontrada em: VERHEYDEN, Joseph. The Canon Muratori: A Matter of Dispute. In: AUWERS, J. M., de JONGE, H. J. (eds.) *The Biblical Canons*. Leuven: Leuven University Press, 2003, p. 487-556.

ou fechada. A inclusão em um códice significava que esses documentos cristãos eram muito valorizados, frequentemente copiados e considerados como recursos cristãos de grande importância. Se alguém pudesse provar que os conteúdos deste ou daquele códice fossem lidos em voz alta em um culto cristão como um texto sagrado, isto serviria de defesa de nossa tese. Como sabemos, porém, que esses códices não eram utilizados como Bíblias de púlpito (com certeza não no quarto século ou antes dele), devemos assumir que esses textos vinham do scriptorium e permaneciam no scriptorium, sendo utilizados para estudo e reflexão, não para cultos. Já possuímos, contudo, evidências dos séculos dois e três (ver o caso do Bispo Serapião[7]) de uma distinção sendo feita entre livros cristãos que podiam ser lidos e estudados e o que seria uma Escritura para ser lida somente nos cultos[8]. Esta distinção teria perdurado até fins do período patrístico e início da Idade Média, quando muitos dos grandes códices foram produzidos. Não podemos, assim, concluir que o que fora copiado e lido em particular ou no scriptorium e transformado em códice cristão fosse necessariamente visto como Escritura, sendo adequado para o culto. Para que um documento pudesse ter esse fim, teria de passar por testes mais rigorosos de apostolicidade, antiguidade histórica e veracidade, e não ser simplesmente um texto de utilidade ou relevância geral.

A terceira pista falsa engloba todo o debate sobre a Peshitta no estudo de Hahneman. Em primeiro lugar, tomemos como premissa que a Peshitta date do século quatro (talvez fins deste) e que, portanto, não é capaz de oferecer um paralelo com o Fragmento Muratoriano como um tipo de lista canônica primitiva. Vale lembrar que a Peshitta é uma Bíblia – diferentemente do Cânone Muratoriano – e que, assim, os dois não são realmente comparáveis. Da mesma forma, ressaltemos que pelo menos a porção do Antigo Testamento date certamente do segundo século de nossa era, ao passo que a parte do NT certamente seja anterior

---

[7] Ver McDonald, *Biblical Canons*, p. 29, 291. Ver a citação da carta de Serapião em Eusébio, *História Eclesiástica* 6.12.3-6, na qual ele permite, pela primeira vez, que o Evangelho de Pedro seja lido nos cultos, antes de voltar atrás nessa decisão, quando descobre que se tratava de um pseudônimo.

[8] Ver McDonald, *Biblical Canon*, p. 243-304.

ao século quatro, uma vez que teria sido amplamente utilizada pelos Pais siríacos e antioquinos no século quatro – ver, por exemplo, seu uso generalizado por Efrém da Síria[9]. A datação da Peshitta não afeta, portanto, a datação do Cânone Muratoriano, pois não temos uma conexão textual entre os dois, porém, podemos afirmar uma coisa: a Peshitta provavelmente oferece evidências anteriores ao século quatro para uma espécie de cânone fechado das Escrituras do NT na igreja síria.

Logo de início temos, no estudo de Hahneman, um excelente exemplo de pressuposto que carece de comprovação: trata-se do raciocínio de que, pelo fato de a primeira versão do Cânone Muratoriano ter sido escrito em grego, *sua origem estaria, provavelmente, na parte oriental do império, pois o grego teria deixado de vigorar no Ocidente durante o século dois*[10]. Eis, aqui, um argumento *non sequitur* por excelência: primeiramente, ele pressupõe que a lista muratoriana deva ser do século quatro para, em seguida, argumentar que as condições do século quatro em relação à língua grega devam ser aplicadas a este documento. Se, todavia, o Cânone Muratoriano datar de fins do século dois, então, é perfeitamente plausível que ele possa ter vindo da parte ocidental do império, incluindo Roma. Hahneman também não se deteve para demonstrar que o grego não era utilizado no Ocidente nos séculos três e quatro, ao menos em alguns contextos. Mas basta-nos um minuto de reflexão sobre os documentos cristãos para encontrarmos problemas nesta pressuposição, principalmente se estivermos referindo-nos a documentos cristãos copiados por escribas. Os tutores e escribas, no Ocidente, teriam continuado a lecionar e utilizar o grego bem após o século dois[11], mesmo sendo o latim a língua oficial do império. Se o Fragmento Muratoriano foi originalmente redigido por um escriba, então ele poderia ter sido redigido em qualquer momento dos três séculos da história da Igreja, que sucederam a era do NT, e praticamente em qualquer lugar.

---

[9] Ver a discussão em: KANNENGIESSER, C. *Handbook of Patristic Exegesis*: The Bible in Ancient Christianity. Leiden: Brill Academic, 2006, p. 1395-1429.
[10] Hahneman, *op. cit.*, p. 16-17.
[11] Ver Gamble, *Books and Readers in the Early Church*.

Argumentos sobre as inclusões e as ausências

Hahneman gasta algum tempo ponderando por que Tiago, Hebreus e 1Pedro não estariam presentes no Cânone Muratoriano, ao passo que teríamos a inclusão de Apocalipse. Para ele, esse fato apoiaria o argumento de uma origem oriental para o documento em detrimento da ocidental. Mais uma vez, estamos lidando com as *pressuposições* levantadas pelo autor para aquilo que ele precisa *demonstrar*, pois a grande maioria dos acadêmicos que precederam Hahneman acreditavam que a lista muratoriana datasse de fins do século dois. Pela sua argumentação, a origem oriental seria mais provável por essas inclusões e exclusões, *com base em como esses documentos eram vistos pela Igreja do século quatro*. Logo a seguir, o autor é forçado a admitir que o Fragmento Muratoriano é um manuscrito mutilado e que, conforme já apontado por outro cidadão de Durham do século 19 (B. F. Westcott), a íntegra deste documento poderia muito bem ter incluído esses livros na listagem. O que temos, hoje, é apenas uma parte da lista muratoriana, não a lista completa e o que é mais importante: *a falta de provas* não dá garantia a ninguém para pressupor evidências a partir da ausência. Indo ainda mais ao ponto: se o Fragmento Muratoriano datar bem antes do século quatro, não há razões para dizer que ele não poderia ter vindo do Ocidente ou do Oriente, pois várias epístolas católicas e o Apocalipse estavam sendo debatidos àquela época – o próprio Eusébio afirma, no século quatro, que várias pessoas, de partes diferentes do império, estavam discutindo esses livros.

Ainda que eu não dê muito valor a este tipo de evidência, o fato de o Fragmento Muratoriano listar hereges do século dois e *não* de séculos subsequentes é consistente com a teoria da datação do segundo século para este documento. Defendo, sim, que não há sinais indicativos de anacronismo no que é dito neste documento sobre tais assuntos, sinais que poderiam denunciar que o material possa ser de uma data posterior, embora apresente-se declaradamente como um documento do século dois.

Hermas, segundo Hahneman

O Pastor, de Hermas, foi certamente um documento cristão primitivo muito popular, e muitos acadêmicos estão convictos de que ele date da primeira metade do século dois, ainda que uma minoria o tenha datado como sendo do final do primeiro século. Hahneman não poupa tempo neste debate da referência a Hermas no documento, pois, segundo ele, o ponto nevrálgico para datarmos o Fragmento Muratoriano no século dois baseia-se na análise do que é dito a respeito de Hermas. Será útil, neste ponto, oferecer uma tradução das principais linhas do Fragmento Muratoriano, a começar pela linha 73:

> Mas *O Pastor* foi escrito por Hermas na cidade de Roma, bem recentemente, em nossa época, quando seu irmão Pio ocupava a cátedra episcopal na igreja da cidade de Roma. Pode, portanto, ser lido, mas não distribuído ao povo na igreja, nem incluído entre os profetas, cujo número está completo, nem entre os apóstolos no fim dos tempos[12].

Esse interessante debate de Hermas surge perto do final do Fragmento e após listar os livros do NT, culminando com a listagem da Sabedoria de Salomão e os Apocalipses de João e Pedro! Ainda assim, o que é mais curioso é que o autor não hesita em endossar a leitura da Sabedoria ou dos dois apocalipses na igreja, mas *não* o faz em relação a Hermas. Pela citação, somos informados de que o caráter decisivo, para este autor, em relação aos livros cristãos que deveriam ser lidos em cultos é que eles tivessem, pelo menos, um caráter apostólico. Seria interessante questionarmos, então, à hora da leitura desses textos na igreja, se esses livros aceitos ou excluídos favoreciam uma data no século quatro (quando temos, de fato, listas canônicas do mesmo século) – *nenhum dos quais incluindo o Apocalipse de Pedro, mas, no mínimo, um deles (a lista de Rufino) incluindo Hermas* como uma obra apostólica –, ou se uma data anterior seria plausível, *antes* das listas mais definitivas. Poderíamos argumentar em ambos os lados, mas, em geral, a comparação entre essas anomalias e várias das listas do século quatro sugerem uma data anterior.

---

[12] N.T.: Essa tradução para o português foi retirada do livro: BRUCE, F. F. *O Cânon das Escrituras*. Hagnos, 2011.

Analisemos detalhadamente os argumentos de Hahneman sobre o próprio Hermas. Hahneman, no capítulo dois, tenta defender a tese de que *O Pastor*, de Hermas, não poderia ter uma datação tardia como a de meados do século dois, devendo ter sido escrito pelo menos trinta anos antes. De qualquer forma, poucos ou raros acadêmicos defenderiam a origem de Hermas como posterior a meados do segundo século, uma vez que possuímos evidências em papiro para uma datação no segundo século, entretanto, a questão é: teríamos evidências internas que sugerissem uma data como 110 ou mesmo anterior a essa, e, portanto, bem antes do reinado do bispo Pio?

Há evidência interna em *O Pastor* indicando que Hermas tivesse perdido o emprego (20.2) em um dado momento devido às perseguições aos cristãos. Hahneman sugere que isso pudesse ter acontecido sob o reinado de Domiciano, na década de 90. Um dos maiores problemas desta hipótese é que Hermas parece conhecer o livro do Apocalipse e, ademais, discorda de sua escatologia da mesma forma com que discorda da linguagem dura, em Hebreus, sobre não haver uma segunda chance para quem cometesse apostasia. Além disso, ele também parece conhecer Clemente, que escrevera em Roma na década de 90. Isto o situa provavelmente no século dois, não no primeiro, e podemos nos questionar como um documento como Apocalipse – escrito para as igrejas da Ásia de meados para fins da década de 90 – poderia ter chegado a Roma e recebido a atenção de Hermas.

De qualquer forma, perder o emprego ou a propriedade não é o mesmo que ser perseguido ou executado durante uma época de total perseguição aos cristãos. Considere, por exemplo, o que diz Hebreus 10,32-34, em sua referência à perda de propriedade, ao assédio, aos insultos e até mesmo à prisão, mas sem derramamento de sangue. Poderíamos esperar que Hermas reagisse à situação de uma forma semelhante a do autor de Apocalipse, caso estivesse passando pelas mesmas coisas e à mesma época de João e suas respectivas audiências na Ásia.

Uma segunda e melhor opção seria a de que Hermas tivesse perdido seu emprego durante a crise sob o reinado de Trajano (ver Plínio, *Epistolário*, 96-97, 112 d.C.) ou de Adriano. O reinado de Trajano teria coberto o período de 98-117 e, o de Adriano, seu filho adotivo, de 117-138, dando continuidade às políticas de seu pai. Durante esta época, devemos destacar as grandes perseguições aos judeus, podendo citar a derrota na revolta de Bar Kokhba, em 135 d.C. Aos olhos romanos, o culto cristão ainda era muito associado ao judaísmo e aos judeus, sendo estes últimos os que mais sofreram com o rescaldo daquela que foi a terceira guerra dos judeus contra os romanos (a saber: 66-70, 115-117 e, finalmente, 132-135).

Hermas poderia, também, ser o reflexo de uma época, por volta de 140 d.C., logo após outra onda de perseguições aos judeus que teria afetado os cristãos em Roma, mas de que forma? Como os cristãos ainda eram vistos como uma desprezível seita desmembrada do judaísmo e como o imperador havia ordenado o ataque aos judeus no Oriente, as coisas não deveriam estar muito favoráveis, em Roma, para aqueles que tivessem alguma associação com judeus ou sinagogas, pois os romanos eram reconhecidamente antissemitas – ainda mais estando em guerra com os judeus em Israel.

Vale ressaltar, aqui, que todos os imperadores do final do primeiro século e início do segundo viam o cristianismo como *superstitio* e, como tal, sujeito a assédio, dada sua natureza de religião ilícita e não sancionada. Esta era a visão compartilhada em todos os lugares, incluindo Roma com a maioria dos romanos.

É importante acrescentar que Hermas refere-se à perda do emprego como um evento do passado, talvez bem no passado, relatando fatos que teriam sucedido este evento. Não haveria razão, assim, baseado na referência à perseguição, para que *O Pastor* não pudesse ter sido escrito perto de 140 d.C., sendo que as diferenças de Hermas, quando comparadas com as visões escatológicas e eclesiológicas expressas na literatura cristã da década de 90 d.C., sugerem uma datação mais tardia para esta obra.

Aqui, Hahneman argumenta que Hermas – aparentemente um ex--escravo – não poderia ter sido o irmão de Pio, um bispo, mas isto é tolice. O próprio bispo Onésimo teria sido um ex-escravo, assim como vários outros líderes cristãos nos primeiros tempos da era cristã. Hermas pode nem ser o verdadeiro nome do autor, mas um cognome, como era de costume entre os escravos. O que é dito a respeito de Hermas, em *O Pastor*, é que ele havia sido um próspero homem de negócios antes da perseguição. Os homens libertos eram capazes de possuir consideráveis riquezas, destaque e importância na sociedade romana, e não há razão para crermos que ele não pudesse ter um irmão que se tornara bispo de uma religião "ilícita"! Ainda que o nome *Pio*, de raiz latina, possa ser o nome real do irmão, também poderia ser um nome adotado no momento da conversão e adoção do episcopado, um nome especialmente apropriado para indicar a nova fé. Esta questão nos conduz ao próprio bispo Pio e o que sabemos a respeito de uma figura real da Roma do século dois.

O bispo Pio e seu episcopado datam de meados do século dois, por volta de 140-155, sendo perfeitamente possível para um escritor no final (ou próximo do final) do segundo século, que conhecera este homem e seu irmão, ter escrito à sua maneira no Fragmento Muratoriano. Ele utiliza o termo *nuperrime* que, em latim, significa "recentemente" ou, se usado no superlativo, "bem recentemente". Aparentemente, a questão do uso deste termo, entretanto, não é datar o texto de Hermas próximo à época do autor, mas esclarecer que o livro fora escrito mais proximamente à época do autor do que à época da era apostólica, *uma vez que o autor está contrastando o status de Hermas com o status de documentos apostólicos anteriores, não com seu próprio status e condição.*

Hahneman opõe-se ao uso da expressão *urbs Roma*, na linha 76 do fragmento, sugerindo que a expressão mais adequada em latim deveria ser *hic in urbe Roma*. Mais uma vez, o ponto em questão, nesta objeção de Hahneman, é a tradução do latim versus uma tradução ruim do latim, mas, considerada a partir de um ponto de vista gramatical, *urbs Roma* seria um latim perfeitamente aceitável. De um modo ainda mais importante, esta expressão faz uma referência à eterna cidade de Roma, fornecendo-nos uma pista em relação à origem.

Mesmo que a simples referência a *urbs*, na linha 38, (aludindo à viagem de Paulo a Roma, no trajeto para a Espanha) não seja relevante para a decisão quanto à origem do Fragmento Muratoriano, vale dizer que o documento de Hermas é o *único documento* que contém uma origem clara em toda a lista! O que é declarado é que o texto fora escrito "muito recentemente, em nossa época, em Roma". A expressão "muito recentemente" sugere, pelo menos, que o

11. O despertar da consciência canônica e a formação do Novo Testamento

autor tenha vivido no mesmo século daquele que produzira *O Pastor*, estando consciente de que ele e o autor de *O Pastor* vivem em uma época *posterior* à era apostólica. Poderíamos questionar por que a cidade de Roma teria sido citada três vezes no Fragmento Muratoriano, ao passo que *nenhuma outra cidade é mencionada desta forma em todo o fragmento*. Da mesma forma, seria especialmente irrelevante para uma lista como esta (e caso a origem do documento não fosse Roma) a referência ao bispo Pio, detentor da cadeira episcopal em Roma quando *O Pastor* fora escrito. Em suma, as repetidas referências a Roma clamam por explicação, e a mais óbvia é que elas nos indiquem a origem do documento. Ele teria sido escrito em Roma após a época do bispo Pio.

A seguir, Hahneman estabelece que, dado o fato de o texto de *O Pastor* não ser incluído na categoria dos documentos apostólicos, isto refletiria a visão deste livro nos séculos subsequentes, e não a visão no segundo século. No tocante à primeira metade do segundo século, não temos evidências de reações contra este livro. Posteriormente, teríamos a aprovação do livro por parte de Irineu e Clemente de Alexandria (sendo possível que Irineu o tenha considerado como Escritura), e a rejeição por parte de Tertuliano.

Não considero suficiente – como Hahneman o faz – justificar a rejeição de Tertuliano simplesmente por ele ter-se unido a uma seita, pois o próprio Tertuliano afirma que a obra havia sido rejeitada à *época "por 'todo' sínodo, até mesmo o dos não Montanistas!"* (Pud.). Mesmo que consideremos certa dose de hipérbole retórica, é improvável que Tertuliano estivesse simplesmente mentindo sobre uma suposta rejeição do documento até pelos que não eram Montanistas. Isto significa que havia uma divisão na forma como a obra era vista na virada do terceiro século (ou um pouco antes disso), e que as observações do Fragmento Muratoriano estavam em consonância com as visões de alguns outros cristãos de renome no período.

A sugestão feita por Hahneman, de que a rejeição da apostolicidade de *O Pastor* no Fragmento Muratoriano reflita o conhecimento da tradição de autoria apostólica do documento encontrada em Orígenes e outros escritores posteriores, é uma simples leitura-reflexo do próprio Fragmento. Presume-se que, pelo Fragmento estar dizendo X, o autor deva estar reagindo a outros que afirmem Y. Ademais, as observações a respeito de Pio e Hermas parecem isentas de polêmica. A propósito, a associação com a figura de um bispo só teria aumentado a fama de Hermas! O fato é que o autor do Fragmento, seja lá quem ele for (Hipólito, na sugestão de Lightfoot, seria uma possibilidade), não vê *O Pastor* como um documento apostólico. Não se trata de crítica, mas sim de honestidade: não era mesmo um documento apostólico.

O cerne da exposição de Hahneman está na referência que faz a Hermas e seu livro no Fragmento Muratoriano, mas, como pudemos demonstrar, trata-se de um argumento duvidoso no melhor dos casos, podendo ser contraposto a outros argumentos ainda melhores que uma suposta origem ocidental do século dois para o Fragmento Muratoriano. Não há uma boa razão para que a alusão à perda do emprego por Hermas não pudesse refletir as condições sob o governo de Trajano ou Adriano e, portanto, nenhuma boa razão para que o livro não pudesse ter sido escrito por volta de 140 d.C., quando Pio assumiu o episcopado[13].

O argumento a partir do silêncio

Um dos argumentos repetidos *ad infinitum* não somente por Hahneman, mas por estudiosos do cânone que o teriam sucedido, tais como McDonald, é o de que se o Fragmento Muratoriano é um documento "da virada do terceiro século", então se trata de uma anomalia ou de um exemplo isolado. Este argumento parte totalmente do silêncio. É só uma outra forma de dizer: "não conhecemos nenhuma outra lista nesse período". O ponto em questão, assim, é acreditar que pelo fato de não termos ainda encontrado uma lista comparável do segundo século, concluímos que não deva existir nenhuma! Em outras palavras, temos mais uma vez a teoria de que a *falta de evidências é tomada como prova de ausência*. Não podemos, contudo, reconhecer que "não conhecemos outras listas" para, em seguida,

---

[13] Na obra: EHRMAN, Bart. *The Apostolic Fathers*, v.2. Cambridge, Mass.: Loeb Classical Library, 2003, p. 169, o autor chega a uma conclusão matizada a este respeito, sugerindo que o documento pudesse ter sido produzido em várias etapas no período de 110-140 d.C.

pularmos diretamente para a conclusão de que "provavelmente, não existiram essas listas no século dois". De qualquer forma, alguém precisava ser o primeiro, e pode ter sido o autor do Fragmento Muratoriano[14]. Além disso, havia muito incentivo para a elaboração de uma lista como essa durante a segunda metade do século dois, *e este incentivo é sugerido mais ao final do próprio Fragmento Muratoriano: ou seja, marcionitas e gnósticos.*

A influência dos marcionitas perdurou além da época de Marcião até fins do século dois. E, independentemente do nome, Marcião possuía uma lista muito limitada de livros que ele considerava possíveis de serem textos cristãos-sacros. Já os gnósticos, por outro lado, tinham muitos livros sagrados e, o que é mais importante, alguns deles reivindicavam uma falsa autoria apostólica. Dentro deste contexto, podemos não só explicar a reação natural de Irineu, no final do século, a uma corrente não ortodoxa, como também compreender o que teria levado alguns cristãos ortodoxos a produzirem a lista Muratoriana. Esta lista não refletia uma preocupação com as heresias que surgiriam após o século dois, mas possuía um nítido interesse por aquelas que haviam surgido no segundo século. E com isto, voltamos à Peshitta. Ao que parece mais provável, a Peshitta não teria uma data muito posterior à do Fragmento Muratoriano, ou seja, algo em torno do século três. Como tal, ela apresenta-se como um tipo completo de Bíblia que teria surgido antes das listas canônicas do século quatro e antes do período dos grandes códices que possuímos hoje, incluindo o Códice Muratoriano[15].

J. Verheyden, após opor-se sistematicamente à tese de Hahneman e demonstrar que há uma maior probabilidade de a lista Muratoriana pertencer ao século dois e ter surgido no Ocidente, conclui:

> O autor do Cânone Muratoriano no Ocidente, em fins do segundo ou começo do terceiro século, nunca poderia imaginar que sua obra seria, um dia, tomada por um produto oriental do quarto século. Após a elaboração do Fragmento, ele parece ter sido esquecido por décadas a fio, até ser descoberto, traduzido e

---

[14] Ver a crítica de FERGUSON, E. Review of G. M. Hahneman. The Muratorian Fragment and the Development of the Canon. In: *JTS* 44, 1993, p. 691-697.
[15] A questão, aqui, é quando o *Diatéssaron*, de Taciano, teria deixado de ser considerado, no Oriente, como um substituto adequado para os Evangelhos apostólicos individuais ou múltiplos, sendo substituído pela Peshitta. O assunto ainda está em debate.

utilizado no século quatro. Após ser copiado no século oito, foi novamente queimado, desta vez pelos mil anos seguintes. De minha parte, temo concluir que a hipótese da origem oriental e do século quatro para o Fragmento deva ser deixada de lado não por mil anos, mas por toda a eternidade[16].

Embora H. Gamble esteja provavelmente correto ao afirmar que não podemos considerar Marcião como o *último* estímulo a produzir uma consciência canônica dentre os ortodoxos[17], está muito claro, a partir dos escritores cristãos de fins do século dois, que ele foi o alerta que conduziu a uma forma mais estruturada de reflexão sobre os documentos apostólicos. Esta nova forma estaria refletida não somente em Irineu, mas também em Tertuliano e Hipólito, as grandes figuras de fins do século dois. Não há razão para que o autor do Fragmento Muratoriano também não fosse outro exemplo do mesmo tipo de despertar de consciência – pode ser que, ao fim e ao cabo, Lightfoot estivesse mesmo certo sobre Hipólito como o autor da lista Muratoriana. É preciso interrompermos aqui, sob pena de invadirmos o terreno do debate reservado para a segunda metade deste capítulo: a reconstrução histórica do despertar da consciência canônica e o eventual fechamento do cânone.

Consciência canônica e a formação do Novo Testamento

O processo canonizador parece ter iniciado – no tocante ao que chamamos de Antigo Testamento – antes do período de Jesus. Isto pode ser demonstrado não somente pelas tradições que envolveram as várias etapas da tradução dos textos hebreus, que se tornariam a Septuaginta (LXX) ou as Antigas Escrituras Gregas, mas também pelo prefácio ao Sirácida, escrito por volta de 130 a.C., incluindo, como Escrituras Hebraicas, a Lei, os Profetas e Os Escritos – independentemente do que essas últimas duas

---
[16] Verheyden, *op. cit.*, p. 556, tradução nossa.
[17] GAMBLE, Harry. Marcion and the 'Canon'. In: MITCHELL, M. M. (ed.). *The Cambridge History of Christianity*: Origins to Constantine. Cambridge: Cambridge University Press, 2006, p. 195-213.

categorias poderiam conter. Por volta de 130 a.C., o neto de Ben Sira escreveu no prefácio acerca da tradução da obra para o grego: "De fato, as coisas ditas em hebraico não têm a mesma força quando são traduzidas para outra língua. E não somente esta obra, mas também a própria Lei, os Profetas e os outros Livros, quando traduzidos, diferem não pouco do texto original"[18]. Por esta citação, percebemos que o autor parece já conhecer uma tripla divisão do Tanakh. Isto significa que, ao menos em algum momento – talvez durante a diáspora –, havia já o início de uma consciência canônica e uma preocupação neste sentido. A este fato, somaríamos a chegada à Jerusalém, de Hilel da Babilônia, trazendo consigo sua própria versão e visão do que seria os textos sagrados – ainda que sua coleção ficasse a desejar perante a de Qumran.

As evidências de Qumran precisam ser examinadas de modo muito cuidadoso. Dentre os rolos encontrados em Qumran, podemos encontrar todos os livros do AT, com a (provável) exceção de Ester. Também podemos encontrar livros que poderiam ter tido ou não autoridade escritural, tais como os bem atestados livros de Jubileus e Enoque, que continham ensinamentos muito preciosos aos homens de Qumran: leis, calendário, histórias pré-dilúvio. E chegamos à questão: seriam esses livros "canônicos" ou apenas escritos auxiliares, mantidos para complementar e interpretar Gênesis e a Lei de uma forma condizente com as crenças de Qumran? Encontramos também, em Qumran, outras versões paralelas do Pentateuco (por exemplo, a cópia do Pentateuco da gruta 4Q), mas não temos uma razão realmente forte para acreditarmos que esses textos também fossem considerados Escritura. Esses manuscritos faziam uma interpretação da Lei ao estilo da Midrash, de uma forma que poderia ser compreendida pelos homens de Qumran. Jubileus e Enoque poderiam, por bem, ter servido ao mesmo propósito[19].

Os estudos sociológicos de grupos sectários, desde os antigos, como os essênios, até os cristãos ou os gnósticos, demonstram a propensão desses grupos *em ter sua própria consciência de quais seriam os textos sagrados e em*

---

[18] N.T.: Eclesiástico, Prólogo do Tradutor Grego.
[19] Meus agradecimentos a Craig Evans por ter-me auxiliado a matizar este argumento adequadamente. Ver *Ancient Texts for New Testament Studies*. Peabody, Mass.: Hendrickson, 2005.

criar novos textos que pudessem ser acrescentados aos anteriores. Isto é particularmente verdadeiro em relação a seitas milenaristas, tais como a de Qumran e a do movimento de Jesus[20]. O grau com que uma seita milenarista realmente se considerava como "o povo de Deus", e acreditava que Deus estivesse intervindo na história humana, afetava o modo como os indivíduos viam a Escritura, sua importância e cumprimento. E é particularmente a mentalidade de cumprimento que pressionaria o indivíduo a definir quais seriam os verdadeiros oráculos ou Palavras de Deus, especialmente quando se acreditava que tais profecias e outros textos estivessem cumprindo-se no fundador e em seu povo. É desta forma que podemos descrever claramente a mentalidade dos cristãos primitivos, que escreveram os livros do NT. Eles acreditavam estar vivendo em uma era de cumprimentos e que o fim dos eventos escatológicos estivesse próximo. Este tipo de crença muda a forma com que se via as Escrituras e, de fato, aumenta nossas apostas em relação à consciência canônica.

É indiscutível que o subconjunto mais proeminente e influente do judaísmo primitivo foi o dos fariseus, a partir disto, poderíamos esperar que sua visão sobre os textos sacros também fosse a predominante, não só após a queda do templo, mas também antes dela, dada a influência de seus escribas nas sinagogas e o fato de que, conforme relato de Josefo, até mesmo os saduceus seguiam as orientações farisaicas de como os sacrifícios deveriam ser feitos. A tradição farisaica dominante, porém, à época de Jesus, fora a de Hilel/Gamaliel, importante também por ter sido a tradição na qual Saulo de Tarso e muitos outros judeus foram treinados em Jerusalém. Tratava-se de uma tradição que valorizava e utilizava uma ampla gama de textos judaicos antigos, mas tratando como Escritura apenas um subconjunto de textos que seriam, eventualmente, codificados como Primeiro Testamento.

Independentemente do que possa ser dito a respeito da referência que Lucas 24 faz à Lei, aos Profetas e aos Salmos, devemos observar que livros como Sabedoria de Salomão e Sirácida eram considerados literatura sa-

---

[20] Para as tendências gerais, ver TROMPF, G. W. (ed.). *Cargo Cults and Millenarian Movements*. Berlin: Mouton De Gruyter, 1990.

piencial em suas próprias épocas e nos períodos subsequentes, não literatura profética – daí a alta improbabilidade de estas fontes serem incluídas sob a categoria de "os profetas". Da mesma forma, elas também não poderiam ser chamadas de "os salmos". Para mim, esta referência de Lucas seria uma alusão a um tipo de coleção de obras, com a qual tanto o autor quanto o público já tinham certa familiaridade. Se ela retroagir até Jesus – e eu suspeito que sim – torna-se um dado muito significativo. Jesus havia sugerido a seus seguidores que havia uma coleção de escrituras que eles deveriam estudar e na qual eles poderiam encontrar uma história messiânica sobre Ele – e o mais interessante é que Ele menciona as três partes do que viria a ser chamado Tanakh. Provavelmente, contudo, a versão grega favoreça a ideia de que a Lei e os Salmos estão incluídos em uma mesma categoria, então, esta pequena evidência não deveria ser supervalorizada. De qualquer forma, é típico da mentalidade escatológica ver *todos* os textos sagrados como tendo potencial profético. Mesmo se atribuirmos a referência de Lucas 24 apenas ao próprio Lucas, ela ainda nos oferece evidência de uma consciência canônica que teria pelo menos iniciado, para pensarmos em termos de limites definidos.

O que Jesus diz em Lucas 24 pode ser comparado ao que encontramos em *Antiguidades dos judeus contra Apion* 1.38-40 de Josefo, escrito na última década do primeiro século:

> *É, pois, natural, ou melhor dizendo, necessário, que não exista entre nós uma multiplicidade de livros em contradição entre si, senão somente vinte e dois que contêm os registros de toda a história* [i.e., a história judaica]*e que com toda justiça são dignos de confiança.* Deles existem cinco de Moisés, os quais contêm as leis e a tradição desde a criação do homem até a morte de Moisés. Compreende, mais ou menos, um período de três mil anos. Desde a morte de Moisés até Artajerjes, sucessor de Jerjes como rei dos persas, aos profetas posteriores a Moisés foram deixados os feitos do seu tempo em treze livros (...), os quatro restantes (...) contêm hinos a Deus e conselhos morais aos homens[21]. [Grifo do autor]

---

[21] N.T.: Tradução retirada de: JOSEFO, Flávio. *Antiguidades dos judeus contra Apion*. Trad. A. C. Godoy. Curitiba: Juruá, 2009.

Aqui, não só percebemos a tripla divisão do AT, como também temos a menção a um número específico de livros representando um cânone fechado ou em processo de fechamento, de acordo com o raciocínio de Josefo. Gostaria de observar que é justamente neste ponto que acredito que seu raciocínio sobre esses assuntos tenha sido mais provavelmente informado por suas conexões com os fariseus e pela admiração que Josefo nutria por eles. Em 1.43, ele reforça que o conteúdo dessas Escrituras seja "a vontade de Deus". O que teria sido incluído nos treze livros dos profetas? Isto pode ser motivo de debate, e ainda não está claro se ele teria considerado 1-2 Samuel, 1-2 Reis, 1-2 Crônicas e Esdras-Neemias como livros individuais ou não. Estariam Ester, Rute e Daniel também incluídos, por ele considerar livros proféticos que fazem um relato histórico? É difícil dizer. O que é fácil afirmar é que, para ele, *havia* uma divisão tripla e um limite definido para o cânone do AT. Segundo ele, tratava-se de uma coleção fechada e isto precedeu em muito a lista de Baba Batra, do século dois. Ademais, Josefo nunca se posicionou como um teólogo ou um experto em Escrituras Hebraicas, devendo ter adquirido a noção da coleção de vinte e dois livros a partir de outra pessoa – e minha sugestão recairia sobre os fariseus.

A lista encontrada em B. Bat. 14b-15a tem sido tradicionalmente datada entre 70 e 200 d.C. Nesta lista, temos a nítida identificação dos vinte e quatro livros que perfazem, hoje, a Bíblia Hebraica, além de apresentar-nos a tripla divisão do Tanakh. McDonald, em debate a esta lista, afirma: "Baba Batra é muito importante para os estudos canônicos por ser a primeira lista dos vinte e quatro livros que eventualmente formariam o conteúdo e os grupos da Bíblia Hebraica. O fato de esta tradição vir da Babilônia encaixa-se na sugestão de Cross de que Hilel, que também viera da Babilônia, teria influenciado fortemente o escopo do cânone bíblico no judaísmo farisaico"[22]. F. Cross está correto ao enfatizar esta questão e, em meu entender, é provável que essa tradição date de início do século dois d.C., embora McDonald tenha falhado em perceber sua importância para o processo de formação do cânone cristão. O fato de que os cristãos aproveitaram muitos dos sinais dos rabinos em tais questões é algo que fica claro com a exposição do caso de Melito de Sardes.

---

[22] McDonald, *Biblical Canon*, p. 165.

Melito de Sardes, por volta de 180 d.C. (ver Eusébio, *História eclesiástica* 4.26.13-14), fez uma peregrinação da Ásia até a Terra Santa a fim de descobrir quais eram os livros da Bíblia Hebraica. A partir disto, ele os teria listado claramente, deixando de fora apenas Neemias (que, talvez, pudesse estar incluído sob o nome de Esdras) e Ester, e acrescentando apenas a Sabedoria de Salomão. O que é interessante, aqui, é que se Neemias estiver incluído sob o título de Esdras, esta lista estaria plenamente de acordo com a lista de B. Bat. 14b-15a, com a exceção da Sabedoria de Salomão. Com isto, estamos querendo dizer que tanto no judaísmo quanto no caso do bispo cristão Melito, teríamos o reflexo de um cânone idêntico à Bíblia Hebraica que possuímos hoje e que passou a ser aceito tanto pelos rabinos (de ontem e de hoje) como posteriormente pelos protestantes – novamente excetuando Sabedoria de Salomão. Isto sugere que na Terra Santa e em alguns redutos cristãos as questões canônicas relativas ao AT estavam praticamente resolvidas, em fins do século dois d.C. Devemos considerar seriamente isto, em face do fato de que figuras seminais, como Jerônimo e Eusébio, que tiveram muito a ver com o fechamento do cânone, passaram a maior parte de seus estudos e de seus esforços na própria Terra Santa, no século quatro, em consulta com rabinos.

Enfoquemos, agora, o crescente movimento cristão dos primeiros quatro séculos da era comum. De onde teriam vindo suas ideias a respeito do que seria a Escritura? Por que eles teriam citado alguns livros e não outros? Todos esses argumentos históricos são baseados na pesagem de probabilidades e, como tanto, preenchem apenas algumas lacunas, e isto porque infelizmente não dispomos de evidências exaustivas. Necessitamos de argumentos que partam de evidências, não do silêncio. Mas não se trata de um argumento de silêncio afirmar que a tripla divisão encontrada em Sirácida, talvez no NT com Jesus e pelo século dois em B. Bat, seja consistente com a hipótese de haver existido um conceito razoavelmente claro e definido do que os judeus consideravam como Escrituras naquele período. Temos a ocorrência da tripla divisão em cada um desses três séculos, assim, ela não teria ocorrido pela primeira vez no século dois e bem depois de 70 d.C.

Desta forma, não seria adequado afirmarmos que não sabemos o que compunha esses conjuntos, pois nós provavelmente sabemos, no geral, o que podia ser encontrado em cada um. Catalogamos o que era citado ou utilizado como sendo de autoridade escritural e eis que, no NT, com apenas uma possível exceção, não temos prova da "citação" de nenhuma literatura extracanônica como Escritura (ou seja, nenhuma citação desse tipo de texto e nenhum uso de fórmulas como "Como diz a Escritura", "Deus disse" ou "Está escrito"). Tudo isso chega a ser notável e até espantoso (pensando na hipótese de um cânone do AT completamente aberto ao debate), e considerando a dúvida que pairava sobre tantos temas e livros, ao menos para o incipiente movimento cristão. Em outras palavras, as evidências do primeiro século a partir do próprio NT (ponto de partida cristão) refletem uma diversidade ainda menor que a dos dois séculos seguintes e ainda menor que a encontrada em Qumran. E por quê?

Uma das sugestões aponta para o fato de que todos os escritores do NT foram judeus, com a exceção de Lucas (cujo conhecimento da Septuaginta sugere que ele fosse ao menos temente a Deus) e o autor de 2Pedro. De minha parte, sugiro que haveria um legado a partir de Jesus e de Paulo em relação ao que poderia ser considerado um texto sagrado, talvez não uma lista aprovada ou exaustiva de leitura, mas sim uma tradição. Sugiro, também, que este legado refletiria a influência da tradição de Hilel/Gamaliel e da diáspora. Torna-se, assim, necessário explicar a ausência de diversidade no que fora usado como *Escritura* no NT, e não simplesmente maiores especulações posteriores, quando a Igreja tornara-se predominantemente gentia.

A esta altura, alguns acadêmicos farão suas objeções ao questionar: "E o que dizer sobre a evidência de Judas, versículo 14?" Refiro-me à tão debatida referência, na Carta de Judas, a um texto de Enoque. Isto não serviria de prova clara de ao menos um cristão primitivo que possuía um cânone mais amplo da Escritura do que aquele que fora utilizado na Bíblia Hebraica? Observe como se dá a leitura do texto de Enoque: "*É também para eles que profetizou nestes termos Henoc, o sétimo patriarca depois de Adão: 'O Senhor veio (...)'*" (Jd 14). Este versículo não diz que está citando um *texto* sagrado, mas um santo profeta que, como sétimo após Adão, fez uma citação profética. É à *pessoa* e não a um texto de 1Enoque, que a autoridade é atribuída e assumida neste versículo. Pelo que sabemos, Judas estaria citando uma das tradições orais que conhecia. Observe, também, que não encontramos a fórmula "está escrito" nesta passagem, o que poderia fazer menção a um texto sagrado. Mesmo assim, ainda que ele estivesse citando uma linha do texto de 1Enoque, isto não significaria que Judas estivesse tomando todo o texto de 1Enoque como possuidor de autoridade escritural – da mesma forma que Paulo também não o faz, ao citar poetas gregos. Significa apenas que, para ele, esta passagem profética seja verdadeira, e devemos notar que o autor é cauteloso ao não utilizar uma fórmula escritural para introduzir o texto. Em suma, esta exceção à regra de que os escritores do NT citariam somente livros escriturais que fariam parte, mais tarde, do Cânone Hebreu prova não ser exatamente uma exceção à regra[23]. Mas e o que dizer a respeito do que chamamos de "consciência canônica do NT"?

No primeiro capítulo deste livro, ressaltei que ao menos alguns autores do NT, tais como Paulo, estariam cientes do fato de estarem falando e escrevendo a Palavra de Deus – expressão que designaria as narrações da história de Jesus[24]. Uma coisa, contudo, é ter consciência de estar escrevendo a Palavra de Deus, outra, a de possuir consciência canônica. Por *consciência canônica*, refiro-me à consciência de estar escrevendo não só a Palavra de Deus, mas o que precisa ser escrito e compilado com outras amostras da Palavra, de forma a elaborar um corpus sagrado, uma Escritura ou um cânone. Em um artigo fundamental, meu velho mentor, C. K. Barrett, discorre sobre a forma como Lucas (o autor de Lucas-Atos) via seu trabalho ao redigir uma obra em dois volumes. Após excluir várias opções, incluindo a que sugeria ser Atos uma obra única de apologética, Barrett levanta a seguinte hipótese:

---

[23] Para mais sobre esse texto, ver Witherington, *Letters and Homilies for Jewish Christians*.
[24] Witherington, *Letters and Homilies for Jewish Christians*, p. 16-17, sobre 1Ts 2,13.

> O autor aceita o AT, oferecendo um livro paralelo explicativo e interpretativo para acompanhá-lo, ao qual podemos chamar – embora Lucas não o tenha feito – de um NT. Este era o único NT que a igreja de Lucas possuía, sendo a primeira igreja a ter um. Por todo o desenvolvimento do NT, os Novos Testamentos (incluindo o de Marcião, pois seu formato evangélico/apostólico teria predominado sobre outras tentativas e formas) tinham o mesmo formato básico: Evangelho e apóstolo. Em seu primeiro volume, Lucas teria fornecido os ensinamentos e ações de Jesus oferecendo as bases, nas quais se apoiaria todo o movimento cristão, tomando o devido cuidado, logo no início do livro, ao demonstrar que Jesus havia nascido dentro do judaísmo, em cumprimento da profecia e ao ressaltar o mesmo fato no começo do ministério de Jesus: "Cumpriu-se hoje esta passagem da Escritura diante de vós" (Lucas 4,21). O segundo volume oferece a garantia de ser sequência válida e esperada do que havia sido narrado no primeiro livro, contendo, ainda, alguns ensinamentos dos apóstolos – ensinamentos suficientes para demonstrar (para satisfação de um autor que não era um profundo historiador) o conteúdo do Evangelho e a unicidade dos líderes representativos no tocante à pregação. De que mais precisaria uma igreja como a de Lucas? Este era o seu NT e, até onde sabemos, o primeiro[25].

De um ponto de vista histórico, seria difícil exagerar no significado dessas observações caso Barrett esteja correto. Significaria que não só alguns escritores do NT possuíam uma consciência de estarem escrevendo a Palavra de Deus, como também haveria uma consciência canônica não só acerca do AT, mas, como no caso de Lucas, sobre o início de um NT também. Este processo não se teria iniciado após o período de Marcião e em reação a ele. O processo teria iniciado no primeiro século de nossa era, mesmo quando algumas testemunhas oculares e apóstolos originais ainda estavam vivos.

Voltemos, agora, ao final da era do NT. Neste ponto, abordaremos como a questão da inspiração teria sido compreendida no judaísmo e no cristianismo primitivos, de um modo particular pelas seitas escatológicas/

---

[25] BARRETT, C. K. The First New Testament. In: *NovT* 3, 1996, p. 94-104, citadas, aqui, as p. 102-103, tradução nossa. Tomei a liberdade de incluir a observação que ele faz sobre Marcião no próprio texto da citação, entre parênteses.

11. O despertar da consciência canônica e a formação do Novo Testamento

proféticas/messiânicas. O determinante para algo ser considerado como texto sagrado era a crença de que o texto em questão fosse uma forma inscritível da Palavra de Deus, neste caso, da Palavra de Deus proclamada e posteriormente redigida no primeiro século. Esta crença é fundamental para entendermos por que havia tanta ênfase nos documentos de fontes apostólicas, vistos sob uma perspectiva mais santificada do que a utilizada por figuras do segundo século, como Papias ou Inácio. Assim, compreendia-se a natureza crucial do testemunho ocular e apostólico[26] muito antes de existir uma lista canônica propriamente dita.

Mas onde poderíamos encontrar as origens da ideia de que o que os cristãos primitivos estavam proclamando e escrevendo fosse a própria Palavra de Deus, adequada para ser considerada Escritura caso copiada? Lembremos, mais uma vez, que 1Tessalonicenses 2,13 pode ser o primeiro de todos os documentos cristãos já nos apresentando evidências de que a proclamação do Evangelho por Paulo fosse tida como inspirada e considerada, pelo próprio Paulo, como a Palavra de Deus, não apenas as opiniões de seres humanos[27].

Dito de outra forma, a questão não se tratava de Paulo ter o Espírito (algo considerado verdadeiro em relação a todos os cristãos); a questão era se ele seria o apóstolo de Jesus Cristo a quem fora delegada a proclamação da Palavra viva de Deus a vários povos. Tratava-se de um dom ou tarefa não atribuídos a qualquer cristão, como a lista de dons das epístolas paulinas deixa bem claro. Os apóstolos eram vistos como dons concedidos à Igreja diferentemente de outras figuras inspiradas, como os profetas (ver 1Coríntios 12). O trecho de 1Coríntios 14,36-37 deixa claro o que Paulo pensa a este respeito, pois, de uma só feita, ele afirma ter o Espírito, ter a autorização para transmitir o mandamento do Senhor aos convertidos (referindo-se ao que ele está escrevendo, naquele momento, em 1Coríntios 14), e estar falando a Palavra de Deus - que não se teria originado com os Coríntios. Em resumo, podemos perceber, aqui, a visão de que o apóstolo não só proclamava a Palavra de Deus oralmente, mas que tam-

---

[26] Sobre as tradições de Papias, ver especialmente Bauckham, *Jesus e as testemunhas oculares*.
[27] Para mais informações sobre esse assunto, ver Witherington, *Living Word of God*.

bém redigia o "mandamento do Senhor" para aquele público específico, não havendo diferenças entre seu ensinamento e o de Jesus em termos de inspiração ou autoridade. Desta forma, já podemos notar em nosso primeiro escritor cristão o início não só de uma consciência da Escritura relativa aos escritos dos apóstolos e colaboradores, mas também uma conexão entre essa ideia e a proclamação apostólica.

O processo de coleta e circulação de documentos apostólicos em conjunto já teria iniciado em fins da era do NT – ou mesmo antes disso, como nos evidencia 2Pedro 3: documento que, segundo muitos comentaristas, seria aproximadamente da virada da era[28]. Não é de surpreender que os primeiros documentos neotestamentários fossem os primeiros a circular na forma de coleção: as cartas paulinas. De forma mais importante, aprendemos, a partir de 2Pedro 3,16, que as cartas de Paulo poderiam estar ordenadas "com as outras Escrituras". Isto implicaria não só que o autor estivesse aludindo a uma coleção das cartas de Paulo como uma entidade conhecida, como também que ele estivesse assumindo que o público soubesse o que seriam essas "outras Escrituras". Estamos lidando, portanto, aqui, com os primórdios da consciência canônica, sendo as cartas paulinas já tidas, apesar das dificuldades, como uma parte de uma coleção de textos sagrados para os cristãos. Ninguém referiria às "outras Escrituras" se as cartas de Paulo não fossem também consideradas como tais ao menos pelo autor em questão e seu público cristão[29].

Coloco-me dentre aqueles que concordam com G. Stanton e M. Hengel quando afirmam que etiquetas como "de acordo com Mateus" (e outras) só teriam sido amplamente utilizadas quando se passou a ter um conjunto desse tipo de documento, por volta de início do século dois[30].

---

[28] Ainda que eu não pretenda ir tão longe, penso que David Trobisch esteja certo ao sugerir que apóstolos como Paulo podem muito bem ter refletido uma espécie de consciência canônica, compilando manuscritos para públicos mais amplos do que aqueles que teriam sido o alvo dos documentos originais. Ver TROBISCH, David. *Paul's Letter Collection*: Tracing the Origins. Bolivar: Quiet Water Publications, 2001.

[29] Sobre este texto, ver WITHERINGTON III, Ben. *Letters and Homilies for Hellenized Christians*, v. 2, IVP Academic, 2008.

[30] STANTON, G. N. The Fourfold Gospel. In: *NTS* 43, 1997, p. 317-346; HENGEL, Martin. *The Four Gospels and the One Gospel of Jesus Christ*. Harrisburg, Penn.: Trinity, 2000. Ver também SKEAT, T. C. The Oldest Manuscript of the Four Gospels? In: *NTS* 43, 1997, p. 1-34.

Se esses documentos tivessem sido considerados previamente anônimos – algo que ainda não está claro –, certamente não o seriam mais à época de Papias, pois este os chama por seus nomes canônicos, por volta de 125 d.C. Parece provável que, já em início do século dois, havia um códice de Evangelhos, talvez os quatro canônicos; teríamos, assim, em jogo, já por volta de 125 d.C., coleções de textos – a maioria dos quais viria a compor o NT – elaborados bem antes do final do século dois.

E como esses textos eram vistos? Teriam sido vistos como os escritos de Inácio, Justino ou Papias? Não temos provas concretas a este respeito. Estes três escritores citam os documentos apostólicos anteriores de forma a distingui-los de seus próprios manuscritos, mesmo *vendo suas respectivas obras como inspiradas de alguma forma* – como parece ter sido o caso de Inácio. E por quê? Ainda que possa não ter havido o que podemos chamar de uma completa consciência canônica da parte desses autores, havia uma forte consciência acerca da escrita apostólica como documentos-fonte do movimento. Isto se torna evidente na década de 90, na forma como Clemente de Roma trata as cartas de Paulo.

Assim, quando falamos do Fragmento Muratoriano e de Irineu, em fins do século dois, estes não devem ser vistos como anomalias fora de época, anteriores ao século quatro. Eles são, isto sim, um reflexo de uma tradição apostólica anterior e até mesmo de uma consciência canônica, se posso colocar deste modo. O argumento de que a lista Muratoriana seja anacrônica em relação ao segundo século é totalmente questionável, especialmente quando *esta lista é contraposta e não coincide com listas canônicas posteriores*. Fosse ela uma lista mais tardia, poderíamos esperar que fosse mais semelhante a esta ou aquela lista do quarto século e, talvez, tenhamos furtado, de Marcião, o ímpeto por ele oferecido ao compor tal lista. Certamente, Irineu está reagindo a Marcião e aos Gnósticos. E não há razão para que o redator daquela lista Muratoriana também não tivesse feito o mesmo.

Ao fim do século dois, a Igreja não só era predominantemente gentia, como já havia começado a adotar, para todos os efeitos, a Septuaginta (LXX) como a Bíblia do AT. Como o movimento gnóstico viria demonstrar, havia um crescente antissemitismo no cristianismo primitivo e em suas margens ou seitas dissidentes, testemunhada por Marcião e pela literatura gnóstica. Isto nos conduz ao debate do cânone no que tange às epístolas católicas e o Apocalipse. O verdadeiro problema relacionado a documentos como Judas ou Tiago é sua natureza extremamente judaica e tão diferente da coleção paulina. O mesmo pode-se dizer a respeito de Apocalipse. Eusébio teria se insurgido contra os "milenaristas" e os judaizantes no interior do cristianismo, e infelizmente podemos dizer o mesmo acerca de outros Pais da Igreja. O texto de 2Pedro teria, assim, o mesmo tipo de rubrica, pelas muitas alusões ao material contido em Judas, e até Hebreus seria visto com desconfiança por alguns – não somente por seu caráter anônimo, mas também por ser tom judeu. É provável que até 2-3 João, especialmente se atrelado a um desses documentos, possa também ter suscitado problemas pela mesma razão.

Se nos perguntarmos por que teria sido tão difícil considerar esses documentos como genuínos e apostólicos nos séculos três e quatro (e até mesmo após esse período), não é difícil chegarmos a uma resposta. Eles são muito diferentes da maioria dos documentos gentios. Assim, eles teriam vários obstáculos a vencer até conseguirem chegar aos corações de muitos cristãos naqueles séculos. Ou, dito de outra forma, não é muito difícil entender por que a Igreja pós-apostólica teria levado tanto tempo para compreender o que alguns já sabiam no primeiro século: os limites apostólicos gerais dos textos sagrados. A verdade é que a Igreja possuía um caráter e mentalidade diferentes, predominantemente não judia, em fins do século dois. Isto explicaria por que levou tanto tempo para que alguns dos documentos apostólicos fossem reconhecidos em vários redutos da Igreja.

Não precisamos, aqui, recontar a teoria de Atanásio e de sua Carta Pascal mencionando apenas vinte e sete livros do NT, o fato de o Papa Inocêncio aprovar este limite, também não é necessário citar os conselhos africanos de fins do século quatro ou ensaiar as listas canônicas propriamente ditas. O que precisamos, sim, destacar é que, por pelo menos três segmentos diferentes da Igreja, houve uma definição clara de limites não só para o AT, como também para o NT neste período. Que as listas não fossem idênticas não é um fato que nos surpreenda, pois a própria Igreja não era, ainda, una. O que é definitivamente marcante, aqui, é que tanto no Oriente quanto no Ocidente, havia uma única voz eclesiástica bradando que o NT teria apenas vinte e sete livros, e nenhum outro.

O que todas essas listas, em verdade, diziam é que o cânone encontrava-se fechado, mesmo considerando que segmentos diferentes da Igreja tivessem listas com conteúdos ligeiramente diferentes para o cânone da Bíblia como um todo. Em tudo isto, o que mais importava não era a definição da Igreja, mas o reconhecimento feito por ela do que seria ou não os livros apostólicos. Este próprio processo de reconhecimento acabou por excluir automaticamente os livros gnósticos e outros, até mesmo livros escritos por figuras cristãs pós-apostólicas ortodoxas.

A meu ver, seria um equívoco considerar os grandes códices e seus respectivos conteúdos como listas canônicas. Em nenhum desses documentos podemos encontrar um prefácio ou um anexo que alerte: "estas são nossas Escrituras cristãs". O que podemos presumir é que todos os livros presentes nesses códices fossem considerados textos cristãos importantes e valiosos e, assim, onde houvesse mais espaço em cada códice, mais livros poderiam ser incluídos além dos meramente apostólicos. Os códices poderiam, inclusive, retroceder e incluir obras anteriores e populares, como a Sabedoria de Salomão: tratava-se, pois, de livros autorizados para o estudo cristão. Se esses códices saíam do scriptorium e eram utilizados como Bíblias nos púlpitos, isso é algo que não podemos afirmar.

A razão para o fechamento do cânone não teria sido exatamente a Igreja, mas o falecimento dos apóstolos e testemunhas oculares, cujas penas não mais escreveriam uma só letra, a partir do primeiro século. E foi preciso mais três séculos para que a Igreja – crescente e predominantemente gentia – pudesse reconhecer a importância do que havia ocorrido no primeiro século, não só em termos de *regula fidei*, como também de *regula canona*. A questão não era mais saber se um escritor era dotado do Espírito. A Igreja, por si, continuava como detentora do Espírito – este não seria mais o único pré-requisito para considerar algo como Escritura. O necessário, agora, era haver tido proximidade com o evento de Cristo e com as primeiras testemunhas oculares e apóstolos. A exigência seria, então, ter feito parte dos primeiros e mais antigos círculos apostólicos de Pedro, Paulo, Tiago e outros[31].

---

[31] Ver Witherington, *What Have They Done with Jesus?*

Até mesmo figuras secundárias, como Lucas ou Marcos, que haviam mantido contato direto e aprendido com os apóstolos e testemunhas, eram capazes de escrever esses novos documentos-fonte cristãos – algo que as gerações posteriores, que não teriam acesso às entrevistas ou a oportunidade de relacionamento com as testemunhas, não seriam capazes de fazer. A passagem de Lucas 1,1-4 deixa bem claro qual seria a mentalidade vigente principalmente daqueles que faziam parte do círculo apostólico maior. As testemunhas oculares e pregadores originais deveriam ser buscados e consultados. Se houvesse relatos anteriores já escritos sobre um fato, Lucas sugere que tais relatos deveriam ser consultados em primeira instância. Papias teria sugerido o mesmo e de uma forma muito clara. Segundo ele, era necessário ouvir o que os apóstolos teriam dito, ao menos a partir dos indivíduos das segunda e terceira gerações que haviam estado com eles e ouvido diretamente deles. O testemunho apostólico era o ponto nevrálgico da questão e, ao final das contas, sua rubrica era o fator determinante, mas por quê?

Lembremos que o cristianismo, assim como o judaísmo primitivo, era uma religião histórica e, em se tratando de questões históricas, fatores como antiguidade, testemunho ocular e testemunhas originais eram cruciais[32]. Até mesmo à época de Paulo, esses conceitos seriam perfeitamente compreendidos. Em sua narrativa, escrevendo por volta de 52 d.C., ele relata ter transmitido a seus convertidos coríntios o que ele mesmo havia recebido em termos da história evangélica, abordando a paixão, o sepultamento e a ressurreição, que teriam acontecido "cumprindo as Escrituras" (1Cor 15,1-4) – e não de acordo com este ou aquele texto da Escritura ou com um ou outro rolo profético. As Escrituras eram vistas como um testemunho uno de Jesus. Paulo teria recebido este testemunho como ato sagrado de confiança ou tradição, transmitido a ele provavelmente, como sugere 1-2 Gálatas, pelo próprio Pedro, que o havia ajudado a compreender corretamente a *história*. Os judeus primitivos manipulavam suas tradições sagradas com carinho e reverência – e Paulo não agiria de modo diferente com a tradição evangélica.

---

[32] Ver especialmente Bauckham, *Jesus e as testemunhas oculares*.

M. Mitchell, em um artigo fundamental sobre "O surgimento do registro escrito", afirma:

> A mensagem evangélica primitiva tinha seu foco em textos escritos: no caso, as santas Escrituras de Israel. Os primeiros seguidores de Jesus de Nazaré haviam voltado às próprias "escrituras", os textos sagrados do judaísmo em hebreu e grego, para tentar explicar a vinda de Jesus de acordo com o que podia ser encontrado naqueles textos. Só seria possível a Paulo resumir de maneira confiante a mensagem, afirmando que tudo se cumpria "de acordo com as Escrituras", estando certo de que seu público já estava familiarizado com os textos de base[33].

Isto implica que havia uma grande razão para que os primeiros cristãos tivessem esses textos em mãos, certificando-se de quais seriam os textos sagrados e o que cada um possuía como conteúdo. Eles deveriam, afinal, demonstrar alguns fatos bastante significativos a partir das Escrituras, incluindo a ideia de um Messias crucificado – o que poderia ter parecido uma grande insensatez para os primeiros judeus.

Sendo assim, tenho razão em duvidar de que não havia uma clara compreensão do que seriam os limites gerais das sagradas Escrituras de Israel para cristãos primitivos como Paulo. Se até mesmo textos como Jó, Malaquias, Ezequiel, Zacarias, Jeremias, Isaías e Daniel eram considerados fontes fundamentais para explicar o evento de Cristo, então concluímos, claramente, que o corpus dos textos sagrados era visto de uma maneira mais importante que a Torá sozinha ou mesmo que a Torá acrescida dos primeiros profetas e dos posteriores profetas pré-exílio. E o que considero mais impressionante: nem os que se apoiavam no texto hebraico, nem os que se baseavam no texto grego teriam citado, como Escritura, algo que não coincidisse com o Cânone Hebraico – nada, nunca. Este fato fala por si só, e deveria ser levado em consideração por aqueles que veem o início do processo de canonização como apenas um período em constante mudança e grandes incertezas.

O que o autor de 2Timóteo 3,16 queria dizer quando afirmou: "Toda a escritura é inspirada por Deus e útil"? Observe o uso do termo "Escritura" no

---

[33] MITCHELL, M. Emergence of the Written Record. In: _____. *Cambridge History of Christianity*, p. 178, tradução nossa.

singular: ele reflete a hipótese de uma coleção com inspiração plenária. Sim, já havia, à época do NT, uma noção razoavelmente clara, da parte de alguns cristãos, do que contaria como as Escrituras do AT, e do que não.

Assim, permita-me reiterar mais uma vez: o processo de canonização não só se teria iniciado antes do primeiro século para o AT e no primeiro século para o NT (conforme testemunhado por Lucas e 2Pedro 3), como também teria seus limites definidos, de fato, pela natureza da realidade histórica do cristianismo primitivo no primeiro século, baseado no testemunho ocular e apostólico para a transmissão da tradição sagrada.

Consciência canônica não é o mesmo que consciência apostólica ou a ciência de estar escrevendo as Escrituras. Consciência canônica, no tocante ao NT como uma coleção completa, foi uma questão de reconhecimento posterior, pela Igreja, dos limites claros e instransponíveis de toda a coleção. É possível, e alguns julgarão provável, que alguns dos escritores neotestamentários poderiam não estar cientes do fato de estarem escrevendo documentos "canônicos", documentos designados para uma coleção específica, mas a julgar pelo caso de nosso primeiro escritor cristão, Paulo, eles *estavam* cientes de estarem proclamando a "Palavra de Deus" quando falavam do Evangelho (e não somente as palavras humanas, como pudemos atestar por meio de 1Tessalonicenses 2,11-12). Assim, eles tinham ciência de estarem fazendo um discurso inspirado, cujo resíduo escrito era visto como igualmente inspirado, autorizado, importante e verídico. No caso de Lucas, ele também estava ciente de que um "novo testamento" incluiria um tipo de combinação evangelho/apóstolo – as histórias e ensinamentos de Jesus e de seus seguidores e sucessores apostólicos imediatos. Não havia uma realidade ou conhecimento de um NT completo à época do NT como sendo uma coleção. Esse tipo de coleção completa só viria mais tarde. Para os cristãos primitivos, só havia o AT (ver 2Tm 3,16) e a tradição apostólica. Conforme as coisas se sucederam em relação aos livros do NT, os documentos apostólicos acabaram sendo incorporados também no cânone cristão, trezentos anos depois[34].

---

[34] Por "apostólico", refiro-me aos textos escritos pelos apóstolos ou por seus colaboradores. O autor de 2Pedro parece ter mantido algum tipo de contato com os apóstolos e certamente se baseia em documentos apostólicos, tais como Judas.

O reconhecimento e a definição final do cânone levou séculos. É significativo, portanto, que apenas os livros apostólicos (e não aqueles escritos por figuras de renome de séculos posteriores) tenham sido incluídos no cânone do NT. No final das contas, nem mesmo a Igreja predominantemente gentia do quarto século desejava romper com os antepassados apostólicos cristãos-judeus e, assim, tanto a *regula fidei* quanto a *regula canona* basearam-se nos testemunhos apostólicos primitivos, que viriam a se tornar o NT. As listas canônicas seriam apenas o elemento residual desta afirmação de fé no testemunho apostólico original, e, como tais, jamais deveriam ser o foco da crítica canônica ou dos estudos canônicos da atualidade.

12 Sinais pelo caminho
Ao trilhar o caminho menos percorrido

> (...) divergiam em um bosque duas estradas
> e eu escolhi a menos viajada
> e esta escolha fez toda a diferença.
> (Robert Frost, "The Road Not Taken", [1915])[1]

No poderoso filme *Medo da Verdade* (*Gone Baby Gone*), o narrador começa dizendo que às vezes as pessoas sentem que as escolhas que elas não fizeram são as que mais influenciaram nas a ser quem são hoje: o local de nascimento, a família a qual pertencem, a casa, o bairro e os vizinhos que a cercaram. Há certa dose de verdade na teoria de que boa parte da identidade humana é formada por forças e fatores que estão além de nosso controle. Durante alguns momentos deste estudo, tivemos a oportunidade de discorrer um pouco sobre esta ideia, acrescentando o fato de que as pessoas podem ser ainda mais definidas pelas transformações e transfigurações destes fatores. O poema de Robert Frost só vem adicionar o elemento da escolha humana, que, apesar de não poder ser subestimado, tem sido frequentemente sobrevalorizado em nossa cultura.

Há quase vinte anos, comecei a manter diálogos com Duane Watson e outros colegas acerca de retórica e do mundo social antigo. Lembro-me de Watson ter-me contado sobre sua experiência em Duke ao ter finalizado um doutorado sobre a retórica em Judas e 2Pedro, baseado em um estudo meticuloso desses documentos sob a orientação de George Kennedy, então

---
[1] FROST, Robert. *Mountain Interval.* New York: Henry Holt, 1921, p. 9-10. N.T.: aqui foi utilizada a tradução de Ângela Carneiro.

professor na Universidade da Carolina do Norte. O padre Roland Murphy teria ficado surpreso com uma tese que utilizava uma metodologia totalmente diferente para o estudo do texto do NT, uma metodologia que ele próprio nunca havia utilizado e que, talvez, nem tivesse considerado plausível, causando-lhe certa dúvida sobre como lidar com tal trabalho acadêmico.

Teria o NT sido realmente escrito de acordo com os ditames da retórica greco-romana? Poderia, de fato, ser estudado e interpretado daquela forma? Meus anos de estudo de grego e latim clássicos, iniciados na oitava série, não só me diziam que o NT em grego podia ser lido assim, mas que *deveria* ser assim! Não pretendendo invalidar as demais metodologias, este método mostrava-se bastante promissor, pois, como já disse no capítulo de abertura deste livro, o mundo no qual o NT fora escrito era um ambiente retoricamente saturado e uma cultura predominantemente oral, sem objeções. Uma das premissas que tentei demonstrar, especialmente no capítulos acerca de Romanos 7, é que *necessitamos estudar o NT à luz da retórica greco-romana, uma vez que inúmeros escritores neotestamentários e todos os literatos eram, também, indivíduos dotados de extrema habilidade retórica. Ao escrever, eles conheciam e utilizavam as convenções retóricas.*

Esta constatação não deveria nos surpreender, se levarmos em consideração que o cristianismo primitivo constituiu-se um movimento de pregadores, tutores, evangelistas e missionários imbuídos da tarefa de persuadir todos os tipos de pessoas a respeito da importância de Jesus Cristo. Para cumprirem esta missão, eles não só teriam utilizado a língua franca do império – o grego –, como também os tipos de comunicação considerados mais efetivos na arte da persuasão para aquele idioma. Não deveria nunca mais ser opcional, no caso do estudo do NT e especialmente do que chamamos de literatura epistolar, e de Atos, estudá-los à luz da retórica. O estudo sob esta perspectiva fornece-nos elementos sobre o significado dos textos antigos que jamais poderíamos obter de outro modo. A história de Adão, de Romanos 7,7-25, por exemplo, teria sido trabalhada sob formas equivocadas e impróprias devido à negligência dos sinais retóricos. A crescente literatura acerca da retórica clamaria, exatamente, pelo fim desses equívocos.

Sinceramente, não sabia em que estava me metendo quando comecei a escrever meus comentários sociorretóricos, no início da década de 1990.

Hoje, olhando para trás e vendo todo o processo que me levou a elaborar comentários sobre todos os livros do NT, com a exceção de dois dos Evangelhos, só posso garantir que o caminho menos percorrido certamente me conduziu a lugares absolutamente interessantes, belos e frutíferos. Este caminho permitiu-me remodelar minha visão acerca do NT e sua respectiva literatura, assim como obter um novo vislumbre da natureza do cristianismo primitivo. E quais foram meus principais ganhos com estes estudos?

Em primeiro lugar, aprendi a não subestimar a habilidade e sutileza retórica dos escritores do NT, pois, uma vez reconhecida e avaliada esta habilidade, obtemos uma outra visão acerca da liderança do incipiente cristianismo. Apesar do romantismo em pensarmos o cristianismo primitivo liderado por um grupo de camponeses humildes, pescadores analfabetos ou agricultores bucólicos, devemos abandonar tal visão definitivamente. Não duvido que o cristianismo nascente tenha envolvido muitas pessoas das camadas inferiores da sociedade, mas não foram elas que escreveram, nem foram elas que fizeram com que a literatura do NT fosse escrita. Como Edwin Judge disse há muito tempo, o cristianismo primitivo teria sido conduzido por um grupo socialmente pretensioso formado por indivíduos não só formalmente educados, como também habilitados retoricamente, tornando a tarefa da evangelização muito mais possível e efetiva em um ambiente retoricamente saturado. A própria retórica do NT diz muito sobre o nível social dos líderes do cristianismo primitivo, e muito sobre o grande desejo de persuadir o mundo romano acerca de Jesus.

Em segundo lugar, aprendi que atomizar o NT em pequenos textos não é a melhor forma de apreendermos o objetivo e o significado desses textos. Infelizmente, percebo que a forma moderna de pregar e ensinar a Bíblia tem apenas reforçado esse processo, por meio de sermões realmente ruins, baseados no estudo de uma palavra, assumindo que possamos simplesmente conectar alguns ou todos os textos que compartilham o mesmo termo. Esses praticantes da homilética geralmente se mostram alheios ao fato de que as palavras possuem nuances diferentes de acordo com o contexto, dada a grande variedade semântica de muitos termos, tais como *eidolothotun* ou *porneia*, e ao fato de que apenas o contexto imediato forneceria as pistas corretas sobre o significado específico daquele texto em particular. Indo mais ao ponto, podemos dizer que não apenas o contexto literário, mas o universo e o contexto social invocados pelo texto neotestamentário é que podem fornecer as pistas e diretrizes para o significado real de um termo em um texto específico. A menos que entendamos que o Decreto de Atos 15 seja mais uma proibição de frequentar um certo local religioso e social do que uma tentativa de impor um menu específico sobre os gentios, o decreto não poderá ser compreendido completamente. A correlação entre o universo social e o texto religioso é estreita em uma cultura oral e retórica. Não podemos simplesmente estudar o NT como artefatos literários sem percebermos que se tratam, também, de artefatos sócio-históricos; e se quisermos chegar ao significado pretendido para os textos, deveremos prestar atenção ao universo social no qual esses textos foram criados, bem como o contexto social para o qual foram elaborados.

Um bom exemplo de como o universo social e os estudos literários ou mesmo retóricos do NT estão interligados seria a impressão que tive, no último verão, ao subir ao topo do Monte Nemrut, na parte leste da Turquia. Lá estão os grandes monólitos do rei Antíoco de Comagena, local no qual ele também teria erigido uma enorme estela, repleta de retórica epidíctica asiática, em louvor e glória ao próprio rei. Em verdade, a retórica presente na estela de Nemrut-Dag encontra-se mais próxima, em estilo e conteúdo, da retórica de 2Pedro e também de partes de Efésios, do que Efésios ou 2Pedro em relação ao restante do NT.

Sem o trabalho dos arqueólogos, não disporíamos dos dados filológicos ou retóricos para estabelecermos a significativa comparação entre as inscrições e os textos do NT. Os léxicos são testemunhos mudos do imenso trabalho de recuperação de dados antigos: textos, inscrições, dentre outros. Nossa compreensão do grego do NT depende, de modo considerável, de nossa compreensão do grego utilizado por uma cultura maior do mesmo período. O mesmo pode ser dito a respeito da retórica do NT. Seria um erro estudar o NT como se tudo que tivéssemos fossem textos e, de um modo mais específico, os textos que estamos estudando. Esta visão não é simplesmente míope, mas inverídica. Devemos nos pautar por uma abordagem sociorretórica que considere seriamente a história e a arqueologia para que os muitos tipos diferentes de dados possam informar-nos acerca da natureza e do significado dos textos em uma cultura oral antiga. Nesta empreitada, toda ajuda é bem-vinda.

Devo ressaltar, conforme também aprendi, que as leituras sociais dos textos neotestamentários oferecem-nos um corretivo necessário para as leituras exageradamente espiritualizadas desses textos. Como bom exemplo disto, poderia citar minha análise de Gálatas 3,28. Não se trata, aqui, de apenas um belo trecho exemplificando como Deus trata a todos igualmente. Trata-se, sim, de um manifesto social, pois Paulo estava nadando contra a corrente cultural ao lidar com questões como as relações e preconceitos entre judeus e gentios, o tratamento oferecido aos escravos e os papéis religiosos das mulheres. Esses textos precisariam, assim, ser julgados não somente de acordo com sua posição, mas principalmente de acordo com seu direcionamento ou trajetória. Se as mulheres não fossem obrigadas a casar e ter filhos, então todo um leque de papéis possíveis estaria aberto para essas mulheres "em Cristo". Neste contexto, Paulo teve de lidar com uma cultura absolutamente patriarcal, com uma realidade dependente, em grande medida, do trabalho escravo, com o antissemitismo e com a desconfiança dos judeus em relação aos gentios. Dentro deste universo, o que me parece mais admirável é como Paulo teria sido capaz de desconstruir o paradigma dominante a fim de reconstruir um paradigma mais cristão em suas próprias igrejas.

Concluímos, ademais, que um estudo da história social antiga confirma o fato de que as culturas do período neotestamentário eram, de fato, culturas orais, ao passo que as judaicas eram culturas baseadas em histórias sagradas, tradições sagradas e textos sagrados. Um historiador social cauteloso perceberá que os modelos anacrônicos modernos sobre a formação dos documentos cristãos primitivos não será de grande valia quando ele estiver investigando a correlação entre Jesus e os Evangelhos escritos ou o despertar da consciência canônica dentre os primeiros cristãos. Uma abordagem da história oral – fundamentada nas pistas reais deixadas no NT, em Papias ou no conhecimento de como as tradições judaicas sagradas seriam apreendidas e transmitidas na era do NT – oferece-nos uma razão muito forte para compreendermos o elo de ligação entre Jesus e os Evangelhos não como sendo as comunidades anônimas, mas as testemunhas oculares e os apóstolos conhecidos e nomeados. *Não seria* um mero acidente que em um dos últimos livros do NT, 2Pedro, possamos encontrar o conceito de consciência canônica (agora aplicado a documentos cristãos) atrelado à noção de coleções de textos sagrados, *atribuídos a escritores apostólicos conhecidos, tais como Paulo*. Mesmo tendo nossa rota desviada por R. Bultmann e seus sucessores, esperamos ter sido reconduzidos ao caminho correto por S. Byrskog e R. Bauckham no tocante ao fenômeno social da história oral e o despertar da consciência canônica.

Uma vez que compreendemos o funcionamento de uma cultura oral, percebemos que os textos são, de um modo geral, substitutos de uma comunicação oral impossibilitada de realizar-se pessoalmente – sendo o caso dos textos escritos à distância dos públicos-alvo, com vistas a serem levados até esse público e "entregues" oralmente. Neste contexto, os documentos com formatos epistolares são, basicamente, discursos à espera de entrega, sermões à espera de proclamação, discursos à espera de persuasão. Não são textos no sentido moderno da palavra, criados para leitura silenciosa e consumo particular.

A oralidade do universo bíblico fora devidamente enfatizada na discussão sobre a cultura escriba, auxiliada pelo excelente trabalho de K. van der Toorn. Há muito o que se elogiar sobre sua teoria acerca do papel crucial dos escribas na formação da Bíblia Hebraica, posicionando-se contrariamente às teorias recentes de um "cânone aberto" – objeto de meu debate no penúltimo capítulo deste livro.

Ao fim e ao cabo, todos os estudos deste volume poderiam ser agrupados sob o título de "estudos sociorretóricos": alguns com foco mais "social", outros, com foco mais "retórico", mas todos informados pela perspectiva de que as culturas orais e seus respectivos textos devam ser vistos diferentemente da forma com que vemos os textos em nossa era pós-moderna de Internet. Se este volume bastou para o incentivo a um novo olhar sobre os paradigmas dos estudos neotestamentários utilizando métodos sociorretóricos, dou-me por satisfeito. Afinal, velhas embarcações, como os estudos do NT, não podem ter sua rota desviada em uma fração de segundo. É necessário uma mudança lenta de curso, reconhecendo onde os cardumes e rochas do passado teriam conduzido a naufrágios ou a mar aberto. Após um período navegando, posso dizer que valeu a pena. É hora de estender, aqui, meu convite ao leitor para embarcar comigo e continuar esta longa viagem.

Índice das Escrituras

Antigo Testamento

Gênesis	105, 163, 164, 228
1-2	176
1,27-28	175
3	109
3,13	113
9,4	151
Êxodo	149
20,17	109
32,6	149
Levítico	
3,17	151
17,10-17	151
18,6-16	162
Números	
33,52	142
Deuteronômio	67
5,21	109

23,13-14	163
24,1	158, 162, 163
Rute	231
1-2 Samuel	231
1-2 Reis	231
1Reis	
12,28-33	142
2Reis	
17,7-29	142
22-23	67
1-2 Crônicas	69, 231
2Crônicas	44n22
21,11	142
31,1	142

251

Esdras-Neemias	71, 231	Jeremias		67, 242
		8,8-9		67
Esdras	73, 232	48,35		142
Neemias	69, 232	Ezequiel		142, 242
		6,3		142
Ester	72, 228, 231, 232	16,24-39		142
Jó	70, 242	Daniel		231, 242
		4		45n22
Salmos	73, 229, 230	9,2		58
1,2	60			
		Oseias		
Provérbios	73, 92	10,8		142
1-7	92			
		Amós		
Eclesiastes	65, 92	7,9		142
		Ageu		74
Isaías	65, 66, 242			
15,21	142	Zacarias		74, 242
16,12	142			
55,11	22	Malaquias		74, 242

Apócrifos

Tobias		1Macabeus		
8,7	161	12,9		58
4Esdras (2Esdras)	38, 39n11, 44	2Macabeus		
7,11	109n33	1,10-2,18		71
14,44-46	71			
		4Macabeus		142

Sabedoria de Salomão	220, 229, 232, 240	Jubileus	72, 228
13-15	81	Evangelho de Pedro	46, 217n7
Sirácida	58n6, 72, 227, 229, 232	Apocalipse de Pedro	35, 216, 220
24,23	103n33	Epístola de Barnabé	39n10, 81
39,1-3	64		
39,4	69	Atos de Paulo e Tecla	46
50,27	65		
51,23	64	1Clemente	
51,28	64	6,1-7,2	81
Baruc	44n22	42,1-44,6	81
3,36-4,1	109n33	2Clemente	77
1Enoque	26, 72, 75, 228, 233, 234		

Novo Testamento

Mateus	36, 66, 70, 183, 189, 190, 193, 194, 195, 196, 211, 237		208, 209, 210, 211, 241
		1,44	129n11
5,27-28	158, 164	4,35-41	194
5,32	157, 162	7,11	141
8,5-13	193	10,9-12	158, 165
8,23-27	194	13,14	20, 21n3
19,3	158	14,3-11	130
19,9	157, 162		
19,10-12	176	Lucas-Atos	63, 66, 193, 234
Marcos	20, 43, 70, 126, 132, 133, 183, 186, 189, 192, 194, 207,	Lucas	43, 56, 63, 183, 191n16, 192, 193, 194, 195, 196, 197, 205, 206, 207,

Índice das Escrituras   253

	208, 211, 233, 241, 243	19-21	126
		19,27	129
1-2	161	19,35	200
1,1-4	23, 123, 189, 197, 202, 205, 241	20	129, 134
		20,1-2	130
2,41-52	110	20,30-31	127
4,16-27	80	20,30	122, 133, 186
4,21	235	21	131
5,17	69	21,2	130
7,1-10	193	21,25	122, 133, 186
7,30	69		
7,36-50	158	Atos	26, 65, 79, 83, 85, 88, 160, 246
8,22-25	194		
10	184	1	207
10,38-42	131	1,14	129
13,31-33	161	2,14-40	81
20,45-47	68	3,12-26	81
24	229, 230	4-6	58
		4	69
João	70, 122, 123, 124, 125	8,30	60
		9	192
4	158	10,34	171
4,46-54	193	12,2	125
7,53-8,11	122n3, 158	13,15-41	80
11	128, 130, 131, 134, 135	13,15	90
		15	14, 140, 148, 150, 153, 157n1, 248
11-13	128		
11-21	130	15,23	58
11,1	128	15,29	139
12,1-11	130	19,19	62
13	127	20,17-35	81
13,23	128	21	140, 148, 150
14-17	133	21,9	205
18,15	129n11	22	192

26	196	16	20
		16,22	36
Romanos	29, 77, 99, 100, 101, 102, 103, 104 e n20, 109n31	1Coríntios	77, 139
		1	20
1,16-17	29	1,14	174
2	112n40	4,7	101
2-3	115, 116	5,1	161, 167, 168
2,11	171	6,9-10	167
2,15	98, 115	6,13-18	166
3,20	110n36	6,19	97n6
5-6	112	7	167, 176, 179
5	41	7,2	166
5,12-21	96, 106, 110, 112, 114	7,10-11	158, 165
		8-10	14, 148 e n15, 166, 167
5,12	100, 101, 104		
5,14	115	9	178
7,6	106n26	10,1-14	81
7,7-13	41	11	146, 155, 207
7,7-25	29, 95, 97n6,8, 98n11, 104 e n21, 105n24, 106n26, 109n32,34, 110n36, 111n37-39, 112 e n40-41, 113n43-44, 116, 117 e n48-49, 118, 246	12	236
		12,13	170, 174, 175
		14,36-37	236
		15	119, 207
		15,1-4	241
		15,3-8	122
		15,6	205
		16,21	47
8	112 e n41, 117		
8,8-9	106n26	2Coríntios	
8,29	103	5	175
9-11	29, 98	5,17	170
9,10 *et seq.*	101	11,3	110
11,13	116	12,21	166
13	103		

Índice das Escrituras

Gálatas	29, 36, 154, 160	1,9	152
1-2	241	2,11-12	243
1	81n6, 119, 207	2,13	31, 52, 236
2,20	97n6	4,3	166
3,13	97n6		
3,26-27	174	2Tessalonicenses	35, 77
3,28	13, 169, 170, 171, 172, 173, 174, 175, 176, 177, 178, 179, 249	2,2	47
		3,17	47
		1Timóteo	37, 84
3,29	120	1,13-15	119
5,19-21	166	2,14	70
6,11	47		
6,15	175	2Timóteo	37, 43
		3,16	78, 242
Efésios	18, 28, 35, 45, 64, 248	Tito	37, 43
2,15	173		
5,3	166	Filêmon	24, 37, 63, 178
5-6	178		
		Hebreus	23, 24, 27, 40, 43, 65, 77, 84, 87, 89, 90 e n19, 91, 93, 210, 219, 221, 239
Filipenses	37		
3,4-9	178		
3,4-6	118		
3,6	109n31	1,1-4	91
		1,1-2,1	81
Colossenses	35, 64	4,12-13	31
3-4	178	10,32-34	221
3,5	166	13	90
3,10-11	170, 175	13,22-25	89
3,11	172	13,22	81
4,16	38		
		Tiago	84, 90, 91, 93, 138, 219, 239
1Tessalonicenses			

1Pedro	27, 45, 51, 84, 140, 219	v. 14	233
1,3-11	81	Apocalipse	26, 27, 44n20, 65, 70, 85, 89, 124, 140, 219, 220, 221, 239
2Pedro	14, 36 e n5, 40, 43, 51, 53, 66, 67, 69, 86, 233, 239, 243n34, 245	1,3	20, 21n3
		2-3	21n3
		2,13-20	152, 153
3	62, 237, 243	2,21	167
		9,21	167
1João	13, 23, 27, 29, 65, 83, 84, 89, 90, 91, 92, 93, 132	14,8	167
		17,2	167
		17,4	167
1,1	200	18,3	167
		19,2	167
2João	38n9, 24, 43, 84, 239	22	70
		22,18-19	49
3João	38n9, 24, 43, 63, 84, 239		
Judas	34, 36n3, 41, 45, 51, 69, 75, 84, 140, 239, 243n34, 245		

Índice das Escrituras

Índice de Assuntos e Autores

Aland, K., 43n20

Aletti, J. N., 98n11, 105n24

Anderson, H., 139n5-6

Arendzen, J. P., 165 e n11

Aune, D. A., 39n10

Bailey, K., 182, 183, 191n16, 192

Barclay, W., 181, 213n1

Barrett, C. K., 109n32, 110n35-36, 111n38, 113n44, 234, 235n25

Barth, K., 99

Bassler, J. M., 171n4

Bauckham, R., 14, 39 e n12, 40n13, 44n22, 45 e n24-25, 124n5, 197, 202, 203 e n38-40, 204 e n41-42, 205, 206, 207 e n46, 208, 209 e n48, 236n26, 250

Bauer, F. C., 53

Betz, H. D., 25, 26

Black, C. C., 81, 82n9

Boring, E., 187

Bray G., 115n46

Bultmann, R., 99, 186, 187, 188, 199, 250

Burkett, W., 143n10

Burney, C. F., 189 e n13

Byrskog, S., 189, 190, 197, 198 e n30-31, 199 e n32-33, 200 e n34-35, 201 e n36, 202 e n37, 210, 211, 250

Cameron, A., 17 e n1, 21 e n4, 22n5, 85, 86n13, 88 e n15

cânone hebreu, 71, 72, 73, 74

carne sacrificada aos ídolos, 142, 143, 145, 146, 147, 148, 149, 150, 151, 153

cartas antigas, 18

Casey, M., 209 e n47

Chancey, M., A. 161n6

Classen, C. J., 52 e n41

chreia, 195, 208, 209, 210

códices, 63, 216, 217, 226, 240

colaboradores paulinos, 20

Collins, J., 143n9

comparação retórica (síncrise), 114, 118

consciência canônica, 227, 228, 229, 230, 234, 235, 237, 238, 243

consciência das Escrituras, 237

convenções epistolares, 23, 24

conversão, 171, 172, 173, 174, 175, 177

Conzelmann, H., 139n3

Cranfield, C. E. B., 103, 106n26, 113n42, 181

Crossan, J. D., 186

crítica redacionista, 190, 191

crítica retórica, 25, 26, 27, 28, 29

crítica sociorretórica, 9, 10, 11, 12, 13

Davids, P. H., 80n5

Deidun, T. J., 99n12, 100, 101n16, 102 e n17-18

deSilva, D., 34, 35n3, 43n19, 140n6

diatribe, 116

Dibelius, M., 188

discípulo amado, 121, 122, 125, 126, 127, 128, 129, 130, 131, 132, 133, 134

Donelson, L. R., 43n19, 51 e n38

Dunn, J. D. G., 11 e n2, 14, 44 e n21, 45, 47, 173 e n5, 181, 182, 183 e n2, 184 e n3, 185 e n4-5, 186 e n6, 187 e n7-9, 188 e n10-11, 189 e n14, 190, 191 e n17-19, 192 e n20, 193, 194 e n23, 195, 196 e n26-27, 197 e n28-29, 199, 200, 204, 206 e n45, 209, 210

Ehrman, B., 225n13

Elliott, N., 111n37

Ellis, E. E., 44, 45n23, 51 e n39-40

escribas, 55, 56, 57, 58, 59, 60, 61, 62, 63, 64, 65, 66, 67, 68, 69, 70, 71, 72, 73, 74, 75, 76

Esler, 11n1

Evans, C. A., 228n19

exegese teológica, 11

Fee, G. D., 139n3

Ferguson, E., 226n14

Fitzmyer, J. A., 162n9

fonte de Q, 188, 189, 190, 191, 192, 193, 194

Funk, R., 186

Gamble, H., 19n2, 62n17, 218n11, 227 e n17

Gerhardsson, B., 186, 188, 189, 190, 211

Godsey, J., 99n12

Gorday 108 e n28

Guthrie, D., 43n20

Hagner, D. A., 89n17
Hahneman, G., 214, 215, 216, 217, 218 e n10, 219, 220, 221, 222, 223, 224, 225, 226
Haines-Etzen, K., 22n7
Hammerton-Kelly, R., 104n20
Harrington, D. J., 89 e n18
Hengel, M., 39n11, 82n10, 123, 125, 237
história oral, 14, 182, 183, 184, 185, 186, 196, 197, 198, 199, 200, 201, 202, 210, 211, 212
Horsley, G. H. R., 147n13
Hulley, K. K., 47n28
Hurtado, L., 83, 84n12

Instone-Brewer 158, 159 e n2

Judge, E. A., 14n2, 247

Kannengiesser, C., 218n9
Kasemann, E., 108 e n27, 109n34, 114, 115n45, 134
Kelber, W. 183, 188n11, 197, 198
Kennedy, G., 25, 26
Koch, K., 44n20
Koester, H., 33n1
Kümmel, W., 97 e n4

Lausberg, H., 25
leitor, 20, 21 e n3, 59, 60
Levine, A. J., 160 e n5
Levine, L. I., 80n4
Lightfoot, J. B., 216 e n5, 227
Lincoln, A. T., 125 e n9, 132

lista do cânone muratoriano, 213, 214, 215, 216, 217, 218, 219, 221, 222, 223, 224, 225, 235, 236, 237, 238
Loewe, R., 178, 179n12
Long, T., 90, 91n20
Longenecker, B. W., 26, 116 e n47, 117 e n48-49
Longenecker, R. N., 175n7
Lyonnet, S., 111n37

MacMullen, R., 150n17
Mahoney, A., 162 e n10
Marshall, I. H., 40 e n14
McCullough, J. C., 90n19
McDonald, L., 213 e n3, 217n7-8, 225, 231 e n22
Meade, D. G., 40 e n15
Meeks, W. A., 169n3
método histórico-crítico, 12
Metzger, B. M., 47n29, 48 e n30,31,33, 213
Meyer, P. W., 100n14
Mitchell, M. M., 10, 95n1, 121, 122n2, 148n15, 242 e n33
Moo, D., 104n21

neologismos, 137, 138, 139, 140, 141

Oberweis, M., 125 e n8
Ogilvie, R. M., 144n11
Olbricht, T. H., 95n1
Overman, A., 78n1, 87 e n14

personificação, 29, 41, 96 e n3, 97, 98n10, 110
plágio, 21, 48, 51
porneia, 157, 158, 159, 160, 161, 162, 163, 164, 165, 166, 167, 168
Porter, S., 25n9, 95n1
propriedade intelectual, 33, 34, 36, 38, 48, 49, 50, 51, 52, 53
pseudepígrafe, 33, 34, 35, 36, 37, 38, 39, 40, 41, 42, 43, 44, 45, 46, 47, 48, 49, 50, 51, 52, 53

recursos retóricos, 26
retórica, 24
Richards, E., R. 37n7
Riesner, R., 79 e n3
Robbins, V., 25 e n10
Robinson, J. M., 33n1

Scholler, D. H., 14n4
Seigert, F., 90n19
sermões, 23, 77, 78, 79, 80, 81, 82, 83, 84, 85, 86, 87, 88, 89, 90, 91, 92, 93
Speyer, W., 50
Stamps, D., 95n1
Stanton, G., 123, 237 e n30
Stendahl, K., 108 e n30, 119 e n50, 169 e n1
Stowers, S., 97 e n5-7, 105, 111 e n39
sinagogas, 79
Sundberg, A. C., 214 e n4
Swetnam, J., 90 e n19

Tannehill, R., 192 e n20
Taylor, V., 203n39
testemunho histórico, 202, 203, 204
textos orais, 18, 183, 186, 189, 198
textos sagrados, 22, 30, 31
Thatcher, T., 129
Theissen, G., 104n19
Thyen, H., 90n19
Torm, F., 43n20, 50 e n37
transmissão oral, 188, 189, 212
Trobisch, D., 237n28
Trompf, G. W., 229n20

Van der Horst, 139n4
Van der Toorn, K., 55 e n1, 56, 57 e n3-5, 58 e n6-7, 59 e n8-11, 60 e n8-11, 62 e n12-14, 63 e n19, 64 e n21, 65 e n22-23, 66 e n24-25, 67, 68n27-30, 69, 70 e n34-35, 71 e n36-37, 72n39, 73 e n40-41, 74 e n43-44, 75, 76
Verheyden, J., 216n6, 226, 227n15

Watson, D., 245
Westcott, B. F., 219
Wilder, T. L., 40n15, 42n17-18, 48 e n32, 49 e n34, 50 e n36
Willis, W., 147n14
Wills, L., 81 e n7
Wilson, M., 21
Wright, N. T., 104n21

Young, D., 139n4